Karl Rahner
Karl-Heinz Weger

Was sollen wir noch glauben?

Theologen stellen sich den Glaubensfragen einer neuen Generation

Herderbücherei

Originalausgabe
erstmals veröffentlicht als Herder-Taschenbuch

Herder Freiburg · Basel · Wien
Herstellung: Freiburger Graphische Betriebe 1979
ISBN 3-451-07700-0

Herderbücherei

Herders Theologisches Taschenlexikon

herausgegeben
von Karl Rahner

bietet dem Benutzer in über 450 Großartikeln alles, was er für die Auseinandersetzung mit der Theologie und Bibelwissenschaft der Gegenwart, für ein vertieftes Glaubensverständnis und für den kritischen Verkündigungsdienst braucht.

8 Bände komplett in Kassette
Bestell-Nr. 16750

Herderbücherei

Band 700

Über das Buch

Dieser vorliegende 700. Band der Herderbücherei ist nach Form und Inhalt neuartig. Weder geht es um theologische Spezialfragen, noch handelt es sich um ein Glaubensbuch im Normalsinn des Wortes. Die Verfasser, Karl Rahner (zu dessen 75. Geburtstag das Buch erscheint) und Karl-Heinz Weger, bemühen sich vielmehr, in (An-)Fragen und stellungnehmenden Antworten jene Grundprobleme des heutigen Christen herauszustellen, die, oft unausgesprochen, das konkrete Glaubensleben erschweren. Es sind die „einfachsten“ und gerade deshalb die schwersten Fragen, vor denen der moderne Christ steht. Die Autoren bemühen sich, die Anfragen radikal zu formulieren, so daß sich der (zweifelnde) Christ von heute darin wiederfindet. Karl Rahner vor allem stellt sich mit der ganzen Kraft seines theologischen Denkens und seines christlichen Glaubens den Fragen einer „neuen Generation“. Es wird gezeigt, daß auch in einer Zeit, in der es keine „selbstverständlichen“ Voraussetzungen mehr gibt, christlicher Glaube dennoch aus Überzeugung und in intellektueller Redlichkeit gelebt werden kann.

Inhalt

Vorwort

Dieses Vorwort ist nicht nur geschrieben, weil Vorworte üblich sind. Die Verfasser dieses Buches sind vielmehr der Meinung, daß sie dem Leser einige Erläuterungen über das Ziel und die Grenzen der vorgelegten Überlegungen schuldig sind, handelt es sich doch um einen Gedankenaustausch zwischen einer „neuen Generation" und Theologen, wie er in der normalen Glaubensliteratur nicht üblich ist. Durch die Konzentration auf die grundlegenden Glaubensfragen unserer Zeit, d.h. auf die Fragen, deren Beantwortung früher zur selbstverständlichen Mitgift des Gläubigen gehörte, ist ein Wechsel von Anfragen und Antworten entstanden, der selten ausgesprochene (aber dennoch bedrükkende) Fragen des Christen von heute ehrlich formuliert und eine ebenso ehrliche Antwort finden läßt. Dies jedenfalls ist die Hoffnung der Autoren.

Das Denken der Gegenwart, der „neuen Generation", ist weithin von resignierter Skepsis geprägt. Dabei läßt sich allerdings der Begriff einer „neuen Generation" nicht genau umreißen. Es mag vor allem die jüngere Generation sein, von der der Psychologe Viktor E. Frankl meint: „Jede Zeit hat ihre Neurose – und jede Zeit braucht ihre Psychotherapie. Tatsächlich sind wir heute nicht mehr wie zur Zeit von Freud mit einer sexuellen, sondern mit einer existentiellen Frustration konfrontiert. Und der typische Patient von heute leidet nicht mehr so sehr wie zur Zeit von Adler an einem Minderwertigkeitsgefühl, sondern an einem abgründigen Sinnlosigkeitsgefühl, das mit einem Leeregefühl vergesellschaftet ist." Resignierte Skepsis. Angst, auf etwas hereinzufallen, und dennoch mit dem Leben weder zufrieden noch versöhnt: Das ist längst nicht mehr die Enttäuschung derer, die aus den Kriegen als Besiegte und als die Soldaten einer verlorenen Sache heimkehrten. Es ist eher die Leere von Satten, die von Überzeugungen, Weltanschauungen,

Religionsangeboten überfüttert sind und denen auch der christliche Glaube nur wie eine der vielen Meinungen vorkommt, die auf dem Weltmarkt der Ideologien feilgeboten werden. Die Suche nach einem Lebenssinn inmitten einer Leistungsgesellschaft, deren Grenzen sichtbar werden, trifft aber nicht nur die junge Generation. Sie betrifft zumindest in gleicher Weise die „mittlere" Generation und aus diesem Grund sind die Glaubensfragen der „neuen Generation" altersmäßig kaum abgrenzbar. Das große Gelächter, das in Nietzsches Erzählung dem „tollen Menschen" zuteil wurde, der am hellen Vormittag mit angezündeter Laterne Gott suchte, erntet heute mancher, der aus Überzeugung überhaupt noch einen Glauben bekennt.

Warum? Erstens einmal sieht es so aus, als wäre sich keiner seiner Sache so gewiß. Und wie könnte er auch, wenn andere die gleiche Art von Gewißheit für ihren Glauben oder ihre Weltanschauung in Anspruch nehmen? Und zweitens drängt sich immer deutlicher die Frage nach Wert und Nutzen, nach der Glaubwürdigkeit religiös-weltanschaulicher Überzeugungen auf. Sind sie mehr als ideologischer Überbau über das Leben, das man sowieso leben und über sich ergehen lassen muß, ohne wirkliche Hilfe zu erhalten? Um diesen „Überbau" geht es in diesem Büchlein. In Frage und Antwort soll versucht werden, Grund und Gegenstand des christlichen Glaubens so zu entfalten, daß sich der Leser verstanden weiß. Die Fragen liegen nicht alle auf der gleichen Ebene. Die Antworten lösen nicht alle Aporien auf. Die Verfasser geben sich nicht der Illusion hin, daß am Ende alles klar sei und der einzelne mit etwas gutem Willen eigentlich keine Fragen mehr haben dürfte. Wenn das Ganze und Wesentliche des christlichen Glaubens etwas deutlicher wird, wenn Fragen eine Antwort finden, die sonst kaum gestellt und deshalb auch kaum beantwortet werden, dann hätte das Buch schon seinen Zweck erfüllt.

Noch einige technische Hinweise. Dieses Buch sollte weder ein Briefwechsel sein noch sollte ein solcher fingiert werden, auch wenn die Ausführungen in Form von Anfrage und Antwort geboten werden.

Was die „Anfragen" betrifft, so mußten wir uns auf das beschränken, was wesentlich erschien. Nicht alles konnte zur Sprache gebracht werden, was heute – durchaus sinnvoll – fragbar wäre.

Mag sein, daß deshalb der Leser gerade seine Probleme nicht oder nicht ausführlich genug behandelt findet. Aber subjektive Interessen (in diesem Fall die der Autoren) lassen sich nie ganz ausschalten.

Etwas anderes könnte vom Leser störender empfunden werden, nämlich, daß der Fragesteller aus unterschiedlichen Positionen heraus seine Anfragen formuliert: Einmal eher als „bekümmerter Atheist", dann wieder als „randständiger Katholik" und schließlich als einer, der aus seinem theologischen Beruf kein Geheimnis macht. Ein einheitliches literarisches Subjekt war jedoch von vornherein nicht angezielt, um einen möglichst breiten Leserkreis anzusprechen.

Schwieriger freilich noch sind die Antworten, wie sie auf die Anfragen gegeben werden. Erstens einmal enthalten die jeweiligen Anfragen eine Fülle von Material, das überhaupt nur in Auswahl behandelt werden kann. Da kein umfangreiches Werk geplant war, konnten nur die wesentlichen Punkte herausgegriffen werden, und es mag auch hier wiederum so sein, daß der Leser zu dieser oder jener Anfrage eine ausführlichere Stellungnahme vermißt. Dennoch ist keiner wesentlichen Frage ausgewichen, und manches muß notgedrungen eher Anregung zur persönlichen Besinnung und Vertiefung sein. Gerade in den letzten Glaubensfragen gibt es keine fertigen, endgültigen Antworten, die man einfach übernehmen könnte, ohne auf die persönliche Auseinandersetzung und Aneignung zu verzichten. Weiterhin müssen die Verfasser um Verständnis dafür bitten, daß die Antworten in den folgenden Anfragen nicht noch einmal aufgegriffen und hinterfragt werden. Eine solche Konzeption hätte den Rahmen des in diesem Buch Möglichen gesprengt.

Der abschließende Teil des Buches, verfaßt von K. Rahner, ist die geänderte Form eines Beitrags, der 1972 in Meyers Enzyklopädischem Lexikon, Bd. V, (Mannheim 1972) 672–677 erschien.

Bleibt die Hoffnung der Verfasser, daß dieses Buch Glaubenshilfe sein möge. Diese Hoffnung ist mit einem ausdrücklichen Dank an Frau Elisabeth von der Lieth für ihre selbstlose Hilfe verbunden.

Karl Rahner

München, im Herbst 1978 *Karl-Heinz Weger*

I.
Warum überhaupt glauben?

Was mich bedrückt – und es soll dies das Thema des ersten Gedankenaustausches sein – sind nicht so sehr das „Was“ und der Inhalt des christlichen Glaubens. Was mich bedrückt, ist das „Warum“ des Glaubens. Natürlich weiß ich, daß die Frage nach dem Warum nicht ohne Berücksichtigung des Inhalts gestellt werden kann; und es wird noch hinreichend Gelegenheit sein, die Glaubensinhalte selbst zu befragen. Bezüglich der Glaubensinhalte kann ich nämlich großzügig und kleinlich zugleich sein. Kleinlich, wenn mir ein Glaubenssatz nicht in den Kopf will und einfach geglaubt werden soll, weil es halt so geschrieben steht. Und großzügig vor allem: Ein paar Dogmen mehr oder weniger machen mir nichts aus. Sollte es statt sieben zehn Sakramente geben: es würde meinen „Glaubensnerv“ nicht berühren. Aber das „Warum“ des Glaubens! Das scheint mir eine der Wurzeln der Resignation. Müßte wirklicher Glaube nicht brennen? Müßte er nicht auf die Straßen drängen? Müßte er nicht andere überzeugen wollen, nicht aus Rechthaberei oder Besserwisserei, sondern aus der Überzeugung des gefundenen Sinns und des erfahrenen Glücks? Zumindest der erfahrenen Zufriedenheit und einer inneren Ruhe? Nicht daß ich mir die Zeiten der Glaubenskriege zurückwünsche. Und dennoch: Als man sich um Glaubensfragen (im übertragenen und wörtlichen Sinn) noch die Schädel einschlug, da muß es doch um etwas gegangen sein. Da müssen noch Leute diskutiert, gestritten, sich befeindet und gehaßt haben, weil sie glaubten, es stehe etwas auf dem Spiel. Und heute? Der christliche Glaube motiviert nicht. Er fasziniert nicht. Er begeistert nicht. Mich nicht und andere nicht. Wie sonst sollte man sich erklären, daß sich vor allem der junge Mensch für den christlichen Glauben nicht engagieren will? Dabei will ich gar nicht verhehlen, daß ich keine echte Alternative zum christlichen

Glauben sehe. Ich will Christ sein, und ein Stückchen Engagement finde ich auch in mir, wenn mich jemand aufgrund meines christlichen Glaubens für ein bißchen antiquiert oder primitiv halten will. Wenn so getan wird, als könne ein „vernünftiger", „fortschrittlicher", „wissenschaftlicher" Mensch gar nichts anderes als ein Atheist sein. Wenn ich mir die Argumente der Atheisten anschaue – und ich kenne sie! –, dann wird auch da nur mit Wasser gekocht, oft mit faulem Wasser noch dazu. Und deshalb soll mir keiner sagen, „man" könne heute vernünftigerweise und redlich weder an Gott glauben noch ein Christ sein. Nur: Dieses Engagement geht aus einer Abwehrhaltung hervor. Mein Stolz, vielleicht auch mein gesunder Menschenverstand fühlen sich verletzt. Aber innen, da wo es eigentlich brennen sollte, brennt nichts. Wo es schreien sollte, ist Leere und Schweigen.

Der christliche Glaube lebt von der Hoffnung auf die Auferstehung, die beseligende Gottesschau. Das ist das Ziel eines Menschenlebens. Dafür leben, arbeiten, leiden wir. Und die Freuden des menschlichen Daseins sind wie die Vorahnungen ewigen Glücks. So sagt die kirchliche Verkündigung. Ich will hier und jetzt nicht darüber diskutieren, wie glaubwürdig die Ostererfahrungen der Jünger sind. Denn vor dieser Frage steht eine beklemmende Feststellung. Die Feststellung eines inneren Widerstands und eines Widerstrebens gegen ein Weiterleben nach dem Tod. Christus ist auferstanden. Schön, aber was geht's mich an? Ob ich auferstehen werde – nein, ich möchte es gar nicht. Wenn nach dem Tod alles aus wäre, mir soll's recht sein. Nichts zu sein ist nach dem Tod so wie vor der Geburt. Man kann diesem Nicht-Sein keine Prädikate mehr zuteilen. Es ist weder schön noch grausam, weder ein Gewinn noch ein Verlust. Nichts. So einfach nichts. Sterben, schlafen: der Wunsch Hamlets! Nebenbei: Wenden sich heute nicht auffallend viele Menschen dem Buddhismus zu? Und ist es da nicht gerade die Lehre eines Nirwana, also der Aufhebung des Einzellebens in ein „Nichts", was diese „Religion" attraktiv macht? Wie dem auch sei. Das Christentum jedenfalls bietet mir ein Letztes, eine Erfüllung und eine Zukunft an, die ich gar nicht will. Ich will dieses Angebot nicht. Nicht einmal, weil mir der Preis zu hoch wäre. Denn ein halbwegs anständig gelebtes Leben verlangt so oder so seinen Preis. Nicht der Preis ist es. Es ist die Sache. Warum läßt uns Gott nicht einfach? Warum entläßt er uns nicht? Mag sein, daß der Himmel voller Geigen hängt. Er reizt mich trotzdem nicht. Und dann frage ich mich: Wie soll mich der christliche Glaube begeistern, wie soll er mich faszinieren, wenn ich in mir nicht mehr die Voraussetzungen mitbringe, nämlich das Verlangen und die Sehnsucht nach einem Jenseits, nach dem Weiterleben über den Tod hinaus? Wie soll ich andere überzeugen wollen von einem Glück, nach dem ich mich selbst nicht sehne? Ich sage es offen heraus: Ich hadere mit Gott, daß er mir sein Glück aufzwingen will; daß er mich in eine Entscheidung drängt, in der es um alles oder nichts gehen soll, um Himmel oder Hölle. Ungefragt bin ich in der Welt. Warum darf ich nicht ungefragt wieder gehen?

Das „Jenseits" ist es. Das fasziniert nicht. Und das hat natürlich auch seine Rückwirkung auf das Diesseits. Warum überhaupt glauben? Das Jenseits ist (noch ein bißchen) weit weg – was nicht unbedingt eine Frage des Alters ist. Und hier, im Alltag, wo sich die Alltäglichkeiten und die Banalitäten eines Lebens herunterspulen und herunterleiern, wo dem Beruf und den Pflichten nachgegangen werden muß, wo Glück und Unglück, Freude und Leid, Leben und Tod unter einem Dach wohnen und der Stein des Sisyphus täglich von neuem gewälzt werden muß – was „hat" man da eigentlich vom christlichen Glauben? Ich bete kaum. Ich weiß nicht, was Meditation ist. Die Sonntagsmesse langweilt mich. Predigten sind oft zum Davonlaufen, und Tischgebete empfinde ich als Lüge. Das alles sind Symptome, wie die Mediziner sagen würden. Symptome einer tieferliegenden Krankheit. Aber wie heißt diese Krankheit? Ich meine, der christliche Glaube bewahrheitet sich nicht mehr in der Praxis. Er weiß kein Ziel, mit dem sich der Mensch von heute identifizieren möchte und das – hier in der Welt von heute! – den Einsatz des Lebens wert wäre. Für den Christen mag es ein schwacher Trost sein, daß sich diesbezüglich der christliche Glaube in Reih und Glied mit anderen Weltanschauungen wiederfindet. Für was soll man sich als Christ besonders einsetzen? Wo ist der Christ besser dran als sein ungläubiger Nachbar? Ist er innerlich glücklicher, zufriedener, getrösteter als der Nichtchrist? Selbst wenn dem so wäre (und bei aller gebotener Vorsicht vor ungeprüften Verallgemeinerungen!), dann schiene mir das subjektive Gefühl allein noch nicht viel zu bedeuten. Denn noch immer bliebe die Frage offen, welches Konzept der christliche Glaube für eine bessere Welt von heute und morgen parat hat und was an diesem Konzept das eigentlich Christliche ist.

Szczesny schreibt einmal: „Das, was jeder Mensch unter allen Lebensumständen und allein auf sich gestellt zu bestehen hat, was nicht zu ändern und zu umgehen ist, sind die Grundbedingungen seiner Existenz: er erfährt sich als ein unvollkommen ausgestattetes, widersprüchlich angelegtes Wesen. Seine Lebenszeit ist begrenzt. Es bedrohen ihn Alter und Krankheit, Unglücksfälle und Enttäuschungen. Er scheitert bei der Lösung privater und sozialer Probleme ebenso wie bei dem Versuch, den Dingen auf den Grund zu kommen, und weiß letztlich nicht zu sagen, worauf dieses Leben, aus dem er ebenso ungefragt entfernt werden wird, wie er in es hineingeraten ist, eigentlich wurzelt und welchen Sinn es hat." Wenn das Christentum heute immer wieder betont, den Menschen nicht (nur) auf ein besseres Jenseits vertrösten zu wollen, was hat dann der Glaube denen zu bieten, die sich für ein besseres Diesseits einsetzen möchten? Ich teile nicht die Meinung derer, die dem heutigen Menschen – und besonders der jungen Generation – mangelnde Bereitschaft zu Verzicht und Opfer ankreiden wollen (selbst aber ganz gerne mit Pantoffeln durchs Leben schleichen!). Ich weigere mich auch, dem Chor derer beizutreten, die der Jugend mangelnden Idealismus vorwerfen. Als Tatsache, als bloße Gegebenheit, mag es dies alles geben. Aber das ist nicht die Schuld der Jugend. Sie hat keinen Idealismus, weil es keine Ideale mehr gibt. Sie weigert sich, Opfer und Verzichte da zu setzen, wo der Sinn und das zu erreichende Ziel nicht mehr einsichtig sind. Und nun noch einmal: Was hat der christliche Glaube an konkreten Idealen zu bieten? Wie sieht christliches Engagement in der Welt von heute aus?

Ich weiß, daß die Antwort auf diese Fragen nicht in ein paar Sätzen gefunden werden kann. Aber wenn wir diese Frage nach dem Warum des Glaubens noch lange vor uns herschieben, wenn wir es noch länger ertragen, gar nicht sagen zu können, wo das Feuer ist, das brennen sollte, und wo ich ärmer wäre, wenn ich meinen christlichen Glauben an den Nagel hängen würde, dann werden unsere Kirchen bald noch leerer, dann wird sich das Engagement für etwas – und auf die Dauer braucht der Mensch dies – am christlichen Glauben vorbei vollziehen. Dann werden die weltlichen Heilslehrer noch mehr Zulauf und die Scharlatane der Transzendenz noch mehr Geld erhalten. Der christliche Glaube als Verkündigung und Anruf muß wieder auf die Schichten im Menschen stoßen, die Sehnsucht in ihm sind. Aber was will der heutige Mensch? Wo sind diese verborgenen Wünsche, deren Erfüllung der christliche Glaube ist? Und wo ist die Frage, deren Antwort nur Jesus von Nazareth ist? Milan Machovec: „Warum hat Marx Millionen Anhänger gewonnen? Sicher nicht, weil er etwas *nicht* glaubte, sondern vor allem, weil er den Menschen etwas Positives sagte: zunächst etwas über die ganz schlichte Situation des Alltags, über die Probleme der Arbeit, die Beseitigung von Ausbeutung und Unterdrückung. Aber nicht nur das; er gab den Menschen darüber hinaus ein großes Ideal: das Ideal der menschlichen Zukunft.“ Wo sagt der christliche Glaube etwas über die „schlichte Situation des Alltags“? Wo ist das „große Ideal“?

Schon die erste Anfrage von ein paar Seiten enthält mehr Fragen, als in einem ganzen Buch beantwortet werden können. Was kann man auf diese erste Anfrage antworten? Ich gestehe eine gelinde Verzweiflung. Kommt diese – natürlich uneingestanden und verdrängt – aus derselben resignierten Skepsis und dem Fehlen einer hinreißenden Begeisterung und Hoffnung, die die Anfrage bei der heutigen Generation feststellt (hoffentlich doch mit einer gewissen Übertreibung)? Müßte ich mich nicht fragen, ob es mir aus *diesen* Gründen schwerfällt, eine Antwort zu versuchen? Müßte ich mich nicht fragen, ob es nicht ehrlicher wäre, mich in dieselbe skeptische Resignation fallenzulassen und zu gestehen, daß ich keine Antwort weiß oder zu müde bin, eine solche zu versuchen? Warum tue ich dies dennoch nicht? Stehen dem nur Widerstände entgegen, die mit nüchterner Logik und existentieller Ehrlichkeit nichts zu tun haben? Alte Gewohnheit eines Lebens, das aus seinen tausendmal gefahrenen Geleisen nicht mehr herauskommt? Druck des christlichen „common sense" der Gesellschaft, den es auch heute noch gibt? Bloße Angst darum, weil ich die Abgründe der Konsequenzen einer solchen Kapitulation auch noch nicht ausgelotet habe und mir doch nicht so einfach und sicher versprechen kann, daß ich dann auch so harmlos spießbürgerlich (trotz aller skeptischen Resignation) weiterleben könnte, wie es der Großteil meiner Umwelt tut, die in Wirklichkeit weder radikal christlich noch radikal atheistisch ist, sondern, genau und ehrlich genommen, sich eben doch um eine eindeutige Entscheidung drückt? Mir will nämlich scheinen, daß man den resignierten Skeptizismus doch auch wieder nicht ganz ernst nimmt, sondern neben diesem Valium des Lebens auch noch andere Pillen (des Vergnügens, der Arbeit, des Erfolges, des Urlaubs usw.) benützt, um durchzukommen, ohne sich selber ernsthaft sagen zu können, warum man denn eigentlich überhaupt durchkommen wolle. Wenn ich mich also frage, warum ich mich diesem müden Skeptizismus nicht einfach ergebe, obwohl er auch in mir lebt und ich mich nicht als starken, unerschütterlichen Glaubenshelden empfinde, dann meine ich doch noch einen anderen und radikaleren Grund zu besitzen und in Freiheit zu ergreifen als die eben angedeuteten. Dabei weiß ich nicht recht, ob die erste Anfrage die eines Menschen ist, der bekümmert feststellt, daß der Glaube an Gott und das ewige Leben ihm schwerfällt, oder die eines Menschen, der solche Wirklichkeiten als im Bereich seines wirklichen Lebens nicht mehr vorkommend entschlossen aufgegeben hat. Aber vielleicht wird der Anfrager sagen, daß er dies selber nicht so genau wisse und eben dies zu seinem resignierten Skeptizismus gehöre, der nach keiner Richtung hin wirklich klare und begeistert ergriffene Entscheidungen mehr hergebe.

Nochmals: Ich kann unmöglich zu all dem eine Antwort versuchen, was in der Anfrage berührt ist. Aber ich will mir doch einiges zu sagen abringen, weil ich mir eben doch gebiete, mich von dem skeptischen Resigniertsein zu distanzieren, das natürlich auch mich innerlich und äußerlich bedroht. Dabei ist es freilich schon eine Frage, ob einer sich das Recht und die Pflicht zuspricht, rationale Überlegungen nüchterner Art auch dann gelten zu lassen, wenn sie einer unbestimmten Gestimmtheit widersprechen, die in der Anfrage treffend geschildert wird. Kann und muß man einer solchen Gestimmtheit widersprechen und Widerstand leisten, auch wenn man sie nicht mit einem Machtwort rationaler Steuerung seines inneren Menschen einfach verjagen kann? Auch wenn ich nicht der Meinung bin, der Mensch könne aus einem rationalen Kalkül allein leben, auch wenn ich weiß, daß das wirkliche und ganze Leben des Menschen aus Quellen gespeist wird, die aus verborgenen Tiefen kommen, so bin ich doch mir selbst gegenüber der entschiedenen Überzeugung, daß nicht einfach alles und jedes, was aus einer solchen inneren Gestimmtheit stammt, schon darum gültig sei und hingenommen werden müsse. Nein, ich bin auch noch einmal für meine innere Gestimmtheit verantwortlich und kann eine solche Verantwortung auch durch rationale Überlegungen wahrnehmen, wenn auch vielleicht diese allein zu einer verantwortlichen Gestaltung meiner Gestimmtheit allein nicht ausreichen. Wenn ich von dieser Überzeugung her manches in der ersten Anfrage lese, scheint es mir zwar eine faktische Gestimmtheit im Anfrager und in mir richtig zu beschreiben, aber unrichtig dabei vorauszusetzen, diese Gestimmtheit sei ein ehernes Faktum, dem gegenüber nur noch die Frage erlaubt sei, ob man es auch ehrlich zugestehe, nicht aber etwas, für das man noch einmal verantwortlich ist, das selber noch einmal umgestaltet oder mindestens mit einem ganz anderen Vorzeichen versehen werden kann, das alles ändert. Wenn ich hier und jetzt keine sonderliche Sehnsucht nach einem ewigen Lebens in mir spüre, was folgt denn dann daraus? Ist denn eindeutig sicher, daß mir endgültig und für immer eine solche Sehnsucht versagt ist? Ist es sicher, daß ich diesbezüglich nichts tun kann, als passiv und resigniert abzuwarten, ob, woher auch immer, mich eine solche Sehnsucht doch einmal anwandelt? Oder gibt es eben doch einen noch tiefer liegenden Punkt in meiner freien Existenz, von dem aus ich auch noch einmal für das Vorhandensein oder Nichtvorhandensein dieser Sehnsucht Verantwortung trage und mit rationalen Überlegungen darüber befinden muß, in welcher Richtung ich meine Subjektivität steuern soll? Das alles wäre nicht nötig und müßte nicht gesagt werden, wenn meine innere Gestimmtheit so eindeutig, so fest und unbeirrbar wäre, daß überhaupt gegen sie nichts zu machen wäre und man sich darum ihr einfachhin überlassen dürfe, oder wenn dem verantwortlichen Subjekt eindeutig andere Mittel und Kriterien zur Verfügung stünden zur Steuerung dieser inneren Gestimmtheit als seine Reflexion. Kurz: spricht der Mangel an Faszination des christlichen Glaubens gegen ihn oder gegen mich? Das ist mindestens eine Frage, die man nicht schnell abtun kann. Wenn einer kommt und sagt, Beethovens Musik sage ihm ganz und gar nichts, dann wird man ihm auch nicht antworten: du hast eindeutig recht.

Kann einem das ewige Leben wirklich gleichgültig sein? Diese Frage ist sehr komplex. Man könnte einerseits sagen, man könne und brauche sich nicht für die Frage nach der Existenz Gottes zu interessieren, wenn man beruhigten Geistes und Herzens mit dem endgültigen Aufhören seiner ganzen Existenz rechnet. Freilich könnte man gegen diesen Satz wieder einwenden, daß z.B. im Alten Testament ein lebendiges, das ganze Leben durchdringendes Verhältnis zu Gott realisiert wurde, obwohl der einzelne nicht mit einem ihn vollendenden und beglückenden Weiterleben nach dem Tod, sondern nur mit einem schattenhaften Bleiben rechnete, das für sein Leben jetzt keine gestaltende Macht besaß. Dem könnte man zu Recht wieder mit der Erklärung begegnen, daß wir bei einer echten und einbahnigen Geschichtlichkeit auch existentiell bedeutsamer Wahrheiten nicht das Recht haben, willkürlich zu einem vergangenen Punkt dieser Geschichte zurückzukehren, um uns da anzusiedeln, weil uns die ehemalige Naivität jener vergangenen Zeit gar nicht mehr gegeben ist. Man könnte andererseits sagen, daß, wenn die Existenz Gottes auf irgendeine Weise feststehe, man im Ernst nicht mehr an der bleibenden Existenz eines personal geistigen Subjekts zweifeln könne, das dieser Gott doch vor sein Antlitz gerufen habe. Man kann aber (eine dritte Möglichkeit) von der Überzeugung ausgehen und sie argumentativ deutlich machen, daß ein Mensch auf die Dauer eine Sehnsucht nach der Endgültigkeit seiner eigenen Existenz gar nicht vermeiden könne, darin aber mit derselben Notwendigkeit die Existenz dessen bejahe, was wir „Gott" nennen.

Wahr ist, daß man in der grauen Alltäglichkeit unseres Lebens wenig von einer Sehnsucht nach dem ewigen Leben entdecken kann. Mit den Dingen, mit denen wir uns beschäftigen, scheinen wir auch selbst uns in eine graue Gleichgültigkeit zu entweichen. Aber gibt solche alltägliche Gestimmtheit, in der man müde sich selber gleichgültig wird, die ganze Wahrheit unserer Existenz her? Die Wirklichkeit ist doch reicher und tiefer, als sie der nächstbeste Durchschnittsmensch in einer matten Stunde erlebt, und wir haben die Pflicht, die größeren und tieferen Erfahrungen in unseren Alltag hinein nach Kräften zu retten, auch wenn sie uns wirklich oder scheinbar nur selten geschenkt werden. Da ist einer, der eine schwere Entscheidung zu treffen hat, in der es um das Leben eines anderen Menschen geht. Darf er sagen, seine Entscheidung falle nach physiologischen und soziologischen Gesetzen über seinen Kopf hinweg, sei letztlich doch nur der Schnittpunkt zufälliger Art von Gesetzlichkeiten der Natur allein, so daß es letztlich gleichgültig bleibt, wie die Entscheidung ausfällt, weil die eine und die andere mögliche Entscheidung sich gleichberechtigten Abläufen der Natur verdanken? Kann man innerhalb einer solchen Entscheidung selber der Meinung sein, jede sei gleichberechtigt, weil jede in gleicher Weise naturhaft determiniert sei? Kann man innerhalb einer solchen Entscheidung selbst der Meinung sein, jede sei gleichberechtigt, weil alle sich dann doch wieder wesenlos verlieren in dem Getriebe des Materiellen und Physiologischen? Und selbst wenn man meinen würde, eine solche Meinung sei auch mit und innerhalb einer solchen Entscheidung möglich, man könne die sittliche Verantwortung, die man selber hat, letztlich doch abwälzen auf das eshafte Geschehen der Physik und der Biologie, kann man dann sicher sagen, diese Meinung sei ebenso das bloße Produkt naturhaften Geschehens und nicht noch einmal im eigentlichen Sinne unabwälzbar zu verantworten? Kann einer, während er diese Entscheidung trifft, ernsthaft dabei auch denken, er könne sich letztlich doch der Verantwortung dieser Entscheidung entledigen, indem er sich von der Bühne echt personaler Geschichte wegstiehlt in das Nichts, in dem kein verantwortliches Subjekt mehr vorhanden ist? Der sittlichen Entscheidung ist die Setzung einer bleibenden Endgültigkeit des freien Subjektes immanent, gleichgültig, ob man das ausdrücklich reflektiert oder nicht, ob man vor dieser Setzung, die unausweichlich ist, in der nachträglichen Reflexion zurückschreckt, weil man sich dann diese Endgültigkeit als urzeitliches, aus Zeitteilen zusammengesetztes Weiterdauern vorstellt, das man dann wieder nicht ernsthaft annehmen kann. Zeit sagt ja immer Vorläufigkeit. In solcher immerwährender Vorläufigkeit, durch die alles, was je ist, in das Nichts einer leeren Gewesenheit abstürzt, kann die frei zu verantwortende Entscheidung nicht untergehen, sie darf sich nicht dahinein flüchten wollen, ohne ihrem eigenen Wesen zu widersprechen. Es mag schwer sein, sich solche zeitlose Endgültigkeit „vorzustellen“. Aber gerade heute, wo die reale Vereinbarkeit des durch verschiedene Vorstellungschemata Ausgesagten auch in der Physik nicht mehr „vorgestellt“, anschaulich gemacht werden kann, sollte man sich hüten, billig und ärgerlich alles nicht mehr simpel Vorstellbare als irreal, als Hirngespinst abzutun. Wenn man dies tut, weigert man sich nur, auch in der Reflexion und worthaften Aussage Wirklichkeiten zu ergreifen, mit denen man es im freien Vollzug der Verantwortung eben doch zu tun hat.

Solche Erfahrung der Berufenheit in eine reale Endgültigkeit hinein ist nicht nur in dem Fall gegeben, auf den wir bisher Berufung einlegten. Alle personalen Vollzüge des Geistes und der Freiheit enthalten diesen Anspruch auf Endgültigkeit, der nur außerhalb dieser Vollzüge selbst geleugnet werden kann. Aber es würde hier zu weit führen, andere solche personalen Vollzüge auf diese ihnen immanente Behauptung von Endgültigkeit hin zu analysieren.

Wenn so argumentiert wird, dann geschieht dies nicht in der Meinung, eine solche argumentierende Reflexion sei für sich allein imstande, jenes taedium vitae, jene gelangweilte Uninteressiertheit an der heutigen Daseinsfristung, allein zu überwinden. Solche Argumentation ist nicht mehr als die ernsthafte Anfrage an den einzelnen, ob er sich für dieses taedium vitae als das letzte Wort in seinem Leben entscheide oder ob in immer neuem Kampf voll Seligkeit und Schrecken zugleich das Bekenntnis zur Endgültigkeit der personalen Existenz zum „ewigen Leben" sich durchsetzen solle.

Natürlich gibt es (so scheint es wenigstens auf den ersten Blick, aber auch wohl auch nur auf den ersten) viele Menschen, die in einer existentiellen Benommenheit, die ganz normal und selbstverständlich erscheint, in einer Dämmerzone zwischen Licht und Finsternis leben, meinen, ohne letzte Entscheidung skeptisch nüchtern sein zu können und zu sollen. Aber es bleibt eben doch die Frage, ob eine solche „Neutralität" nicht nur die Verschleierung des Tatbestandes ist, daß man sich doch insgeheim für eine letzte schuldhafte Resignation entschieden hat. Man könnte zwar denken, daß so etwas gar nicht möglich ist, daß ein Mensch notwendigerweise in der letzten Tiefe seiner Existenz das Ja eben doch in Freiheit ergreift, das alle seine skeptischen oder empörten Nein trägt und so im letzten gar nicht „verlorengehen" *könne.* Aber die christliche Predigt vom Gericht und der Möglichkeit eines doppelten, seligen und verlorenen, Endgültigwerdens und die wirklich radikale Verschiedenheit der Möglichkeiten der Freiheit warnen uns unbedingt, aus einer Überlegung, die vielleicht die der Hoffnung sein kann, eine Sicherheit zu gewinnen, die jede Freiheitsentscheidung im voraus in einem billigen Optimismus entlasten würde. Sind die Möglichkeiten rationaler Argumentation für das „ewige Leben" auch begrenzt, erzielt solche Argumentation für sich allein auch nicht jene lebendige und alles aufhellende und starkmachende Überzeugung, so hat diese Argumentation eben doch ihre entscheidende Bedeutung. Sie verpflichtet uns nach den andern Quellen zu fragen, die diese Hoffnung speisen müssen.

Wenn jemand dem Ernst und der Verantwortung des einen und ganzen Lebens nicht dauernd in den Alltagsbetrieb entläuft, wenn er an sich hält, stille ist, schweigt und so das Eine und Ganze seiner Existenz als solches vorkommen läßt, sich selbst sich anvertraut weiß und nicht nur die tausend Einzelheiten seines betriebsamen Lebens, wenn einer den Mut findet, zürnend seiner eigenen existentiellen Trägheit zu widersprechen, wenn einer darauf achtet, die großen Augenblicke des Lebens nicht zu verpassen, wo Wahrheit zum eigenen Schaden bekannt und Liebe im Durchbruch durch den eigenen Egoismus getan wird, dann gräbt ein solcher Mensch die Quellen auf, die jene Hoffnung des ewigen Lebens speisen, die von rationaler Reflexion allein nicht erzeugt werden kann.

Wenn einer solches hört und resigniert in jener dumpfen Gleichgültigkeit verharrt, die die erste Anfrage schildert, dann kann der „Prediger", der das eben Gesagte vortrug, nur sich fragen, ob er das Gesagte nicht besser, klarer, strahlender und werbender hätte sagen sollen und können und sich in immer neuem Anlauf bemühen, es besser zu machen. Aber der „Prediger" muß den Hörer auch immer wieder fragen, ob er wirklich so lange einfach passiv in seiner dumpfen Resignation verharren will, bis ein heiliges Feuer von oben diese Resignation verzehrt. In dieser Situation kann der „Prediger" dann nur hoffen, daß die Geschichte weitergeht und der Hörer eben einmal doch dort ankommt, wo der „Prediger" selbst in der Überwindung seiner eigenen Resignation immer neu zu stehen versucht.

Müßte der Glaube nicht brennen, so wird gefragt. Müßten nicht wir selber brennen, so könnte man entgegenfragen, und haben wir das Unsere getan, damit wir selber brennen? Ist es wahr, daß der Glaubende sich vom Ungläubigen im konkreten Leben gar nicht unterscheidet, sondern sein Glaube ein ideologischer Überbau über einer Wirklichkeit ist, die beiden gemeinsam ist? Auf diese Frage, kann man nicht ohne weiteres mit Ja oder Nein antworten. Die Anfrage setzt voraus, daß diese Frage empirisch beantwortet werden müsse. Aber wie soll man in der Empirie des Alltags die

Glaubenden und die Ungläubigen voneinander unterscheiden? Wie soll man feststellen, ob sie in ihrem Leben sich unterscheiden oder ob für dieses Leben letztlich ihre „Weltanschauungen“ belanglos sind? Aus dem eben Gesagten ergibt sich aber auch nicht, daß die „theoretischen“ Interpretationen der menschlichen Existenz für diese selbst keine Bedeutung hätten, bloß darum, weil diese Existenz in ihrer unreflektierten Wirklichkeit und ihre Interpretation nie einfach identisch sind, sondern sich unbemerkt sogar widersprechen können. Die richtige Interpretation der menschlichen Existenz ist durchaus eine vielleicht entscheidende Hilfe für den richtigen Vollzug der Existenz selbst, und eine falsche oder unzulängliche Interpretation kann für den Vollzug dieser Existenz von tödlicher Gefahr sein. Insofern bleibt also doch trotz aller eben gemachten Vorbehalte die Frage bestehen, ob der Glaube (als reflexe und verbalisierte „Theorie“) eine Bedeutung für das reale Leben hat, selbst wenn man den Einwand unberücksichtigt läßt, eine Theorie sei unvermeidlich und gehöre selbst noch einmal in ihrer Art doch zum Leben selbst. Trotz allem und gerade bei der eben angedeuteten Schwierigkeit einer empirischen Feststellung der Wirkung von Glaube und Unglaube auf das reale Leben muß gesagt werden, daß der Ungläubige und der Glaubende verschieden leben. Zunächst einmal: Niemand wird in der Praxis des Lebens im Unterschied zu willkürlichen Theorien bestreiten können, daß theoretische Überzeugungen nicht nur nachträgliche Manifestationen eines psychischen und gesellschaftlichen Unterbaus sind, sondern auf diesen zurückwirken. Es kann vorkommen, daß einer sich in einem verzweifelten Lebensüberdruß eine Kugel in den Kopf schießt, *weil* er sein Dasein theoretisch als sinnlos interpretiert. Daran ändert sich auch nichts, wenn man sagt, diese Interpretation stamme aus einer tieferliegenden Grundbefindlichkeit, in der das Leben als sinnlos erfahren werde. Denn wer kann, ohne in einen naturalistischen Determinismus zu verfallen, bestreiten, daß diese ex supposito gegebene pessimistische Grundbefindlichkeit sich nicht notwendig in eine solche pessimistische Theorie objektiviere und, wenn dies nicht geschehen wäre, auch der Suizid nicht erfolgt wäre? Selbst ein Stalin hat doch schließlich zugegeben, daß der Überbau auch auf den Unterbau zurückwirke, eine Einsicht, die sinnlos und überflüssig wäre, wenn dieser Überbau doch wieder die absolut zwangsläufige Folge des Unterbaus wäre und so dieser doch letztlich selbst in einem deterministischen Kausalverhältnis bestimmt würde. Nein, die Theorie hat ihre eigene Bedeutung, so wenig man den Menschen im Kern seiner Freiheitsperson einfach von seiner Theorie her bestimmen und beurteilen kann. Weiter: wenn man mir einen Ungläubigen zeigt, der nicht nur in der Dimension seiner physiologischen Daseinsfristung, sondern auch in der Dimension der Liebe, der Treue, des Einsatzes für die Wahrheit usw. so lebt, wie es ein Glaubender nicht besser machen würde, dann, so sage ich, ist er im unreflektierten Kern seiner Existenz ein Glaubender, und sein theoretischer Überbau widerspricht, was aus den verschiedensten Gründen möglich ist, seinem eigentlichen Glauben. Dabei darf nicht übersehen werden, daß man heutzutage nur zu gerne bestimmte Werte abwertet und sie von vornherein aus den Maßstäben der sittlichen Beurteilung eines Menschen ausscheidet und so erreicht, daß sich dann ein Glaubender und ein Ungläubiger bei einem solchen Vergleich nicht mehr unterscheiden. Weiter: unter diesen Voraussetzungen ist es einfach nicht wahr, daß ein Mensch, der in Tapferkeit sich für eine letzte absolute Sinnhaftigkeit seines Lebens und darin für das ewige Leben und für den letzten unbedingten Grund dafür, Gott genannt, entschieden hat und immer aufs Neue entscheidet, und einer, der dies alles entschieden ablehnt und daraus auch wirkliche Konsequenzen für die Praxis seines Lebens zieht, sich in ihrem konkreten Leben nicht voneinander unterscheiden. Wenn der zweite dennoch so leben sollte wie der erste, dann ist er – glücklicherweise – eben inkonsequent, was immer die Gründe dieser Inkonsequenz näherhin sein mögen. Wenn dieser zweite entrüstet erklärt, er respektiere selbstverständlich die sittlichen Normen des Lebens ebenso unbedingt wie der erste, nun, dann ist er für mich, wenn seine Erklärung wahr und radikal gemeint ist, ein Gläubiger, der die Implikationen seiner eigenen Lebensmaximen nicht reflektieren kann, oder er ist in seiner Lebensgeschichte noch nicht an den Punkt gekommen, an dem seine theoretische Interpretation der menschlichen Existenz eine letzte, radikale Prüfung auf Tragfähigkeit ablegen muß. Wo und wenn aber beide, der theoretisch Glaubende und der theoretisch Ungläubige ihre Daseinsinterpretation wirklich radikal ernst nehmen und in ihrem Leben konsequent bis zum letzten realisieren, dann unterscheiden sich ihre Lebensvollzüge auch sehr konkret.

Ein Grundgedanke durchzieht ausdrücklich oder einschlußweise die ganze erste Anfrage: der relativistische Skeptizismus bezieht den Anspruch auf seine Berechtigung aus der unübersehbaren Vielfalt von Religionen, Weltanschauungen, theoretischen und praktischen Interpretationen des Lebens. Man könne sich doch nicht ohne weiteres für gescheiter, anständiger und verantwortungsbewußter halten als die übrigen Menschen (wenigstens in ihrer Mehrzahl); wie solle man gerade sich selbst dann die Chance zuerkennen, unter den vielen Weltanschauungen, die man vorfindet, gerade die einzig richtige erwischt zu haben, zumal sie ja doch meist einfach die ererbte ist und sich nur so lange als selbstverständlich darbietet, als man sich in dem gesellschaftlichen Milieu einigelt, das dieser bestimmten Weltanschauung entspricht. Nun ist es selbstverständlich wahr, daß man sich heute schwerer tut mit seiner persönlichen Überzeugung als in früheren Zeiten, in denen einem die Last einer persönlichen Entscheidung durch die Ideologie einer homogenen Gesellschaft abgenommen wurde. Aber man kann sich der Last dieser Entscheidung nicht entledigen, indem man in einen müden Relativismus flüchtet; denn auch dieser Relativismus ist dann eine unter den vielen Weltanschauungen, nicht ihre Vermeidung, und sie muß sich ebenso fragen lassen, warum gerade sie im Unterschied zu allen andern die richtige sei.

Der Relativismus als Theorie mit dem Anspruch, das einzig wahre System zu sein, hebt sich selber auf, weil die Aufhebung aller Absolutheiten auch sich selber nicht absolut setzen darf. Sagt aber der Skeptiker, er lebe skeptisch, vertrete aber keine absolute Theorie eines Skeptizismus, so kann er gefragt werden, ob diese Erklärung nicht eben doch wieder eine Theorie im Keime sei (die sich dann selbst wieder aufhebt) und ob er, vor andern und vor allem vor sich selbst, vermeiden könne, auch noch diese Erklärung abzugeben, was doch einfach unmöglich ist, solange ein Mensch nicht total in einer dumpfen Unreflektiertheit leben kann.

Im Ganzen des christlichen Daseinsverständnisses kann und muß klar werden, daß das Christentum dort, wo es sich selber richtig versteht, sich gar verstehen kann als eine der vielen weltanschaulichen Alternativen, die nebeneinander stehen und sich dem

Menschen zum Kauf anbieten. Wer das Christentum wirklich richtig versteht, sieht *neben* ihm keine Alternative. Das Christentum sagt nicht dieses und jenes in einer Menge von Sätzen als einzelnen, die dann immer eine denkbare Alternative neben sich haben, sondern eigentlich nur eines: daß die unendliche Unbegreiflichkeit, Gott genannt, ist, daß man sich ihr bedingungslos als unserer eigenen Vollendung übergibt und daß die Annahme dieser Übergabe in Jesus eine geschichtliche und unbedingte Garantie gefunden habe. Demgegenüber ist alles andere im Christentum, so wichtig es sein mag, sekundär. Dieses eine aber hat eigentlich keine Sätze neben sich, die ihm widersprechen könnten. Alle anderen Sätze sind diesem einen gegenüber belanglos, oder sie sind nur die Feststellung, daß ein Mensch meint (in seiner eigenen theoretischen Selbstinterpretation), dieses Äußerste nicht vollziehen zu können. Solche Feststellungen aber sind kein Argument dafür, daß ein Mensch dieses Äußerste nicht wagen könne oder dürfe. Der dies wagt, ist davon überzeugt, daß auch jeder andere neben ihm da, wo nicht radikalste Schuld in Freiheit getan wird, dieses Äußerste in seinem Leben vollbringt, auch wenn er die Herrlichkeit dieser Tat nicht noch einmal in seiner theoretischen Reflexion objektivieren kann und darum meint, nichts zu sein als ein Mensch, der aus dem Gefängnis eines müden Relativismus kein Entweichen zu finden meint. Er erlebt dieses Gefängnis; er mag es erleben als unentrinnbar. Aber indem er dies tut, hat er in dieser Feststellung doch schon wieder ein distanziertes Verhältnis zu seinem Gefängnis eingenommen; er kann diese Gefangenschaft eben doch nicht einfach als selbstverständlich hinnehmen. Und wenn er, scheinbar in einem müden Skeptizismus und in einer hoffnungslosen Resignation und mit dem Gebot an sich selbst, diesen Zustand als normal zu empfinden, sich mit seinem Gefängnis, das er nicht leugnen kann, abzufinden sucht, spielt ihm seine eigene Resignation selber doch immer wieder die andere Alternative zu: die Hoffnung, die nicht aufgibt, die Hoffnung auf das Licht, ohne dessen Ahnung die Finsternis gar nicht als solche erfahren werden könnte. Er weiß vielleicht selber nicht, ob er im innersten Bezirk seiner Existenz nun aufgegeben hat oder doch hofft; er ärgert sich über sich selbst, daß er sich überhaupt mit solchen Fragen herumschlägt und quält, und versucht immer wieder durch Alltagspflicht und Alltagsfreude dieser letzten Frage davonzulaufen. Ein Mensch kann zwar die vordere Bühne seines Lebens von der Frage freihalten, ob er im allerletzten verzweifelt oder hofft. Wenigstens solange, bis man ihn nicht mehr fragen kann, was er im letzten tut. Aber immer sitzt hinter dieser Bühne, auf der nur das Machbare und klar Sagbare agieren darf, nochmals der Regisseur von allem, derselbe Mensch. Hofft er oder verzweifelt er? Auf die Dauer und für das Ganze der Existenz gibt es da nur ein Entweder-Oder und keine Haltung, die einen von der Entscheidung wirklich dispensieren würde. Es ist schon besser, wenn diese Entscheidung auch in aller Deutlichkeit auf der vorderen Bühne unseres Lebens ausgetragen wird.

II.
Sicherheit des Glaubens?

Vielleicht hängt die in meiner ersten Anfrage formulierte mangelnde Faszination des christlichen Glaubens, vielleicht hängt die Tatsache, daß der christliche Glaube nicht mehr motiviert, auch damit zusammen, daß das Glauben selbst als Erkenntnisweise nicht mehr jene Überzeugungskraft besitzt, die es früher hatte. Als Glaubender weiß ich nicht, wohin mich mein Glaube führt. Führt er zur Erkenntnis der Wahrheit? Oder ist Glaube die bessere Wahrscheinlichkeit? Oder kommt im Glauben nichts anderes als der Ausdruck subjektiver Überzeugung zum Durchbruch? Ist er eine persönliche Gewißheit, deren es auf der Welt viele gibt und die Wahrheit des Geglaubten noch lange nicht garantiert? Was Pius IX. über den christlichen Glauben sagt, kann dem heutigen Menschen doch nur noch ein gequältes Lächeln entlocken: „So ist nichts sicherer als unser Glaube, es gibt nichts Bestimmteres, nichts Heiligeres, nichts, das sich auf festere Grundlagen stützen könnte." Wirklich? Da halte ich es lieber mit Freud, der den Glauben dem Wunsch zuordnet. „Wir sagen uns", so Freud in „Die Zukunft einer Illusion", „es wäre ja sehr schön, wenn es einen Gott gäbe als Weltenschöpfer und gütige Vorsehung, eine sittliche Weltordnung und ein jenseitiges Leben, aber es ist doch sehr auffällig, daß dies alles so ist, wie wir es wünschen müssen."

Ich möchte mich wahrhaftig nicht unter die Anhänger Freuds eingereiht sehen. Zumindest nicht da, wo er sich über den Ursprung von Religion ausläßt. Aber wer sich mit den Argumenten der Religionskritik auseinandersetzt, wird nun einmal mit Fragen und Problemen konfrontiert, auf die er von selbst vielleicht gar nicht käme. Einmal ins Wasser gefallen, ist man halt naß. Ist es denn nicht tatsächlich merkwürdig, daß der Glaube so sehr dem entspricht, was sich der Mensch wünscht? Da haben wir Angst.

Angst ist etwas Unangenehmes. Die Ängste unserer Zeit sind vielleicht nicht mehr die Ängste früherer Generationen. Aber es gibt sie noch, die Angst vor dem Leben, vor dem Morgen, vor einer ungewissen Zukunft, von der wir nicht wissen, was sie für uns parat hält. Und schon heißt es: Fürchtet euch nicht! – Da möchten wir glücklich sein. Nicht nur heute. Nicht nur gelegentlich. Ohne sagen zu können, was es ist, möchten wir *das* Glück. Erreichbar aber ist es in dieser Welt nicht. Wie ein Kind dem Regenbogen entgegenläuft, ohne ihn je zu erreichen, so laufen wir dem nach, was wir Glück nennen, ohne es jemals eigentlich zu haben und wunschlos glücklich zu sein. Und schon sagt uns der Glaube, daß das Glück auf uns wartet. Nicht hier natürlich, sondern im Jenseits. – Keiner von uns stirbt gern. Aber es gibt ja das ewige Leben. Die Menschen leiden, hungern, altern und siechen dahin. Sie werden gefoltert und geschunden. Aber es gibt ja die gütige Vorsehung, die schon weiß, wozu das alles gut ist, die alles lenkt und regiert... Glauben: Wunsch oder Wirklichkeit? Eine Frage. Ein Stachel im Fleisch des Glaubens

Nun würde ich mir diesen Stachel gerne ziehen lassen. So ist die Frage ja auch nicht zu entscheiden. Was Wunsch ist, was so merkwürdig unserem Verlangen und unseren Sehnsüchten entspricht, ist allein deshalb weder wahr noch falsch. Es muß nicht wahr sein. Es muß nicht falsch sein. Wünsche können sich erfüllen. Sie können auch unerfüllt bleiben. Der Glaubende würde statt „Wunsch" das Wort „Hoffnung" setzen und von seiner Hoffnung sagen, sie sei durch den Glauben gerechtfertigt. Was leistet aber der Glaube dann? Wohin führt er? Was beweist er? Wenn ich die Zeichen der Zeit richtig zu deuten verstehe, dann ist der Glaubende heute nicht unbedingt der Lächerlichkeit preisgegeben. Man toleriert, daß es Menschen gibt, die glauben. Es ist nicht mehr schick, sich darüber lustig zu machen, ja man argumentiert nicht einmal sonderlich. Wem's hilft! Aber gerade diese „tolerante" Indifferenz, diese wohlwollende Gleichgültigkeit stößt den Glaubenden in wahre Abgründe der Unsicherheit; in Abgründe, in denen man nicht weiß, ob das Seil hält, die Brücken tragen. Die subjektive Redlichkeit wird zugebilligt, dem Papst wie dem Dalai Lama, dem Christen wie dem Buschneger, dem Mohammedaner wie dem Atheisten. Das ist natürlich schon etwas. Aber es reicht nicht aus, um aus der subjektiven Redlichkeit eine objektive Wahrheit zu machen. Und da stehen wir heute alle. Etwas ratlos. Ratlos vor den zahllosen Wegweisern, die alle den gleichen Ort angeben und doch in die verschiedensten Richtungen deuten. Und wir bewundern den Mut derer, die entschlossen einen Weg einschlagen. Aber auch sie können nur einen Weg wählen. Wohin er wohl führt? Und welche Gründe mag sie bewegen, gerade diesen Weg zu gehen? Es stimmt schon: Stehen bleiben kann keiner. Irgend einen Weg wählt der Mensch mit Notwendigkeit. Weil der Mensch handeln und leben *muß*, weil er ordnen und werten *muß*, kann er nicht ewig an den Wegweisern des Lebens rasten und rätseln.

Nun sage ich mir: Ich sehe ja ein, daß ich gehen muß, daß ich einen Weg wählen muß. Wie aber soll ich mich selbst davon überzeugen, daß ausgerechnet der Weg des christlichen Glaubens der richtige sein soll? Wenn Zweifel an den Schuhen klebt, geht es sich schwer. Für Wahrscheinlichkeiten lebt es sich schlecht. Kann der Glaube aber zu mehr führen als zu einer größeren oder geringeren Wahrscheinlichkeit? Ich will meine Frage, die wiederum noch nicht den Inhalt des Glaubens anvisiert, sondern die Glaubwürdigkeit des Geglaubten noch ein wenig verdeutlichen. Gründe nennen, die den – oder besser: das – Glauben als dubios erscheinen lassen, als Engagement für etwas, was man nicht mit der nötigen Sicherheit wissen kann. Glaubenszweifel, so sagt man heute gerne, sind nichts Aufregendes; sie gehören gleichsam zum Glauben. Wie aber soll man sich für etwas einsetzen, wie soll man sein Leben an etwas wagen, was zwar möglicherweise sein kann und trotzdem nicht mit Sicherheit gewußt wird?

Dieses eine aus der ersten Antwort leuchtet mir mühelos ein: Jeder Glaube bewahrheitet sich nicht in der Theorie, sondern in der Praxis, im Alltag des Lebens, im Tun. Glaube ist nicht ein Wissen, das keine Rückwirkung auf das Leben hätte. Es kann einer alles Mögliche vom Christentum wissen und dennoch weit davon entfernt sein, ein Christ zu sein (was wohl umgekehrt genauso gilt) Glaube also braucht die Tat, das Engagement. Man muß den Weg eben gehen, um ihn zu kennen. Nun liegt aber hier doch ein Problem. Ich werde einfach den Verdacht nicht los, daß jedes Engagement für etwas seine Rückwirkung auf die Überzeugung des Glaubenden hat und daß, je größer der Einsatz, desto größer auch die

Bereitschaft zum Glauben ist. (Das ist auch wiederum nicht verwunderlich. Es ist eigentlich selbstverständlich, denn man „investiert" ja. Und wer gibt schon gerne zu, daß er falsch investiert hat?) Aus diesen Überlegungen folgt für mich, daß sich für jeden, der seine Weltanschauung mit Entschlossenheit und Engagement geht, eben diese Weltanschauung bewahrheitet. Ich bin christlich erzogen. Kenne – zumindest von innen, und d. h. so, daß ich sie einmal gelebt hätte – keine andere Überzeugung, keinen anderen Glauben als den christlichen. Was aber wäre, wenn ich in eine andere Welt hineingeboren wäre, in eine Gesellschaftsordnung, in der andere Überzeugungen gelten und andere Wahrheiten geglaubt werden? Würde ich dann nicht etwas anderes glauben? Es glauben, mit der gleichen Selbstverständlichkeit und mit den gleichen Zweifeln, wie ich sie als Christ habe?

Dieser Verdacht verstärkt sich noch durch das Wissen um die gesellschaftliche Bedingtheit des Glaubens. Was die Wissenssoziologen da herausgefunden haben, mag nicht neu sein. Aber so einfach „wegstecken" kann es der Gläubige auch wieder nicht. Ich jedenfalls nicht. Worum geht es? Die Wissenssoziologie geht der Frage nach, wie ein bestimmtes Wissen innerhalb einer bestimmten Gesellschaft zustande kommt, erhalten und weitergegeben wird. Und sie kommt zu dem Ergebnis, daß die jeweiligen Überzeugungen nicht aufgrund ihres Wahrheitsgehalts geglaubt werden, sondern aufgrund der innerhalb einer Gesellschaft wirksamen „Plausibilitätsstrukturen" und „Stützmechanismen". Der amerikanische Wissenssoziologe P. L. Berger meint in seinem Buch „Auf den Spuren der Engel": „Eine der fundamentalen Erkenntnisse der Wissenssoziologie ist, daß die Einsichtigkeit bzw. Plausibilität menschlicher Wirklichkeitsvorstellungen, dessen also, was Menschen für wirklich halten, davon abhängt, daß und wie diese Vorstellungen gesellschaftlich abgestützt und abgesichert sind". Und weiter: „Die Wissenssoziologie kann die konstitutiven Elemente jeder Plausibilitätsstruktur einzeln unter die Lupe nehmen – den Menschentypus, der sie ‚bewohnt', das Netz der Unter-Haltung, mit dessen Hilfe die ‚Bewohner' sich ihre jeweilige Wirklichkeit ‚bewahren', die therapeutischen Praktiken und Riten und die mit ihnen zusammenhängenden Legitimierungen. Wenn sich z. B. ein Katholik seinen Glauben erhalten will, so muß er mit der Plausibilitätsstruktur des Katholizismus in Verbindung bleiben. Er braucht andere Katholiken um sich herum, eine Gemeinde, die seinen Glauben ständig absichert. Am besten ist es, wenn die Menschen, die ihm am meisten bedeuten – gemeint sind die ‚signifikanten anderen' (nach George Mead) –, auch katholisch sind und zur stützenden Gemeinde gehören. Belanglos ist, welches Gebetbuch der Zahnarzt hat. Aber Frau und Freunde sollten katholisch sein." Damit ist eigentlich schon alles gesagt. Entpuppt sich Glaube so gesehen nicht als eine von gesellschaftlichen Bedingungen abhängige Größe, dessen Inhalt so glaubwürdig ist wie die Mechanismen, die ihn stützen? Das meint: nicht der Inhalt des Glaubens erweist diesen als wahr, sondern – grob gesagt – das Drum und Dran. Habe ich als Christ einen Grund, meinen Glauben anders einzuschätzen? Erreicht mein Glaube eine objektive Wirklichkeit und die reine Wahrheit oder ist er mir nur plausibel, weil ich so erzogen bin und in der ihm entsprechenden Plausibilitätsstruktur lebe? Daß ich m. a. W. im Glauben gar nicht die Wahrheit finden kann, sondern nur einen Weg gehe, weil ihn andere mit mir gehen, und der Weg im Grunde so beliebig ist wie jeder andere?

Was ist Glaube? Sicher ist er nicht Wissen im strengen Sinn des Wortes. Wie aber soll ich mich dann vergewissern? Wie kann ich es erreichen, zu sagen: dein Glaube ist wahr, dein Glaube ist der wahre Glaube? Von vielen Christen wird es heute als bedrückendes Problem empfunden, daß es viele und unterschiedliche Glaubensüberzeugungen gibt. Die Inhalte des Glaubens sind zwar verschieden. Die Struktur des Glaubens und die Motive weisen jedoch in den unterschiedlichsten Glaubensinhalten eine teuflische Ähnlichkeit auf. Jeder ist ja der Meinung, sein Glaube sei unbedingt verpflichtend und der wahre, eigentlich für alle Menschen richtige Glaube. Im Zeitalter des Pluralismus, in der sich der Mensch (in Gehlens Formulierung) „einer Gemengelage von Katechismen konfrontiert sieht", stellt sich fast unvermeidlich der Eindruck ein, daß die subjektive Überzeugung der Glaubenden letztendlich nicht der Wahrheit des Geglaubten entspricht, sondern von verschiedenen individuellen und sozialen Bedingungen geprägt ist. Damit scheint ein gültiges Unterscheidungskriterium für die verschiedenen Glaubensüberzeugungen zu fehlen. Denn die subjektive Gewißheit, die etwa der Christ für seinen Glauben geltend machen kann, wird in gleicher Weise von anderen Religionen oder Weltanschauungen geltend gemacht. Und so frage ich mich eben: Woher soll die Sicherheit des Glaubens kommen? Was kann der Glaube als Erkenntnis von Wahrheit eigentlich erreichen? Wieso ist der christliche Glaube mehr als eine subjektive Überzeugung, mit der es sich – das räume ich gerne ein – recht und anständig leben läßt, die aber die Wahrheit des Geglaubten nicht garantiert? Was ist Wahrheit und wie kann ich sie erreichen, wenn sie auf den Glauben bezogen wird?

Die zweite Anfrage ist, gemessen an dem Ganzen möglicher Thematik der christlichen Glaubenslehre, noch sehr verwandt mit der ersten Anfrage. Denn die kritische Anfrage, ob es denn überhaupt so etwas wie eine Gewißheit des christlichen Glaubens geben könne, bezieht, wenn man genau zusieht, ihre Zweifel aus den Überlegungen, die in der ersten Anfrage den müden Skeptizismus gegenüber der Möglichkeit von Glauben überhaupt hervorriefen. Darum darf es auch nicht verwundern, daß die Antwort auf die zweite Anfrage sich nicht deutlich von der Thematik der ersten Antwort abhebt. Das schadet nichts, denn wir sind mit einer Thematik konfrontiert, die in vielen Apologien des christlichen Glaubens nicht ausdrücklich genug wird, zumal auch die traditionelle Erkenntnistheorie im Bereich des katholischen Christentums erst langsam beginnt, die Probleme ehrlich zu sehen, die in den beiden ersten Anfragen mit massiver Deutlichkeit angemeldet werden. Von da aus ist es auch nicht von vornherein unstatthaft, auf etwas schon Gesagtes zu verweisen. So wurde in der ersten Antwort schon darauf hingewiesen, daß das Christentum sich nicht einfach *neben* die anderen Weltanschauungen einordnen lassen muß, die in der Religionsgeschichte und in unserer Gegenwart auf dem Markt der Öffentlichkeit feilgeboten werden. Zwar war diese Bemerkung in der ersten Antwort verknüpft mit dem Satz, diese Unvergleichbarkeit des Christentums müsse sich erst noch durch all das herausstellen, was später über den christlichen Glauben und das christliche Glauben gesagt werden wird. Trotzdem zeigt sich, daß die erste Antwort auch als ein Stück der Antwort auf die zweite Anfrage gelesen werden muß.

Die zweite Anfrage stellt die Gewißheit des christlichen Glaubens durch den Hinweis in Frage, dieser Glaube entspringe einem

Wünschen, einer Hoffnung, solch hoffendes Wünschen aber sei eine fragwürdige Sache, die keine Sicherheit des Glaubens bewirken und garantieren könne. Lassen wir die Frage einmal offen, ob Glaube nur ein Wunsch sei, es möchte doch dieses empirisch nicht unmittelbar Nachweisbare eben doch vorhanden sein und die Lösung aller Rätsel bieten, die sonst in unserem Leben unbeantwortet bleiben, oder ob dieser Glaube doch noch auch Erkenntnisgründe anderer Art habe, die nicht einfach auf ein Wünschen zurückgeführt werden können. Nehmen wir einfach einmal an, der Glaube sei der Wunsch nach dem Bestehen einer Wirklichkeit, durch die die Rätsel unseres Daseins beantwortet und die letzten Ansprüche unseres Lebens erfüllt werden. Unter diesem Zugeständnis, das wir an sich gar nicht machen müßten, fragen wir, ob der „Wunsch", der den christlichen Glauben trägt, von vornherein seinen Gegenstand legitim bezweifelbar macht. Natürlich gibt es Wünsche, deren Gegenstand durch die Existenz des Wunsches selbst nicht sichergestellt wird. Ich kann, wenn ich wünsche, 100 Jahre alt zu werden, dennoch mit 80 Jahren sterben. Aber gilt das von schlechthin jedwedem „Wunsch"? Gehören alle „Wünsche" gleich welcher Art in die eine und selbe Kategorie der Wünsche, deren Erfüllung unsicher ist?

Die zweite Anfrage spricht immer wieder fragend und zweifelnd von einer „Sicherheit" des Glaubens und kommt dabei doch auch immer wieder zur Frage nach der Wahrheit des Glaubens: ist es sicher, daß der christliche Glaube wahr sei? Wir wollen uns hier nun nicht in die schwierige erkenntnistheoretische Frage verstricken, wie Wahrheit und Gewißheit einer Überzeugung unterschieden werden müssen und doch aufs engste zusammenhängen. Worauf es uns hier allein ankommt, ist die Einsicht, daß es anzweifelbare Gewißheiten gibt und ein Mensch ohne solche gar nicht leben kann, *und* daß solche Gewißheiten immer auch durch eine personale Entscheidung für sie mitgetragen werden, dies aber kein Argument gegen die sachbegründete Gewißheit und Wahrheit der betreffenden Überzeugungen ist. Daß z. B. selbstlose Liebe sinnvoll sei, läßt sich nur in der Entscheidung für sie erfahren. Das bedeutet aber nicht, daß die Sinnhaftigkeit solcher Liebe eine subjektive Einbildung sei, die man genauso gut unterlassen könne. Es gibt nun einmal im Bereich der Existenz Wirklichkeiten, die nur in der Entscheidung für sie als wirklich und als „wahr“ und als „gewiß“ erreicht werden können. Solange jemand diese freie Zustimmung zu dieser Wirklichkeit verweigert und nur über sie theoretisiert, ist er für sie blind. Man kann aber nachweisen, daß es Wirklichkeiten geben muß, die sich nur in ihrer eigenen Wirklichkeit zeigen können, wenn man sich ihnen im freien Entschluß anvertraut. Man kann also nicht sagen, dies und das sei nicht existent oder in seiner Existenz zweifelhaft, weil es seine Existenz jemandem nicht auch gegen eine freie Verschlossenheit aufdränge. Der Glaubende und der Ungläubige dürfen von vornherein nicht eine Glaubensgewißheit verlangen, die von einem solchen freien Sicheinlassenwollen auf die Wirklichkeit des Glaubens unabhängig wäre. Einen solchen Glauben gibt es natürlich nicht. Es kann ihn nicht geben, weil die Wirklichkeit, die er anbietet, nicht eigentlich eine partikuläre Einzelheit der Wirklichkeit meint, sondern das eine Ganze der Wirklichkeit überhaupt und der menschlichen Existenz, und dieses eine Ganze natürlich nicht noch einmal von einem Punkt anvisiert und bestimmt werden kann, der außerhalb seiner selbst liegt.

Durch diese „Subjektivierung“ der Glaubensgewißheit, die vom Wesen des Glaubens als des vertrauensvollen und offenen Verhältnisses zum Ganzen der Wirklichkeit herkommt, werden Glaube und Unglaube nicht zu gleichberechtigten Größen, unter denen man einfach wählen könnte. Denn im freien Nein zu einer positiv vertrauenden Haltung zur Wirklichkeit überhaupt ist noch ein geheimes, der Freiheit vorausliegendes Ja am Werke, und so ist der Ungläubige (in diesem ganz allgemeinen Sinn einer letzten Grundhaltung) in einem unauflösbaren Widerspruch mit sich selbst verstrickt.

Worauf es im Augenblick ankommt, ist die Einsicht, daß Freiheit und Gewißheit in Sachen des Glaubens sich nicht widersprechen, vorausgesetzt nur, daß der Glaubende begreift, daß da von vornherein gar keine Gewißheit erwartet werden darf, die von einer solchen Entscheidung der Freiheit unabhängig wäre. Diese Freiheit hat dort, wo sie mutig die ganze Wirklichkeit, auch in ihrer Unbegreiflichkeit, vorläßt, das Licht ihrer Gewißheit in sich selber, auch wenn sie es nicht dorthin weiterleiten kann, wo man sich weigert, diesen Vorschuß an Vertrauen einer letzten und umfassenden

Sinnhaftigkeit der Wirklichkeit gegenüber zu erbringen. Die Frage wäre also höchstens die, wie man einen, der meint, hoffnungslos in einem solchen skeptischen Vorbehalt zu leben, zu einem solchen Ja des letzten Vertrauens bringen könne. Andoziert kann natürlich eine solche freie Gewißheit nicht werden. Man kann einen andern nur darauf aufmerksam machen, daß seine skeptische Enthaltung, weil alles einer letzten Gewißheit zu entbehren scheint, im geheimen Grunde immer noch von einem unausdrücklichen Ja lebt, das man sich eben in Freiheit zu eigen machen muß. Denn auch eine solche skeptische Enthaltung lebt immer noch von einem stillschweigend vorausgesetzten Unterschied zwischen Wahrheit und Irrtum, zwischen Güte und Gemeinheit, zwischen Oben und Unten. Wäre dem nicht so, wäre auch eine Erklärung einer skeptischen Neutralität gar nicht möglich. Die Erklärung, man könne nicht sicher unterscheiden, ist nochmals die Erklärung, daß grundsätzlich nicht alles von vornherein gleichgültig ineinander verfließt. Sie ist der Ausdruck für einen Schmerz über ein Nichtkönnen, der gar nicht denkbar wäre, wenn das Unbestimmbare und Ungewisse das Erste und das Letzte wären. Finsternis kann nur wahrgenommen werden von einem Auge, das für das Licht geschaffen ist. Der Glaubende wird gerade wegen seines ursprünglichen Optimismus sagen, daß im Leben jedes Menschen immer wieder einmal die Situation in der Praxis gegeben sein wird, die ihn in der Tat des Lebens zwingt, sich für ein radikales Ja oder ein radikales Nein zu entscheiden und so aus jenem bestimmungslosen Grau herauszukommen, in dem er zu leben meint. Der Glaubende wird sogar die stille Hoffnung haben, daß eine solche Entscheidung auch wirklich ein Ja sein wird, weil er sich eine von Gott geschaffene Freiheit bei all ihrer unerbittlichen Radikalität der nach zwei Seiten offenen Wahl nicht so denken kann, daß das Ja der Freiheit nicht doch eine viel größere Chance hätte als das Nein. Im letzten gibt es eben keine Neutralität, und das Ja zur Wirklichkeit stammt unmittelbarer von Gott als ein Nein.

Bei den eben angestellten Überlegungen über die Gewißheit des Glaubens haben wir – das soll in keiner Weise verschleiert werden – mit einem Begriff des Glaubens gearbeitet, nach dem der Glaube nichts anderes ist als die positive, bedingungslose Annahme der eigenen Existenz als sinnvoll und offen auf eine endgültige Erfüllung, die wir Gott nennen. Daß ein solcher Glaube schon der ursprüngliche Keim des christlichen Glaubens ist und daß der christliche Glaube umgekehrt gar nichts ist als die reine und unversehrte Entfaltung eben dieses Keims, das muß natürlich später noch deutlicher werden. Aber da die zweite Anfrage den Glauben in Zweifel setzt durch eine allgemeine und diffuse Bezweiflung von jeder Gewißheit irgendwelcher Sätze, mußte schon hier wenigstens einigermaßen deutlich gemacht werden, daß ein solcher allgemeiner Skeptizismus, der einem bestimmten Glaubensvollzug noch vorauszuliegen scheint, im letzten schon Unglaube ist und sein Gegenteil, der Mut zu unbedingter Annahme des Daseins als letztlich sinnvoll, schon Glaube ist.

Die zweite Anfrage zieht den christlichen Glauben in Zweifel durch den Hinweis auf dessen gesellschaftliche Bedingtheit im Glaubenden. Eine solche gesellschaftliche Bedingtheit des konkreten Glaubens im Glaubenden ist natürlich nicht zu bestreiten. Kann ich wissen, ob ich oder der Papst katholische Christen wären, wenn wir nicht in einem christlichen und katholischen Milieu aufgewachsen wären, wenn wir uns nicht immer wieder instinktiv jene gesellschaftlichen Absicherungen gesucht hätten, durch die es leichter ist, ein katholischer Christ zu sein? Aber was ist eigentlich, wenn man das alles unbefangen zugibt (und es, wie es unter Christen üblich ist, als eine Gnade Gottes interpretiert)? Gibt es eine Überzeugung und Existenzinterpretation, die behaupten könnte, von solchen gesellschaftlichen Vorbedingungen gänzlich unabhängig zu sein? Ist ein radikales Nein und Aufbegehren gegen eine herrschende Ideologie in dem gesellschaftlichen Milieu, dem man ursprünglich angehört, nicht auch noch einmal mitbedingt durch dieses Milieu, weil man ja nicht gegen alles und jedes denkbare, sondern gegen die im eigenen Milieu existierenden Überzeugungen protestiert und so nochmals von diesen und nicht von anderen abhängig ist? Wenn man also nicht der letztlich sich selber aufhebenden Überzeugung ist, jedwede milieubedingte Meinung sei wegen dieser Bedingtheit von vornherein gleichberechtigt und gleich wahr oder gleich falsch, dann kann die Erkenntnis der Milieubedingtheit die eigentliche Wahrheitsfrage nicht aufheben oder ersetzen, sondern nur als Appell verstanden werden, die vom eigenen Milieu herkommende Gefahr der Voreingenommenheit immer ehrlich einzukalkulieren, wenn man die Wahrheitsfrage stellt. Es ist dabei dann nicht zu bestreiten, daß in der faktischen christlichen Apologetik durch alle Jahrhunderte hindurch viel von solcher Voreingenommenheit mitspielte und die Schwierigkeiten nicht deutlich genug sehen ließ, so daß man vom Gegner vieles, was er einem zu sagen hatte, nicht oder nicht schnell genug lernte. Es ist nun einmal so: wenn man von einem Satz überzeugt ist, findet man die Argumente für ihn nur zu schnell gut, auch wenn sie in sich schlecht sind, wenn damit auch wiederum nicht gesagt ist, daß ein Satz schon darum falsch sein müsse, weil er mit schlechten Argumenten verteidigt wird. Das alles zugegeben, muß doch klar bleiben, daß eine Milieubedingtheit die Wahrheitsfrage nicht überflüssig macht. Diese Milieubedingtheit bedeutet auch nicht, daß die Wahrheitsfrage hoffnungslos sei. Sonst wäre ja das Phänomen, daß Menschen mit ihrer Überzeugung aus der Ideologie ihrer eigenen Gesellschaft und Herkunft ausbrechen, gar nicht erklärbar. Die Kontroversen auf der Ebene rationaler Argumentation verändern rückwirkend auch die Mentalität, die von einer bestimmten Gesellschaft und geschichtlichen Situation her vorgegeben ist. Die gesellschaftliche Situation des Einzelnen ist selbst eine geschichtliche Größe im Wandel, zu dem der Einzelne selbst beitragen kann und soll. Wenn das Christentum gerade in seiner neutestamentlichen Zeit Glaube und Martyrium in einem engsten Zusammenhang sah, dann war es ja gerade der Überzeugung, daß Glaube etwas zu tun hat mit einem Nein gegenüber der in einer bestimmten Gesellschaft als selbstverständlich herrschenden Ideologie, daß Glaube gerade ein Durchbruch bedeutet aus einer solchen brutal sich verteidigenden Ideologie und eigentlich nur wirklich Glaube ist, wenn er dazu bereit ist. Ein solcher Glaube wird dadurch nicht einfachhin „apolitisch", behält vielmehr geschichtliche und gesellschaftliche Voraussetzungen, so daß man ihm seine bestimmte geschichtliche und gesellschaftliche Herkunft immer anmerkt. Diese nimmt man mit dem Wohlwollen und der Geduld als Glaubender hin, ohne die man ja auch gegen seine Eltern und gegen das Jahrhundert, in dem man geboren wurde, einen absoluten Protest einlegen müßte. Aber der christliche Glaube ist von seinem Wesen her eben doch die Überwindung dieser geschichtlichen Bedingtheit und damit der Relativität, die jedem menschlichen Denken von seiner Situation her anhaftet. Denn dieser Glaube ist das Ereignis, in dem man es mit Gott selbst zu tun hat, der alle Endlichkeiten, geschichtlichen Situationen und Bedingtheiten zusammen umfaßt und trägt. Wenn man mit diesem Gott als solchem selbst zu tun hat und haben kann, dann kommt man immer noch aus einer geschichtlichen Bedingtheit her; aber sie ist offen (in Glaube, Hoffnung und Liebe) auf den unbegreiflichen Gott, der keine Bedingtheiten mehr hat. Das kann man natürlich nur sagen, wenn man das Christentum versteht und realisiert als eine Wirklichkeit, die nicht nur aus Wörtern und Sätzen *über* etwas besteht, sondern die die unendliche Wirklichkeit Gottes als uns gegeben mitbringt. Darüber muß dann freilich geredet werden, wenn auch diese Rede unendlich hinter dem zurückbleibt, über das als gegeben und erfahren sie stammelnd spricht.

Setzen wir einmal hier voraus, daß der Mensch nicht nur mit Gott zu tun hat, indem er in seinem objektivierenden Bewußtsein Sätze über Gott bildet oder gesellschaftlich indoktriniert vorfindet, dann ist die eigentliche, wirkliche und schwierige Frage die, warum nicht jedwede „Abschußrampe“ und jedweder geschichtliche Ausgangspunkt grundsätzlich gleichwertig und gleich geeignet seien, um von ihm aus jenen Durchbruch zur Unmittelbarkeit mit dem wirklichen Gott über alle Rede über ihn hinaus zu erzielen. Die Schwierigkeit ist doch die: es scheint so zu sein, daß mindestens alle Religionen, die das Göttliche ausdrücklich nennen und von uns selbst unterscheiden, in diesem Gott als solchem selbst sich begegnen und darin eins werden. Sie unterscheiden sich dann scheinbar nur durch die geschichtliche Bedingtheit ihrer Ausgangspunkte (der Weise, wie die Gottesfrage gestellt wird, des begrifflichen Apparats, der verbalen und gesellschaftlichen Objektivationen des Bezugs auf Gott). Das Christentum scheint aber nur *einen* Ausgangspunkt geschichtlicher Art und gesellschaftlicher Verfaßtheit für legitim und einzig berechtigt zu halten: Jesus Christus und die Kirche. Wenn wir also sagen, daß Christentum sei über eine geschichtliche Relativierung erhaben, weil es wirklich mit Gott an sich selber zu tun habe, dann scheint der skeptische Relativismus der zweiten Anfrage noch nicht überwunden zu sein. Er wäre überwunden oder bestätigt (wie man will), wenn es in allen Religionen nur auf Gott selbst ankäme und alle geschichtlichen Ausgangspunkte gleich gültig wären (wenigstens im Prinzip). Das aber scheint der Glaube an Jesus Christus (und abgeleitet davon an seine Kirche) zu verbieten. Das ganze Problem wird noch schwieriger, weil das katholische Christentum nicht leugnet, sondern ausdrücklich aussagt, daß ein Mensch auch außerhalb des institutionalisierten Christentums Gott in seiner Unmittelbarkeit erreichen kann, wenn er schuldlos von Christus nichts weiß. Das katholische Christentum scheint also selbst wieder seine universale Heilsnotwendigkeit in Frage zu stellen. Die Frage, warum das Christentum nicht nur in seinem Endpunkt (Gott) einen universalen und absoluten Charakter hat, sondern auch in seinem Ausgangspunkt, ist also sehr schwierig, auch wenn die „Absolutheit" des Ausgangspunktes und des Endpunktes nicht einfach in genau demselben Sinne verstanden werden darf. Aber so wenig wir hier schon mit dem ganzen Problem der Vermeidung eines religiösen Relativismus angesichts der Vielheit von Religionen fertig werden können, so kann doch hier wenigstens dies schon gesagt werden und auch genügen: Jesus Christus, der Gekreuzigte und Auferstandene, ist nicht irgend ein religiöses Phänomen als Anregung und Ausgangspunkt eines Verhältnisses zu Gott, der noch einmal über alle Religionen unendlich erhaben ist, sondern das geglückte (Auferstehung!) Ereignis desjenigen Übergangs vom endlichen Einzelnen in die eine, schweigende unbegreifliche Unendlichkeit (Tod!), die wir Gott nennen, und hat als solche gar kein damit vergleichbares religiöses Phänomen neben sich, das diesem einen Vorgang Konkurrenz machen und ihn relativieren könnte. Daß es viele, sich gegenseitig relativierende erste Ausgangspunkte des eigentlich religiösen Vorgangs, der von Gott selbst getragenen Eröffnung des Menschen auf Gott hin gibt, das bestreitet das Christentum nicht, erklärt nur, daß alle diese so inaugurierten religiösen Phänomene durch den einen und selben Nullpunkt des Todes hindurchgehen müssen, und daß das Glücken dieses Durchgangs eben nur durch den Tod Jesu garantiert und für uns in der Erfahrung seiner Auferstehung greifbar geworden ist. Alle davorliegende Verschiedenheit religiöser Erfahrungen als Ausgangspunkte einer letzten und selben Übereignung des Menschen in seiner Freiheit an Gott wird vom Christentum nicht geleugnet, sondern an sich grundsätzlich positiv gewertet, so daß die Frage nur die ist, wie das Christentum in seiner kirchlichen Konkretheit die Vielzahl solcher Ausgangspunkte, die noch vor dem Kreuz Christi liegen, im Lauf seiner Geschichte allmählich selbst ausdrücklich in sich selbst hinein integriert. Wie und warum der einzelne Mensch, der stirbt, auch durch den Tod Christi als sein Heil hindurchgeht, wenn er von ihm nichts ausdrücklich weiß oder seine Heilsbedeutung ohne Schuld für sich nicht erkennt, das ist eine Frage, die jetzt nicht behandelt werden muß. Die geschichtliche und gesellschaftliche Bedingtheit des Christentums, die es auf den ersten Blick einfach neben viele andere Religionen zu stellen scheint und es so relativiert, hebt, genauer besehen, seine Einmaligkeit und Absolutheit nicht auf, sondern ist gerade das Ereignis des Durchbruchs aller Religionen aus ihrer geschichtlichen und gesellschaftlichen Bedingtheit zur Unmittelbarkeit Gottes selbst, insofern in Jesus Christus dieser Durchbruch als tatsächlich geglückt und darin erfahren begriffen wird. Wenn man somit nicht von vornherein alle Religionen und Weltanschauungen unter einen vagen Begriff von „Religion", der nichts mehr besagt, subsumiert, sondern genau hinschaut, was denn die einzelnen Religionen und Weltanschauungen von sich behaupten, dann ist die geschichtliche Bedingtheit des Christentums wie der anderen Religionen und die so gegebene Pluralität von Religionen und Weltanschauungen kein Grund dafür, sich religiös einem skeptischen Relativismus zu ergeben. Die geschichtliche und gesellschaftliche Bedingtheit aller Religionen soll ja gerade nicht nur zur Kenntnis genommen werden (das auch), sondern als überwindbar und schon im letzten durch den Tod Christi überwunden bekannt werden. Wem kann diese Hoffnung im Ernst verboten werden? Wäre sie nicht insgeheim gegeben, könnte der Schmerz über diesen Relativismus und Pluralismus gar nicht gespürt werden. Und wenn das Christentum gerade das Bekenntnis dieser Hoffnung ist und sonst eigentlich nichts, dann muß es sich eben nicht einreihen lassen in eine graue Menge gleichberechtigt nebeneinander stehender Religionen und Weltanschauungen. Man kann zwar skeptisch dieser Hoffnung entsagen oder daran zweifeln, daß sie durch den siegreichen Tod Jesu endgültig bestätigt ist, man kann aber diese Hoffnung nicht einfach unter die übrigen Weltanschauungen einreihen. So wenig, wie man legitim das Bekenntnis der Existenz absoluter Wahrheit neben die Leugnung solcher Wahrheit als eine von zwei Weltanschauungen stellen kann, wo doch die dezidierte Leugnung solcher Wahrheit noch einmal ihre geheime Setzung ist oder überhaupt keinen angebbaren Sinn hat.

Vielleicht kann man sich alles, was bisher gesagt wurde und auf die zweite Anfrage zu sagen ist, nochmals kurz durch folgende Überlegung verdeutlichen: Man erkennt, wie die zweite Anfrage sagte, daß man einen Weg gehen muß und nicht alle denkbaren und angebotenen Wege ablaufen kann. Aber man zweifelt daran, daß gerade der angebotene Weg des Christentums der richtige sein soll und zum Ziel führt, wo es doch so viele andere und von vielen andern begangene Wege gibt. Dieser Zweifel hätte gar keinen Sinn und keine Bedeutung, und alle Wege wären schlechterdings nur scheinbar voneinander verschieden, wenn man voraussetzen würde, daß alle Wege oder keiner zum Ziel führen würden. In diesem Zweifel ist also die grundsätzliche Überzeugung von der Existenz eines (oder mehrerer) Wege und eines Zieles gegeben. Sie wird durch den Zweifel nicht bezweifelt, sondern bestätigt. Wie nun, wenn der Weg, den man selber geht (weil man einen gehen muß, und die Erklärung, man bleibe ratlos und verzweifelt an der Wegkreuzung stehen, weil sich zu viele Wege anbieten, die man nicht prüfen kann, selber noch einmal die Wahl eines Weges ist, der sich selber desavouiert), nichts wäre als die Überzeugung, daß, wenn man nur ehrlich und getreu geht (gleichgültig, an welchen Etappen vorbei), man ankommt, nicht bei diesem oder jenem, sondern in einer Unendlichkeit von Wirklichkeit und Endgültigkeit, die kein dieses *oder* jenes mehr kennt und Gott genannt wird? Dieser Weg ist nicht ein Weg, sondern *der* Weg, weil er von vornherein eine Auswahl unter Wegen überholt hat. Dieser eine Weg, der *der* Weg ist, ist aber das Christentum, weil es gar nichts anderes besagt, als daß der Mensch bei der nichts neben sich habenden und unbegreiflichen Unendlichkeit Gottes ankommen wird, und dies garantiert und greifbar geworden ist in Jesus Christus. Alles übrige an Erfahrungen, Lebensdeutungen, Theorien usw. sind dem gegenüber nur sekundäre Ansichten, über die man gar nicht eins sein muß, oder sekundäre Konsequenzen aus dieser einen radikalen Botschaft des Christentums. Wenn ein Mensch diese Überzeugungen hat, dann ist er in einer geistigen Verfassung, in der alle skeptischen Relativismen schon überholt sind. Das heißt gerade nicht, daß diese nicht mehr existieren, sondern sagt, daß man mit dem Ganzen als solchem und einem zu tun hat und nicht nur mit den partikulären Inhalten dieses Ganzen, die sich gegenseitig bestreiten und relativieren. Dieser Weg, auf dem man vor das Ganze kommt, gerät natürlich unter den Verdacht, nur einer der vielen denkbaren und darum nicht sicher ans Ziel führenden Wege zu sein, wenn und insofern er verbal objektiviert und dadurch neben die anderen Weltanschauungen als eine von vielen gerückt wird. Dieser Schein ist natürlich immer gegeben und muß immer aufs neue überwunden werden, dadurch, daß man den einen Weg geht und nicht nur über ihn redet, d.h. dadurch, daß man sich bedingungslos, aber hoffend im Überstieg über alle einzelnen Wirklichkeiten, Güter und Ziele dem unbegreiflichen Geheimnis unseres Daseins übergibt. Man kann natürlich immer fragen: wie macht man denn das? Wie geschieht wirklich ein Durchbruch durch die tausend zersplitterten Einzelheiten unseres Lebens und unserer Welt auf das ursprünglich Eine dieser Wirklichkeit? Klar ist, daß sich diese unmittelbare Begegnung mit der ursprünglichen Einheit, Gott genannt, nicht eigentlich dort ereignet, wo diese Einheit und unser Verhältnis zu ihr begrifflich objektiviert wird, so daß sie durch solche verbalen Bilder (die leicht Götzenbilder werden) unter die Menge der Einzelwirklichkeiten rückt. Dieses eigentliche Ereignis, das in sich selbst nicht mehr durch den skeptischen Relativismus bedroht ist, geschieht ursprünglich dort, wo ein Mensch in der Tat einer letzten Freiheit die Pluralität der Wirklichkeit (zu der er in seiner endlichen Subjektivität selbst gehört) überschreitet in einer Hoffnung und selbstlosen Liebe, die ihre Legitimität gar nicht von diesen pluralen Wirklichkeiten als solchen bezieht, geschieht dort, wo eine letzte Hoffnung gegen alle Hoffnung gesetzt wird und Liebe den Menschen in eine schweigende Unendlichkeit aus dem Kerker des eigenen Egoismus hinausführt ohne Rückkehr. Man kann natürlich einwenden, daß solche Begegnung des einzelnen endlichen Subjekts mit dem einen und unendlichen Ganzen nicht möglich sei – per definitionem –, weil das Einzelne mit dem Ganzen nichts zu tun haben könne, ohne das Ganze zu vereinzeln oder sich selbst zum Ganzen zu machen. Aber unter dem Hinweis darauf, daß solche von Quantität herkommenden

Aussageweisen nicht gepreßt werden dürfen, muß gesagt werden: doch ich, der Einzelne und Endliche *kann* mit dem ursprünglichen unendlichen Ganzen, das alles eint, zu tun haben, weil ich in bedingungsloser Hoffnung und Liebe faktisch mit ihm zu tun *habe*. Daß dabei das Ganze selbst noch ursprünglicher sich mir, dem Einzelnen zuwenden muß und durch sich selbst meine Zuwendung zu ihm tragen muß, ist selbstverständlich (und wird in der sog. Gnadenlehre des christlichen Glaubens ausdrücklich und eigens gesagt). Ist jetzt gesagt, wie man das macht, was allein den skeptischen Relativismus und die Angst, keine Gewißheit zu haben, überwindet? Ja, wenn man versteht, was da eigentlich gesagt werden sollte. Nein, weil das Gesagte nur in seinem Tun verstanden werden kann. Freilich entsteht so die alte, schon berührte Frage, wie man denn zu etwas auffordern könne, von dem man gleichzeitig erklärt, es werde nur verstanden, wenn es getan wird. Dieses Dilemma ist nur unter der Voraussetzung überwindbar, daß im Menschen, in jedem, das, was er in Freiheit tun soll, im Angebot und gewissermaßen im Vorspiel unweigerlich schon gegeben ist, und darum die Tat der Freiheit, in der erst ihre eigene Legitimation erfahren wird, doch nicht ein Akt bloßer Willkür ist. Die Freiheit wird nie als eine unbegreifliche Explosion, von einem Nullpunkt her auf einmal sich ereignend, erfahren, sondern als sich schon immer betätigt habend, wenn die ausdrückliche Reflexion beginnt. Man hat schon immer gehofft und geliebt, wenigstens in Spuren und kleinen Ansätzen; man hat wenigstens in kleiner Dosis immer schon die Sinnhaftigkeit der Hoffnung und der Liebe im Unterschied zur Verzweiflung und dem Egoismus verkostet; ein Morgenrot der Verheißung ist, ob wir wollen oder nicht, immer schon über das finstere Land unseres Lebens ausgebreitet. Aber man muß (was nicht erzwungen werden kann) diese schon erfahrene Hoffnung und Liebe, die, wie wir christlich sagen können, die Vorsehung Gottes der kreatürlichen Freiheit immer schon sanft abgelistet hat, in Freiheit bis zum Letzten ihren Lauf lassen durch die immer neuen Anläufe unserer Lebenstat hindurch. Dann wird jene Sicherheit immer aufs neue erfahren, die durch den bloßen Disput der Rationalität allein nicht erzeugt werden kann und die der Tat der bedingungslosen Hoffnung und Liebe inwendig ist.

III.
Existiert Gott?

Hinsichtlich der Gottesfrage finde ich mich in einer merkwürdigen Situation. Einmal ist mir die Existenz Gottes die größte Selbstverständlichkeit, weil ohne ihn nichts aufgeht, angefangen von den Wundern der „Natur" bis hin zu meinem eigenen Selbstverständnis und bis dahin, wo das Herz seine Gründe hat. Ein andermal wieder scheint mir die Existenz einer Wirklichkeit, die „Gott" genannt wird, so unsinnig, daß ich das Handtuch werfen möchte. Und dies alles zeigt nur, daß religiöses Bewußtsein auch von Stimmungen mitbestimmt ist. Wilhelm Raabe schreibt einmal: „Es ist ein Irrtum oder gar eine Lüge, wenn man behaupten will, daß einem unglücklichen oder von Not und Sorge bedrängten Menschen eine schöne Gegend und herrlich erhabene Aussicht zum Heil und zur Genesung gereiche. Es ist einfach nicht wahr. Im Gegenteil, nichts ist schlimmer für einen Kummervollen, Schmerzbeladenen, als eine weite, sonnenklare, in allen süßen Farben der Erde leuchtende Fernsicht, hoch von einer Bergspitze aus. Es ist arg und eigentlich furchtbar, aber es ist so: den Sturm, den Regen läßt man sich in der bösen Stimmung gefallen, aber die Schönheit der Natur nimmt man als einen Hohn, als eine Beleidigung und fängt an, alle sieben Schöpfungstage zu hassen." Was ich damit sagen will? Ich will nur daran erinnern, daß es Stimmungen gibt, in denen das Elend der Welt, die Plackerei und das Schuften, Leiden und Vergeblichkeit durchaus zu jener Stimmung führen können, in denen einem die „leuchtende Fernsicht" „Gott" eher wie eine Beleidigung vorkommt denn wie Trost. Ohne Gott geht die Rechnung eines Menschenlebens nicht auf. Aber geht sie mit Gott auf? Über Stimmungen läßt sich nicht diskutieren. Und deshalb frage ich mich, warum ich mich eigentlich in der Masse derer finde, die sich weder für das eine noch für das andere stark machen wollen. Die selbst nicht wissen, ob sie an Gott glauben sollen oder nicht. Die gerne glauben möchten, wenn sie es nur könnten, und die sich sagen, daß man ja sehen wird, wenn es einmal soweit ist, wenn die Augen für immer zu sind.

Aber meine Zweifel an der Existenz Gottes sind wahrhaftig nicht nur von Stimmungen abhängig. Deshalb nun zu den Argumenten, die für die Existenz Gottes sprechen. Ich möchte – nein: ich muß sie hinterfragen. Ich muß prüfen, ob die Brücken tragen oder ob sie in den Abgrund stürzen, wenn man sie zu gehen versucht, in den größten Abgrund, weil dieser Abgrund die grausamste Täuschung wäre. Zwei Fragen sind es zunächst einmal, an denen ich immer wieder hängenbleibe. Wer einen Gottesbeweis führt – oder sollte man besser sagen: wer die Existenz Gottes aufweisen möchte –, geht notwendig von der Voraussetzung aus, daß es für alles, was es gibt, einen hinreichenden Grund geben muß, einen Grund, der das Vorhandene erklärt. Das „Vorhandene" kann die Welt als ganze sein. Es können aber auch meine personalen Erfahrungen sein, die immer über die Welt hinausdrängen, die mehr suchen, als die Welt zu bieten vermag und nirgends Halt machen können. Erfahrungen von Glück in dieser Welt scheinen so nur die Ahnung des Glückes zu sein, das restlos erfüllen könnte. Versprechen und Verheißung einer Seligkeit, die nicht von dieser Welt ist, nicht von dieser Welt sein kann. Aber: Ich werde den Gedanken nicht los, daß alles Suchen eines Grundes für das, was ich bin und hoffen muß, daß der Drang, eine Antwort und einen Grund zu wissen und wissen zu wollen, gar nicht mehr zu sein braucht als eine höchst subjektive Angelegenheit. Könnte die „instinktive Sinnsuche" des Menschen nicht nur deshalb sein, weil der Mensch halt so „konstruiert" ist und so sucht, suchen muß, wo es gar nichts zu suchen gibt? Claude Lévi-Strauss bringt genau das zum Ausdruck: „Persönlich bin ich nicht mit der Frage nach Gott konfrontiert. Ich finde es durchaus erträglich, mein Leben zu verbringen, wissend, daß ich mir niemals die Totalität des Universums werde erklären können." Aus dieser Aussage lese ich heraus, daß Lévi-Strauss – mit vielen anderen – zwar den Gläubigen ihren Glauben läßt, selbst aber lieber da das Fragen aufhören läßt, wo die zu erwartende Antwort keinen Sinn mehr hergibt.

Und das führt mich zum zweiten Punkt dieses einen Gedankengangs. Der Gläubige wirft dem Glaubenslosen vor, zu früh mit dem Fragen aufzuhören, zu früh aufzugeben in der Suche nach einer hinreichenden Erklärung. Und tatsächlich: Wer so denkt wie Lévi-Strauss, muß irgendwann einmal mit Fragen aufhören. Er muß es irgendwo gut sein lassen. Sich und die Welt nehmen, wie alles nun einmal ist, und das Beste daraus machen. Aber warum? Letztlich doch aus der Überzeugung, daß „Gott" als die Antwort auf die eine und die tausend Fragen eines Menschenlebens auch keine Antwort ist. Gott ist dann so ein kleiner Taschenspielertrick. Seine Existenz wird behauptet, damit alles, was uns rätselhaft, unerklärlich und unverständlich ist, auf die große Unbekannte geschoben werden kann. Menschliches Fragen kommt notgedrungen an ein Ende, und dies nicht nur, weil einem die Zeit davonläuft und auch noch andere Dinge zu tun sind, sondern vor allem deshalb, weil einmal ein Punkt erreicht ist, an dem das, was ist, das „Faktische" also, einfach hingenommen werden muß. Gott ist für den Gläubigen eine solche „Tatsache": Woher er kommt, warum er überhaupt ist, warum er der höchste Wert unseres Lebens ist, der Sinn unseres Daseins, die Liebe in Person, die ihren hinreichenden Grund „in sich selber hat": das alles sollen Tatsachen sein, die zu befragen keinen Sinn mehr hat. Gott ist einfach so. Er ist es nach unserer Definition. Aber läßt sich dann eigentlich noch ein wesentlicher Unterschied zwischen Religion und Atheismus behaupten? Ist es nicht gleichgültig, wo der Mensch den Schlußpunkt seines Fragens, den er sowieso setzen muß, tatsächlich setzt? Oder anders gesagt: Ist es denn nicht redlicher, das Fragen da aufhören zu lassen, wo die Grenzen noch erkennbar sind? Sollten wir nicht das Unerklärliche stehen lassen, wie es steht, ohne in eine Wirklichkeit zu flüchten, die so „ganz anders" ist, daß wir uns nichts mehr darunter vorstellen können? Kann ich nicht mit gleichem Recht wie der Gläubige das von Gott behaupten muß, eben nicht Gott, sondern die Welt als das letzte, unerklärbare Faktum hinnehmen, das „halt einmal ist"? Gott ist doch nur deshalb eine „Antwort", weil er – grob gesagt – alles kann und auch die widersprüchlichsten Dinge in sich vereint. Wird Gott dann aber nicht zu einem Abladeplatz all der Fragen, für die wir keine Antwort wissen, ein Abladeplatz, auf den sich alles schieben läßt und den wir uns doch so gerne wünschen? Freud: „Wir sagen uns, es wäre ja sehr schön, wenn es einen Gott gäbe als Weltenschöpfer und gütige Vorsehung, eine sittliche Weltordnung und ein jenseitiges Leben, aber es ist doch sehr auffällig, daß dies alles so ist, wie wir es uns wünschen müssen. Und es wäre noch sonderbarer, daß unseren armen, unwissenden, unfreien Vorvätern die Lösung all dieser schwierigen Welträtsel geglückt sein sollte." Ist Gott nur ein Wunsch, den wir uns wünschen müssen, weil wir einen Abladeplatz brauchen für alles Fragen und so etwas suchen, weil wir so konstruiert sind? Und: Wäre es dann nicht redlicher zu sagen, ich halte mein Nichtwissen aus; ich halte es aus, zu wissen, daß der unendlich weite Raum unserer Sehnsüchte und Wünsche gar nicht gefüllt werden muß? Sind die, die an Gott glauben, nicht doch die „Infantilen", denen der Wunsch aus den Augen schaut und die es einfach nicht fertigbringen, mannhaft in einer illusionslosen Welt zu leben?

Es ist im Rahmen dieser Anfrage nicht möglich, alle Argumente der Atheisten anzuführen. Es ist auch gar nicht nötig. So empfinde ich – vielleicht im Gegensatz zu vielen anderen – die Argumente z.B. des Kritischen Rationalismus gegen Gott als „Leerformel", als einem Wort, von dem man nicht weiß, was es bedeuten soll, als banal. Es stellt sich für mich höchstens die Frage, ob und wieviel Wahrheit in der von H. Albert so genannten „Immunisierungsstrategie" steckt. Im Begriff „Gott", so die Argumentation, läßt sich alles, auch das Widersprüchlichste, zusammendenken. Ob aber dieses Zusammendenken noch einen sinnvollen und verständlichen Inhalt hergibt, mag mit Fug und Recht bezweifelt werden. Ich will diesen Gedanken nur auf einen Punkt hin konzentrieren, der mich und andere an Gottes Existenz zweifeln läßt. Ich meine das Zusammen von Gottes Allmacht und Güte. Das Wort eines Freundes, dessen Mutter unter gräßlichen Schmerzen starb, geht mir immer noch nach. Jeder Arzt, so dieses Wort, der solches Leid verhindern könnte und es dennoch nicht tut, würde vor Gericht verurteilt. Und Gott? In seinem Drama „Draußen vor der Tür" läßt W. Borchert in Erinnerung an die Grausamkeiten des Krieges (und man möchte sagen: aller Kriege) an den Gott, der – wie wir sagen – das alles nur „zuläßt", die Gegenfrage richten: „Wo warst du eigentlich, als die Bomben brüllten, lieber Gott? Oder warst du lieb, als von meinem Spähtrupp elf Mann fehlten? ... Die elf Mann haben gewiß laut geschrien in dem einsamen Wald, aber du warst nicht da, einfach nicht da, lieber Gott. Warst du in Stalingrad lieb, lieber Gott... Wann warst du eigentlich lieb, lieber Gott, wann?" Von Dostojewski bis Simone Weil ließe sich dieses Thema tausendfach variieren, ja es reicht bis in die Anfänge jeden Gottesglaubens zurück. Nun sagt der Gläubige, wie es schon anklang, Gott läßt das nur zu. Oder: Alles Leid sei die Folge menschlicher Sünde und Schuld. Hand aufs Herz: Glauben Sie das? Und wenn nicht, „immunisiert" der, der an Gott glaubt, seinen Glauben nicht durch alle möglichen Konstruktionen, die Geistesakrobatik sind? Gott läßt nur zu; Gott will den Menschen prüfen; Gott wird schon wissen, wofür das alles gut ist. Ich bin nicht so schnell bereit, diese Geistesakrobatik, der das absichernde Netz vernünftiger Einsicht fehlt, nachzuvollziehen. Müßte die Welt nicht anders aussehen, wenn Gott allgut und allmächtig zugleich ist? Da zweifle ich. Und anknüpfend an das oben Gesagte meine ich: Ist die Welt nicht sogar verstehbarer, wenn sie ihren Lauf ohne einen gütigen Weltenlenker läuft? Wenn sie ihre Gesetze geltend macht und der Mensch sich in stiller Resignation einfach fügt, ohne an den zu glauben, der auch keine Antwort ist?

Irgendwie scheint mir, will man diese Gedanken nicht einfach vom Tisch wischen, daß die Existenz Gottes nur mit einer gehörigen Portion guten Willens geglaubt wird. Haben Sie, haben wir, die an Gott glauben, vielleicht schon zu viel investiert, um noch einen Rückzieher zu verkraften? Wenigstens so, daß wir die Frage offen lassen? Daß wir sagen, wir wissen es nicht? Wissen nicht, ob es Gott gibt? Und wir haben investiert! Teile unseres Lebens, Arbeitskraft und Verzichte. Können wir überhaupt noch die Argumente der Atheisten verstehen? Dies bringt mich auf einen letzten Gedanken. Alles Bisherige war vielleicht ein wenig theoretisch und bewegte sich auf einer Ebene, auf der nur wenige denken, auch wenn ich meine, daß vieles des Gesagten im Hinterkopf auch des Glaubenden da ist. Ich möchte Sie nun persönlich etwas fragen und kann nur hoffen, daß Sie diese Frage so nehmen, wie sie mich bedrängt, nicht aber als Zweifel an der Ehrlichkeit Ihres Gottesglaubens. Ich frage mich nämlich – und gebe nun diese Frage an Sie weiter –, was eigentlich geschehen oder sein müßte, damit Sie *nicht* an Gott glauben. Ist Ihr Glaube an Gott so fest, daß ihn gar nichts erschüttern kann? Könnten Sie sich vorstellen, daß ein theoretisches

Argument oder eine Lebenserfahrung Sie zu einer Leugnung der Existenz Gottes führen könnte? Daß Sie nicht nur an Gott zweifeln mit jener Unsicherheit, die dem Glauben anhaftet, sondern daß Sie an Gott verzweifeln, so sehr, daß Sie seine Existenz bestreiten? Die Tatsache des Glaubensabfalls gibt es ja, und wer vom Glauben an Gott abfällt, hat seine Gründe, selbst dann noch, wenn er diese Gründe nicht in eine angemessene Formulierung bringen kann. Ist Ihr Glaube an Gott so, daß Sie nie von ihm lassen könnten, egal was Ihnen an Argumenten oder Schicksalen noch begegnen kann, vielleicht begegnen wird? Das ist nun keine ,,theoretische" Frage mehr. Manchem wäre geholfen, wenn er wüßte, was sein oder geschehen müßte, damit sich nicht an Gott glauben läßt. Dann wäre umgekehrt ein Maßstab genannt, der den Glauben an Gott rechtfertigt – vorausgesetzt der Fall, der die Leugnung Gottes erzwingt, ist nicht gegeben und tritt nicht ein.

Nur mit Furcht und Zittern beginne ich ein paar Bemerkungen zur dritten Anfrage. Wie könnte man anders über das unbegreifliche Geheimnis, das wir Gott nennen, sprechen? Es würde verfehlt wenn man meint, man könne über Gott reden wie über den Mond oder ein Neutron. Wie aber soll man in einer Sprache, die dieser einmaligen Wirklichkeit entspricht, in einer Sprache, die höchstens die Vorstufe des anbetenden Schweigens ist, von Gott sprechen zu einem andern, der sich nicht so sehr darauf aufmerksam machen lassen will, was er im Grunde seiner Existenz eigentlich schon weiß, sondern eher geneigt ist, diese Grunderfahrung gereizt oder enttäuscht auf sich beruhen zu lassen, weil sie nicht immer in strahlender Klarheit und Macht über seinem ganzen Leben steht? Wo soll man anfangen, was behandeln, was übergehen, was genauer zu sagen versuchen, wenn man nur ein paar Seiten zur Verfügung hat, wo doch auch das neueste Buch, das nach der Existenz Gottes fragt, tausend Seiten umfaßt? Soll man metaphysisch mit letztem Scharfsinn zu argumentieren suchen? Soll man Berufung einlegen auf die Geschichte des Gottesglaubens, die im Grunde eben doch identisch ist mit der Geschichte der Menschheit überhaupt und trotz eines weltweiten Atheismus noch gar nicht am Ende ist? Soll man hausbackener aus der Alltagserfahrung heraus zeigen, daß es ohne jene Unbegreiflichkeit, die wir Gott nennen und die allein ein unendliches Feld der Freiheit anbietet, nicht geht, sondern daß der Mensch erstickt in der Enge, in die er sich selber einsperrt, weil darin alles klar, die Unbegreiflichkeit des Geheimnisses Gottes aber unerträglich sei? Ich weiß nicht, wo anfangen. So begnüge ich mich damit, einfach entlang dem Text der dritten Anfrage diese und jene Anmerkung zu machen mit dem ausdrücklichen Protest gegen den Eindruck, man könne zur Gottesfrage nichts Besseres, nichts Genaueres, nichts Strahlenderes sagen als eben die paar Sätze, die die Antwort auf die dritte Anfrage sein müssen.

Wenn man mich oder ich mich selbst fragen würde, warum ich nicht gleich dieses Strahlendere über Gott sage, wenn man es doch sagen kann, dann könnte ich ja zurückfragen: Ist der Anfrage nicht gerade alles Strahlende und Mitreißende verdächtig? Muß ich selber die Herrlichkeit eines wunderbaren Frühlingsmorgens ins Wort übersetzen können, selber, wenn ich erkläre, ich sähe diesen Morgen, und er sei wunderbar? Ist es nicht selbstverständlich, daß die letzte und umfassende Erfahrung am wenigsten in Worte gebracht werden kann, in Worte, die doch alle von Einzelerfahrungen und Einzelwirklichkeiten herkommen oder (wenn dies doch nicht ganz richtig sein sollte) dem skeptischen Einwand ausgesetzt sind, sie seien Poesie, deren Inhalt man nicht verifizieren könne? Es bleibe also dabei: Ich mache nur ein paar Bemerkungen entlang dem Text der dritten Anfrage selber.

Die dritte Anfrage beginnt mit dem Hinweis auf „Stimmungen", unter denen auch die Überzeugung oder der Zweifel an der Existenz Gottes stehen. Da wird gesagt: „Über Stimmungen läßt sich nicht diskutieren." Ich habe dies schon in den zwei ersten Antworten auf die zwei ersten Anfragen zu bestreiten gesucht. Stimmungen sind nun einmal für mich zwar sehr gewichtige Realitäten, aber nicht Wirklichkeiten, die einfach indiskutabel gegeben sind, keiner Hinterfragung zugänglich und keiner Legitimation bedürftig. Man hat auch ihnen gegenüber eine Verantwortung. Wenn man sich dessen bewußt ist, ist es nicht so einfach mit der Feststellung, es komme einem in einer bestimmten Stimmung der Gedanke an „Gott" eher als Beleidigung denn als Trost vor. Die reine Faktizität des so Festgestellten sei wahrhaftig nicht bestritten. Aber ist die Stimmung des Beleidigtseins legitim? Muß der Gedanke „Gott" uns immer trösten, oder ist diese Forderung nicht schon eine Verzerrung des Gedankens „Gott", der gerade erst dann richtig gedacht wird, wenn er nicht in das Netz unserer eigenen Bedürfnisse eingefangen wird? „Geht die Rechnung eines Menschenlebens mit Gott auf?" So wird in dieser trostlosen Stimmung gefragt. Aber soll die Rechnung denn für uns eigentlich „aufgehen", wenn sie doch in die Unbegreiflichkeit Gottes eingehen soll und nur in diesem lassenden Eingehen unserer Lebensrechnung in die Unbegreiflichkeit überhaupt verstanden wird, was mit Gott gemeint ist? Natürlich kann man sagen, mit Unbegreiflichkeit, in die man sich hineinläßt, sei nichts anzufangen, und der eigene Atheismus bestehe schlicht in nichts anderem als in der Weigerung, sich mit einem per definitionem unbegreiflichen Gott zu beschäftigen. Aber kann man in der Wirklichkeit der menschlichen Existenz an solcher Unbegreiflichkeit gleichgültig vorbeisehen, wenn sie uns von überall her anblickt? Schon da zeigt sich, daß der Versuch, im Leben Atheist zu sein, nicht in der Feststellung besteht, daß es so etwas wie Gott nicht gäbe, sondern die Erklärung ist, man wolle oder könne nichts zu tun haben mit dem Einen und Ganzen als solchem im Grunde aller Wirklichkeit, von der man nur eine Partikel sei, die nicht noch einmal eine eigene Beziehung zur ursprünglichen Einheit vor aller Vielfalt aufnehmen könne. Man könne sich nicht denkerisch und frei beschäftigen mit dem Geheimnis, das per definitionem unauflösbar in alle Ewigkeit bleibt, ja erst recht als solches aufgeht, wenn wir, wie wir Christen hoffen, ihm unmittelbar nahegekommen sind? Das scheint mir das eigentliche Problem zu sein, nicht die „Existenz" Gottes, für deren Leugnung es ja keine positiven Gründe geben kann. Aber darauf muß später immer wieder eingegangen werden. Zunächst also nur: Stimmungen sind, sie sind bedeutsam, sie beeinflussen auch unser faktisches Verhältnis zu Gott, sie sind aber kein Kriterium, nach dem der verantwortungsbereite Mensch die eigentliche Frage beantworten darf.

Der Gottesbeweis oder der „Aufweis" der Existenz Gottes geht, so sagen Sie, von der Voraussetzung aus, daß alles einen hinreichenden Grund haben müsse, der das „Vorhandene" „erkläre", wobei zwar eingeräumt wird, daß dieses zu erklärende Vorhandene sowohl die (materielle?) Welt als ganze wie auch das personale Subjekt mit seinen Bedürfnissen und Ansprüchen sein könne. Da muß nun doch die Frage gestellt werden, ob denn wirklich ein moderner „Aufweis" der Existenz Gottes so vorangeht und vorangehen muß, ob das Schema des Schlusses von einer Wirkung auf eine Ursache (Donner–Blitz; Ei–Huhn) im üblichen Sinne wirklich die Struktur eines heutigen Gottesbeweises hergibt. Wenn es so wäre, dann freilich könnte man wohl die Frage aufwerfen, mit der sich die dritte Anfrage beschäftigt, die Frage, an welchem Punkt man bei solchen Rückschlüssen stehen bleiben wolle (ob beim Huhn oder beim Ei) und warum man die nicht mehr auf einen weiteren Grund hinterfragbare Selbstverständlichkeit Gottes nicht auch schon der Welt selber als ganzer zuschreiben könne. (Es soll nicht bestritten werden, daß auch die traditionell klassischen Gottesbeweise sich mit dieser Frage beschäftigen und dazu Erhebliches zu sagen haben, auch wenn sie sich traditionell präsentieren als Frage nach dem hinreichenden Grund der Welt). Aber ich meine, daß der heutige Aufweis Gottes sich gar nicht durch die Frage nach der Legitimität eines solchen Gedankenschemas, in dem von einer Wirkung nach einer Ursache gefragt wird, beunruhigen lassen müsse. Dieses Schema setzt ja voraus, daß man im Prozeß des Denkens zunächst einmal bei „Welt" oder „Subjekt" ankommt, und dann in einer ganz neu anhebenden Frage nach einem hinreichenden Grund des zunächst einfach in seiner selbstverständlichen Existenz Angetroffenen fragt, in einer neuen Frage, bei der man ebensogut sich das Recht zuschreiben kann, sie zu unterlassen. Wie aber, wenn dieses stillschweigend als selbstverständlich vorausgesetzte Schema gar nicht die Eigentümlichkeit des Aufweises der Existenz Gottes wiedergibt, wenn sich dieser Aufweis selber recht versteht? Wie, wenn der stillschweigende und unreflektierte Vorgriff auf das, was wir Gott nennen, die Bedingung der Möglichkeit der Erkenntnis der Welt als solcher und des Subjekts wäre und so die Reihenfolge, die die Anfrage in unserer Erkenntnis als selbstverständlich voraussetzt, gar nicht bestünde? Wie, wenn sich die Reihenfolge nur auf die Reihenfolge des explizit und in verbaler Objektivation Erkannten bezöge, nicht aber auf die Abfolge (unzeitlicher Art) von Bedingung der Möglichkeit einer Erkenntnis und dieser selbt?

Wie – mit anderen Worten und genauer –, wenn die Einzelwirklichkeiten der Welt und auch des Subjekts dem Menschen immer und überall begegnen würden in einer offenen, wenn auch nicht thematisierten (bewußten, aber nicht gewußten) Helle des Bewußtseins von einem unbegrenzten Horizont? Wie, wenn der Vorgriff auf diese unendliche Weite schon immer sagen würde, was mit Gott gemeint ist, und dieser Verweis auf Gott selbst gar nicht abgeschafft werden könnte, weil er die Bedingung der Möglichkeit jedweder Erkenntnis ist, auch wenn diese bewußte Bedingung der

Möglichkeit jedweder Erkenntnis nicht in das gegenständliche Bewußtsein als gewußt überführt wird und diese Bedingung der Möglichkeit selbst dort unweigerlich noch einmal gesetzt wird, wo sie reflex in einem Akt der Erkenntnis geleugnet wird?

Es soll hiermit nur angedeutet werden, daß das von der dritten Anfrage als selbstverständlich vorausgesetzte Schema eines Aufweises der Existenz Gottes gar nicht vorausgesetzt werden darf. Man kann nicht an einem beliebigen Punkt der Reise des geistigen Subjekts haltmachen, weil es ja sein kann, daß man gar nicht mehr an dem Punkt steht, an dem man zu stehen meint, und seinen wahren Standpunkt (gegeben durch die geistige Struktur des Subjekts selbst und durch dessen freie Übernahme) aus Irrtum unschuldiger Art oder durch Schuld falsch interpretiert. – Wenn die dritte Anfrage sagt, Leute wie Lévi-Strauss hörten mit Fragen auf, wo die zu erwartende Antwort keinen Sinn mehr hergäbe, so möchte ich doch wissen, woher Lévi-Strauss das vorher weiß. Solche Leute hören, genau gesehen, nicht mit einer Frage auf, bevor sie gestellt oder beantwortet ist, sondern sie stellen eine Frage und beantworten sie mit der Erklärung, daß sie von anderen falsch beantwortet würde. Aber diese Erklärung ist auch eine Antwort, wenn auch eine schlechte. Sie kommt im Grunde wieder auf die Erklärung hinaus, man solle sich nicht abzugeben versuchen mit dem ungreifbaren Geheimnis, das alle menschliche Erkenntnis umgibt und an das man gerät, wenn man die letzte Struktur der Erkenntnis und Freiheit bedenkt, die in das Unbegreifliche hineingreifen. Aber gerade so geraten sie in einen unsagbaren Schrecken, wenn sie so ihre eigene Unbegreiflichkeit zu bedenken beginnen und sich selbst nicht mehr bloß unbedacht als die Instrumente des Umgangs mit diesem und jenem benützen, das den Alltag erfüllt. Mindestens der Christ aber hat den Mut (den er durchaus als geschenkten erfährt), diese Unbegreiflichkeit als solche anzureden und sie als den Inhalt seiner eigenen Vollendung liebend anzunehmen, die Unbegreiflichkeit, von der sich der Atheist und der Skeptiker schaudernd abwenden, wobei auch der glaubende Christ für den einzelnen Fall nicht weiß, ob diese entsetzte, gereizte oder entmutigte Abwendung eine Anerkennung Gottes von geheimnisvoller Art ist oder eine Schuld, die, solange sie besteht, nicht vergeben werden kann.

Wir kommen zum zweiten Punkt der dritten Anfrage, der intellektuellen Schwierigkeiten über die Existenz Gottes. Das Entscheidende dieses „zweiten Punktes“ scheint mir in dem Hinweis zu bestehen, daß Gott als der Unbegreifliche, der per definitionem nicht mehr Hinterfragbare und darum einfach Hinzunehmende, eigentlich nichts erkläre. Es sei letztlich kein Unterschied zwischen Religion und Atheismus (wenigstens nicht mit dem Atheismus, würde ich ausdrücklich hinzufügen, der die unüberwindliche Unbegreiflichkeit der Wirklichkeit bekennt). Wenn man so den zweiten Punkt der intellektuellen Schwierigkeiten versteht, dann ist das Schema, unter dem diese Schwierigkeit gedacht wird, eigentlich das gleiche, wie es im ersten Punkt der Schwierigkeiten vorausgesetzt wurde: Gott ist einfach die zweite Etappe eines Denkprozesses, die erst hinter der Erfassung der Wirklichkeit und der Unbegreiflichkeit ihrer Faktizität an zweiter Stelle auftritt, so daß man, ohne mit sich selbst in Widerspruch zu kommen, erklären kann, man trete den Marsch in diese zweite Unbegreiflichkeit gleich von vornherein nicht an, weil er ja nichts biete als das, was man schon zuvor auch als Atheist erfahren hatte: die Unbegreiflichkeit der Wirklichkeit in ihrer unerklärbaren Faktizität. Wie aber, das haben wir schon früher gesagt, wenn dieses Schema gar nicht stimmt, wenn die Erfahrung der unbegreiflichen Faktizität schon geschieht in einer anonymen Erfahrung Gottes, weil diese Unbegreiflichkeit der Faktizität der Welt selbst nur erfahren werden kann in einem Ausgriff über diese Einzelwirklichkeiten hinaus, in einem Vorgriff, der es unreflektiert schon mit Gott zu tun hat? Warum erscheint uns denn überhaupt die Welt als die nochmals hinterfragbare, die trotz ihrer harten Eindeutigkeit gar nicht selbstverständlich ist?

Wir können mit unserer Frage nicht bei der Welt aufhören, weil wir sie schon immer überfragt haben, insofern wir sie verstehen und verstehen müssen als eine Summe endlicher, voneinander verschiedener Wirklichkeiten. Wir haben die Welt überfragt, nicht in eine Antwort hinein, die dann alles klar und verständlich machen würde (eine solche Antwort wäre nicht der unbegreifliche Gott des Christentums), sondern in eine Unbegreiflichkeit Gottes hinein. Aber da diese erst die Unbegreiflichkeit der Welt in ihrer Faktizität uns zum Bewußtsein bringt, kann man eben nicht sagen, ohne sich, wenn auch unreflektiert, zu widersprechen, man begnüge sich mit der Unbegreiflichkeit der Welt und brauche dieser nicht eine zweite hinzuzufügen, die man dann Gott nennt. Man kann diese zwei Unbegreiflichkeiten nicht identifizieren, weil die Unbegreiflichkeit der Welt wie die Welt selbst eine plurale, zusammengesetzte Einheit ist, die sich als Einheit durch ihre Pluralität gar nicht verständlich und faßbar machen kann. Sie muß in ihrer Einheit durch ein Prinzip verständlich und erfaßbar gemacht werden, das nicht einfach mit der nachträglichen Summierung ihrer Einzelwirklichkeiten gleichgesetzt werden kann. Daß wir mit dieser einen ursprünglichen Unbegreiflichkeit selber wirklich zu *tun* haben können, das ist ja freilich noch einmal eine weitere Frage, auf die wir schon öfters gestoßen sind und wieder stoßen werden. Man könnte vielleicht mit Recht sagen: wer erklärt, er könne mit dieser Unbegreiflichkeit nichts zu tun haben, hat schon durch diese Erklärung mit ihr doch zu tun. Aber es muß sich später noch zeigen, daß eine solche Beziehung mit abgewandtem Gesicht, in der vielleicht wirklich zwischen Religion und einem nicht stumpfsinnigen Atheismus kein wesentlicher Unterschied besteht, sich im menschlichen Leben nicht durchhalten läßt. Denn immer und von vornherein hat Gott eine Möglichkeit eines positiven Verhältnisses zu Gott angeboten, wie es ja auch von der ganzen Menschheits- und Religionsgeschichte dokumentiert wird.

Die dritte Anfrage zitiert Freud und erblickt mit ihm in der Tatsache, daß wir Gott und ein ewiges Leben „wünschen müssen“, einen Einwand gegen diese Überzeugung von der Existenz Gottes. Es ist doch merkwürdig: wenn Freud gesagt hätte, daß die Menschen wünschen, es gäbe Gott (wie Herr XY wünscht, Kaiser von China zu sein), dann hätte man mit Recht einen solchen Wunsch verdächtig finden können. Aber die dritte Anfrage sagt doch, wir *müßten* Gott und das ewige Leben wünschen. Lassen wir dieses „müssen“ ruhig gelten, obwohl ja die dritte Anfrage letztlich sich bemüht, uns zu erklären, man müsse gar nicht müssen, sondern könne illusionslos auch ohne diesen Wunsch leben. Wenn wir aber im Grunde wünschen müssen und letztlich auch ein solches sich illusionslos gebärdendes Leben noch von einer unbedingten Hoffnung getragen ist, die man sich nur nicht eingestehen will, dann ist doch zu fragen, warum denn dieser unvermeidliche Wunsch verdächtig sein solle. Mit welchem Recht hält man ihn für verdächtig, außer man geht von der Voraussetzung aus, auch das Unvermeidlichste und Selbstverständlichste seien immer noch verdächtig, im Grunde doch zu täuschen und uns etwas vorzumachen. Ist „der unendlich weite Raum unserer Sehnsüchte und Wünsche" da oder nicht? Und wenn er da ist, was ja auch die dritte Anfrage zugibt, dann sagt dieser „unendlich weite Raum" durch sich selber, daß im voraus zur Frage, ob und wie er erfüllt werden könne, die Bedingung seiner eigenen Möglichkeit (auch schon im Unterschied zur Bedingung der Möglichkeit seiner Erfüllung) bestehen müsse. Und diese Bedingung nennen wir Gott. Wieso ist es „mannhafter", ohne die Überzeugung von Gott leben zu wollen? „Mannhaft" ist doch eine sittliche Qualität, ist Antwort auf einen moralischen Imperativ von einer Geltung, die absolut sein will. Worin gründet dies? Warum ist unter atheistischen Voraussetzungen eine solche Mannhaftigkeit mehr als eine sinnlose Dummheit? Warum und mit welchem Recht wird unterstellt, daß der Theist in einer Illusion befangen sei, der skeptische Atheist aber illusionslos lebe? Ist es nicht mannhafter, durch alle Enttäuschungen hindurch die Überzeugung eines letzten und alles erfüllenden Sinnes hindurchzutragen? Kann es die skeptische Abstinenz einer Entscheidung zwischen Theismus und Atheismus auf die Dauer weiterbringen als zu einem Leben von Banalität, das ängstlich den letzten großen Fragen des Daseins als einem und ganzem ausweicht?

Die Anfrage wendet weiterhin ein, daß der Begriff Gottes die untereinander widersprüchlichsten Aussagen vereine und so eigentlich nichts mehr sage. Zunächst etwas, wenn es auch abstrakt klingen wird, zur mehr formalen Seite dieses Einwandes, bevor wir auf die Konkretisation eingehen, die die dritte Anfrage entwickelt. Wenn Gott nach christlicher Überzeugung das unbegreifliche Geheimnis ist und er nur so Gott ist, dann ist von vornherein zu erwarten, daß uns eine von uns durchschaute positive Synthese der von ihm ausgesagten „Eigenschaften" nicht nur nicht gelingt, sondern nicht gelingen darf. Würden wir positiv einsehen, wie das alles zusammenpaßt, was wir von ihm als dem einen Ursprung aller von uns erfahrenen Wirklichkeiten und Gegensätze aussagen, dann hätten wir ganz gewiß nicht Gott gedacht, sondern uns selber etwas ausgedacht, das uns die letzte Tat unserer Existenz ersparen soll, das hoffende und liebende Sichanvertrauen an dieses unsagbare Geheimnis. Es genügt, wenn uns deutlich wird, daß es nicht sicher ist, daß die verschiedenen Aussagen über Gott in seiner Unendlichkeit und Einheit im Unterschied zu unserer eigenen Vielfalt sich nicht einfach widersprechen müssen, so daß, wenn dies der Fall wäre, man mit Recht einen solchen Gott als sinnlosen Widerspruch ablehnen müßte. Aber daß die ursprüngliche Einheit der Vielfalt und deren Widersprüche, „jenseits" dieser Vielfalt selbst, ein solcher Widerspruch im Unterschied zum Begriff des Geheimnisses sei, das läßt sich eben nicht beweisen.

Nun aber zur Konkretisation dieses Problems. In der dritten Anfrage erscheint angesichts dieser unserer elenden Welt und in Konfrontation zu ihr der Begriff eines gleichzeitig allmächtigen und unendlich gütigen Gottes ein absurder Widerspruch zu sein. Ein Gott, der allmächtig ist und dennoch nicht die entsetzlichen Fürchterlichkeiten dieser unserer Geschichte verhindert, kann kein allgütiger Gott sein; ein unendlich gütiger Gott muß als ohnmächtig gedacht werden und so dann doch nicht wirklich Gott sein. Kein Zweifel, daß die wirklich den Kern unserer Existenz treffenden Zweifel an Gott hier ihren wahren Ursprung haben. Kein Zweifel, daß, wenn man hier schnell und billig eine theistische Apologetik vom Stapel läßt, man mit Recht gefragt werden kann, ob man eine solche Apologetik auch dann noch auf die Lippen brächte, wenn einen diese namenlose Qual der Kreatur selbst quälen würde. Dennoch: ist es wahr, daß man nach Auschwitz nicht mehr an Gott glauben kann? Oder ist es so, daß man gerade nach Auschwitz an Gott glauben muß, wenn man den Toten und allen anderen Trägern eines sinnlos erscheinenden Jammers nicht ihre letzte Würde und Bedeutsamkeit absprechen will? Wenn einer Gottes Existenz leugnet, weil unsere Welt so fürchterlich finster ist, wird sie dann durch diese Leugnung heller? Oder wird diese erstickende Finsternis zum letzten und endgültigen Unsinn dieser Welt erklärt, die keinen Sinn hat? Der Atheist, der seiner Existenz doch noch kleine und kümmerliche Sinn-Inseln im Meer finsterer Unsinnigkeit abzugewinnen sucht, muß dieser Welt eigentlich mehr an Würde, Glanz, Schönheit und Glück zuschreiben als der Gottgläubige, der von vornherein weiß, daß die Welt, die ihm unmittelbar begegnet, gar nicht selbst die letzte Antwort auf ihre

Sinnfrage mitbringen muß. Es ist ehrlich zuzugeben, daß die Unterscheidung zwischen dem, was Gott selbst wirkt, und dem, was er nur zuläßt, hier nicht endgültig weiterhilft, weil Gott ja auf jeden Fall als wirkender Schöpfer verantwortlich bleibt für die kreatürliche Freiheit, die er geschaffen hat, und für deren Taten, die er „voraus" weiß und auch noch einmal schöpferisch tragen muß. Aber trotzdem ist es nicht so, daß die Proteste der Unglücklichen gegen einen seligen Gott, der allmächtig und gut ist, wirklich das allerletzte Wort der Kreatur sein müßten. Hat ein solcher Protest überhaupt einen Sinn und ein Daseinsrecht, wenn er erhoben würde in einer Welt eherner und blinder Naturgesetzlichkeit und der Zufälle, denen gegenüber eine Sinnfrage auch nur anzumelden von vornherein unsinnig ist? Wir stehen doch vor dem Dilemma, entweder uns immer neu davon zu überzeugen, daß dieser Schrei des Protestes, der alle Weltgeschichte begleitet, doch gehört und beantwortet wird in einer Weise, die von hier aus nicht begriffen, aber auch nicht widerlegt werden kann, oder uns davon zu überzeugen, daß alle diese Proteste von vornherein sinnlos sind, daß sie nicht mehr bedeuten als irgendwelche physikalischen Reibungserscheinungen, die kommen und gehen. Der Unglückliche, der gegen Gott protestiert, sollte nicht übersehen, daß auch sein Protest noch einmal von der stillschweigenden Voraussetzung Gottes lebt, den er ausdrücklich leugnet. Wenn der Ungläubige sagen würde, er protestiere nur gegen einen allmächtigen und guten Gott, ohne diesen aber sei das, was uns widerfährt an Grauenvollem, selber kein Grund zum Protest und zur eigentlichen Verzweiflung, dann würde ich sagen, dieser Ungläubige solle wirklich im Leben und nicht nur in seiner Theorie diese Klaglosigkeit zu leben versuchen; er wird ja dann sehen, ob er das wirklich fertigbringt oder sein Unglück immer noch *als* solches erfahren wird, das insgeheim nach einem Gott verlangt. Die „stille Resignation", die die dritte Anfrage preist, ist auch ein moralisches Postulat, von dem ich nicht einsehe, wie es ohne ausdrücklichen oder stillschweigenden Rückbezug auf Gott gerechtfertigt werden könnte. Warum soll ich eher still resigniert sein als wild protestieren, wenn doch letztlich die eine und die andere Haltung in den Abgrund stürzt, in dem nichts vor einem andern einen Vorzug beanspruchen kann? Und weiter: Setzen Proteste gegen Gott und seine Existenz im Namen der Güte und Liebe nicht voraus, daß wir Gott unter das Gesetz unserer eigenen Moral und unserer Lebensansprüche stellen können, daß wir ihn also verstehen als einen, der sich vor uns mit unseren Maßstäben rechtfertigen muß, während er, so er wirklich Gott sein soll, gerade der ist, in den hinein unsere Begriffe, unsere Maßstäbe verschwinden, und diese Maßstäbe und Wertungen dabei nur insofern eine Bedeutung behalten, als wir mit Recht hoffen, daß dieser Verzehr unserer Maßstäbe in der Unbegreiflichkeit Gottes noch einmal zu unserem Bestand und Heil ausschlägt? Endlich: Es ist zu bedenken, daß aller Schmerz und alle Verzweiflung über die Finsternis des Daseins, *wenn* sie (was durchaus möglich ist) den Menschen *überwältigen* und ihm eine freie Entscheidung zwischen Hoffnung und Verzweiflung unmöglich machen, gar keine moralische oder theologische Katastrophe sind oder bewirken können, sondern wie Debilität oder Irrsinn zu physiologischen Katastrophen zu rechnen sind, die schrecklich sind, aber das eigentliche Wesen des Menschen vor Gott nicht berühren, also den Menschen nach wirklich christlicher Auslegung des Lebens gar nicht einer endgültigen Verlorenheit überantworten.

Die dritte Anfrage fragt mich zum Schluß nach der Festigkeit meines eigenen Gottesglaubens. Bei dieser Frage ist nicht recht deutlich, was mit dieser Festigkeit und Unerschütterlichkeit genauer gemeint ist. Aber verzichten wir auf eine genauere Begriffsbestimmung von Festigkeit und Unerschütterlichkeit. Dann würde ich sagen: grundsätzlich und von der zum christlichen Glauben gehörenden Lehre von der Freiheit des Glaubens her muß ich selbstverständlich damit rechnen, daß ich mein Leben lang in der Alternative stehe, entweder frei an Gott zu glauben oder frei seine Existenz zu leugnen. Gerade als Christ darf ich, wenn sich das Heil an Gott selbst und nicht nur an sekundäreren Wirklichkeiten entscheiden soll, die Freiheit des Glaubens, die Dogma ist, nicht bezüglich der Existenz Gottes bestreiten. Eine Rationalität eines Aufweises der Existenz Gottes darf von vornherein christlich nicht so gedacht werden, daß sie mich mit dem strahlenden Licht einer Evidenz übergießt, mich überfährt und mir die schwere Last der Entscheidung abnimmt. Natürlich muß ein Christ auch damit rechnen, daß seine Entscheidung für oder gegen die Existenz Gottes nicht in der Dimension einer theoretischen Reflexion und Metaphysik fällt, sondern, gleichgültig was in dieser Dimension gegeben sein mag, in der unreflektierteren Sphäre des praktischen Handelns im Alltag. Einer, der seinen Nächsten haßt, hat sich frei gegen die Existenz Gottes in der unreflektierten Tiefe seiner Existenz entschieden, auch wenn das begriffliche und verbale System eines Theismus im Vordergrund seines Bewußtseins noch besteht und dabei vielleicht gerade dazu dient, die bestehende Ungläubigkeit vor sich selbst zu kaschieren. Aber nachdem dies alles gesagt ist und deutlich bleiben muß, möchte ich doch sagen: ich sehe im Bereich meines reflexen und in etwa voraussehenden Bewußtseins nichts, was gegeben wäre oder geschehen könnte, daß ich nicht mehr an Gott glauben würde. (Der Sache nach habe ich gerade schon die Frage des Erfolgs einer atheistischen „Gehirnwäsche" schon behandelt; sie könnte vielleicht Erfolg haben, aber dieser Erfolg wäre in dieselbe apersonale, moralisch und theologisch nicht mehr relevante Dimension zu verweisen, in der wir die Überwältigung durch Schmerz und Verzweiflung lokalisiert haben. Eine solche „Gehirnwäsche", die sittlich der Induktion apersonaler Art von Verzweiflung an Gott gleichkommt, mag natürlich oft in Formen auftreten, die mit „Gehirnwäsche" gar nichts gemein zu haben scheinen, zum Beispiel der Druck einer sich selbstverständlich gebärdenden öffentlichen Meinung, aber einen Atheismus erzeugen, der vorpersonal und sittlich irrelevant ist. Aber das nur nebenbei.)

Was sollte denn den Glauben an Gott erschüttern? Das Hohe und Selige des Lebens kündet von ihm. Die schrecklichen Abgründe schreien genauso nach ihm, die Banalität des Alltags wird doch nur erträglich in der Hoffnung, daß das Leben des Geistes, der Freiheit und der Liebe nicht in dieser Banalität grausam und endgültig versandet. Die absolute Würde der Liebe und Treue ist inwendig erfüllt und getragen von dem, was wir Gott nennen. Alle Straßen der Zukunft führen zu Gott, wenn sie sich nicht im Nichts verlaufen sollen und so auch die kleinen Wegstücke, die wir darauf abschreiten, sinnlos machen sollen. Mir scheint, in allem blickt Gott mich an und läßt sich begegnen. Es ist nun einmal so, daß es mit einem halben Ja und einem halben Nein zusammen nicht geht, auch wenn wir es immer wieder versuchen, weil wir schwach und müde sind und dazu erfüllt von den tausend Halbheiten, die die Welt und das Leben ausmachen. Das reine Ja, das alles umfaßt und nur das Nichts aus seiner ursprünglichen Einheit ausschließt, heißt Gott. Wir sind nicht Er. Aber uns ist es gegeben, an ihn zu glauben und den Sprung des Vertrauens, der Hoffnung und der Liebe in den Abgrund seiner Unbegreiflichkeit zu wagen. Sonst müßten wir den Mut zum reinen Nein haben. Aber dieses rechtfertigt nichts, so daß man kaum oder gar nicht verstehen kann, wie ein Mensch die Möglichkeit eines solchen reinen Neins haben könnte. Ich meine, dort wo die Freiheit der Existenz wirklich in einem Leben sich geballt ereignet, ist im Grunde das Ja zu Gott als reines Ja leichter als das reine Nein, mit dessen Möglichkeit freilich unsere Verantwortung immer rechnen muß.

Es ist schrecklich: mir kommt vor, als hätte ich zum Thema der dritten Anfrage so gut wie nichts gesagt. Was ich sagte, war gewiß keine Einweihung in das Geheimnis, wie man real Gott begegnet. Aber vielleicht ist ein Leser in einem oder dem anderen Fall doch ermutigt worden, einem kleinen Licht in seinem Leben, dessen Existenz er nur schuldig leugnen kann, nachzugehen als einer Verheißung des ewigen Lichtes, das wir Gott nennen, das nicht nur ist, sondern mehr und mehr gefunden werden kann.

IV.

„Der unsichtbare Gärtner“

Gäbe es diese Geschichte nicht schon, man müßte sie erfinden: Zwei Männer, die sich auf einer Expedition befinden, betreten eine Lichtung im Dschungel. Auf dieser Lichtung wachsen viele Blumen. Der eine der beiden behauptet: „Diese Lichtung wird von einem Gärtner gepflegt.“ Der andere verneint diese Behauptung. Um zu entscheiden, wer von beiden im Recht ist, schlagen sie ihr Zelt an der Lichtung auf und beobachten sie Tag und Nacht. Sie sehen niemals einen Gärtner. Daraufhin behauptet der eine, es handle sich um einen unsichtbaren Gärtner. Sie bauen einen elektrischen Stacheldrahtzaun um die Lichtung. Aber auch so läßt sich kein Gärtner feststellen. Sie nehmen weder eine Bewegung des Zaunes wahr, die einen unsichtbaren Kletterer anzeigen würde, noch hören sie einen Schrei, der darauf schließen ließe, daß jemand den elektrischen Zaun berührt hat. Dennoch bleibt der eine bei seiner Behauptung, die er jetzt in folgender Weise modifiziert: Es gibt einen Gärtner, der nicht nur unsichtbar, sondern auch allen anderen Sinnen unzugänglich ist. Daraufhin fragt der andere, wie ein solcher Gärtner sich von einem nur eingebildeten oder keinem Gärtner unterscheide.

Gott, der unsichtbare Gärtner? Wenn ich mich frage, warum der Glaube an die Existenz Gottes uns Heutigen so schwer fällt, dann muß als ein Hauptgrund das – fehlende – Wirken Gottes in der Welt genannt werden. Wie unterscheidet sich ein „Gärtner“, dessen Wirken nicht wahrnehmbar ist, von einem nur eingebildeten Gärtner? Wie ein Gott, der in das Geschehen der Welt nicht eingreift, von einem nur eingebildeten und von einem gar nicht existierenden Gott? Theoretische Argumente für oder wider Gott sind uferlos. Aussage reiht sich an Aussage. Einwand an Einwand. Das eine wie das andere kann eine gewisse Plausibilität für sich in

Anspruch nehmen. Anders dagegen steht es um das Wirken Gottes. Hier hat sich für den Menschen unserer Zeit Wesentliches handgreiflich verändert durch die Entschleierung der Natur im Gefolge des Fortschritts der exakten Wissenschaften. Natürlich wußten auch unsere Vorfahren von Gesetzen der Natur. Und sie wußten, daß vieles auf menschliches Versagen zurückzuführen war. Und auch wenn man den Naturwissenschaften gar nicht jenen Einfluß auf die Glaubensschwierigkeiten unserer Zeit zubilligen will, der ihnen von manchen angekreidet wird: Tatsache bleibt, daß trotz allem die Alten von einem möglichen, direkten Eingreifen Gottes in die Welt viel überzeugter waren als wir. Es gab zu viele außergewöhnliche und innerweltlich nicht erklärbare Ereignisse, die man sich nur durch das Eingreifen Gottes zurechtreimen konnte. Grob gesagt: Früher begegnete der Mensch Gott auf Schritt und Tritt. Man wußte, wo er wohnte, dort über den Sternen, und man konnte förmlich sehen, wo seine allmächtige Hand wirkte, nämlich überall dort, wo der Mensch am Ende seiner Weisheit und seines Wissens angelangt war. Und das war man schnell. Man brauchte einen Gott, der die Sterne am Firmament hält und es zur rechten Zeit regnen läßt. Man brauchte einen Gott, der die menschliche Seele erschafft und die Geschicke der Welt lenkt, im Glück wie im Unglück. Gott war der Schlußstein, ohne den sich das wundervolle Gebäude der Schöpfung nicht zusammenfügen ließ.

Und dann? Es kam die Ernüchterung. Die Entschleierung der Natur durch die Entdeckung ihrer Gesetzmäßigkeiten machte es bald schwer, die Geschicke und Geschenke der Natur als von Gott gewirkt zu glauben. Das zuversichtliche Wissen, in Gottes Hand geborgen zu sein, ist der Einsicht gewichen, einer wunderlosen Natur ausgeliefert zu sein. Wenn ich ehrlich bin: Ich erwarte doch gar nicht mehr, daß Gott zu meinen Gunsten in den notwendigen Ablauf der Naturgesetze eingreift. Wenn ein Flugzeug abstürzt, dann eben nicht, weil Gott es so wollte, sondern weil es, sagen wir, einen Riß in der Tragfläche hatte. Und solches Wissen legt sich lähmend über jedes ernsthafte Bittgebet. Auch wir Christen sind doch der Meinung, daß der Kampf der Menschheit gegen den Krebs nicht in den Klöstern kontemplativer Orden, sondern in den Laboratorien der Universitäten und Kliniken ausgetragen und entschieden wird. Warum muten uns denn Bittprozessionen so komisch an? Warum sind die Votivtafeln in den Wallfahrtskirchen so antiquiert? Dabei bestreite ich gar nicht, daß mancher den Eindruck haben mag, von Gott erhört worden zu sein. Im Gegenteil: ich bewundere ein solches Vertrauen. Nur was mich angeht: ich kann nicht ehrlich darum beten, daß bei Tempo soundsoviel mein Autoreifen nicht platzt; ich kann nicht darum beten, daß auf den Reisfeldern Asiens mehr Reis wächst und die Dürre in Indien aufhört. Und so ließe sich fortfahren. Ich wüßte nicht – und ich sage dies, auch auf die Gefahr hin, mangelnder Demut und fehlenden Gottvertrauens geziehen zu werden –, daß ich je von Gott erhört wurde. Für mich ist er der unsichtbare Gärtner, dessen Wirken in der Welt, wenn es ein solches geben sollte, in keiner Weise spürbar, nicht konkret erfahrbar ist. Natürlich weiß ich, daß es außergewöhnliche, „parapsychologische“ Ereignisse gibt Daß es mehr Dinge zwischen Himmel und Erde gibt, als unsere Schulweisheit sich träumt. Aber hat das etwas mit Gott zu tun?

Ich meine also, daß mehr als alle atheistische Religionskritik und deren „brauchbare“ Argumentationen, die eine Auseinandersetzung lohnen, das Vermissen des göttlichen Wirkens in der Welt und im Leben des einzelnen zu jener Unsicherheit geführt hat, von der schon die Rede war. Heute wird man nicht mehr auf Gott gestoßen. Man muß ausdrücklich an ihn denken wollen. Gott gibt es noch in den Kirchen, nicht aber dort, wo sich unser Leben und der Alltag aller Alltäglichkeiten abspielen.

Nun hat sich die neuere Theologie – man mag ihr das als Verdienst anrechnen – doch relativ schnell auf die geänderte Situation eingestellt. Da wird unterschieden zwischen einer „Erstursache“ und einer „Zweitursache“. Da wird gesagt, daß Gott gar nicht anders kann, als durch Zweitursachen – und das meint einfach durch die innerweltliche Wirklichkeit – zu wirken, wenn er nicht auf die Stufe seiner Geschöpfe herabgezogen werden soll. Irgendwie leuchtet mir das zwar ein – aber dennoch werde ich ein Unbehagen nicht los, weil nun Gott wirklich der unsichtbare Gärtner wird, an dessen Wirken man glauben kann oder nicht. Erlauben Sie mir, einmal wenigstens an eine Stelle Ihres „Grundkurs des Glaubens“ zu erinnern, wo Sie von der „Antreffbarkeit Gottes in der Welt“ schreiben. Es ist Wasser auf meine Mühle. „Es fällt mir ein guter Gedanke ein“, so illustrieren Sie, „der eine auch innerweltlich nachweisbare, sachlich richtige, wichtige Entscheidung zur Folge hat. Ich betrachte diesen Gedanken als eine Erleuchtung Gottes; darf ich das? Ich mag zu einer solchen Beurteilung durch die Plötzlichkeit oder durch die Unmöglichkeit, eine kausale oder funktionale Erklärung für das Entstehen dieses guten Gedankens zu finden, veranlaßt sein; meine Beurteilung ist aber im letzten nicht durch einen solchen subjektiven Eindruck gerechtfertigt. Im Gegenteil, ich habe das Recht, ja sogar die Pflicht, diesen Einfall zu erklären", und zwar so, wie Sie weiter ausführen, daß physiologische oder psychologische Einflüsse, Mit- und Umweltbedingungen den guten Gedanken hinreichend erklären, ohne daß Sie an ihm eine besondere Anwesenheit Gottes in der Welt ablesen. Damit wäre ich durchaus einverstanden. Aber Sie gehen weiter. Sie möchten in Ihrem guten Gedanken auch das Wirken Gottes sehen, eine „Erleuchtung", die deshalb gar nichts Außergewöhnliches ist, weil Gott immer wirkt, in der Welt, in mir. Die Theologen nennen dieses Wirken Gottes ein „transzendentales Wirken", was, einfach formuliert, eben genau ein Wirken meint, das der menschlichen Erfahrung fremd ist, gleichsam eine andere Dimension meint, die nicht greifbar ist, sondern nur erschlossen werden kann.

Nun drängen sich mir aber gerade in dieser Hinsicht Fragen auf, von denen wenigstens einige genannt werden sollen. Spontan kam mir der Einwand: Wenn ein guter Gedanke auch auf Gottes Wirken zurückgeführt werden soll, woher kommen dann die schlechten Gedanken? Kommen sie auch von Gott oder haben diese plötzlich keine weitere Erklärung als den Menschen? Wenn Gott schon immer und überall wirkt, können wir dann, wenn es uns nicht mehr in den Kram paßt, Gott einfach aus dem Spiel lassen? Und weiter, wichtiger vielleicht. Die Theologie operiert gerne mit Aussagen, die schon allein deshalb, weil in ihnen kein logischer Widerspruch steckt und deshalb als Mögliches vorgestellt werden, aus dem Möglichen eine Wirklichkeit machen. Ja nun, möglich wäre vieles. Warum sollte es nicht irgendwo im Weltraum grüne Männchen mit eingebauter Antenne geben! Auf unsere Frage angewandt heißt dies: Natürlich könnte es so sein, daß Gott auf eine uns nicht faßbare Weise in uns und in der Welt wirkt, die Geschicke und Fügungen lenkt, den Menschen zum Guten anregt und gleichzeitig das Gute überhaupt erst ermöglicht. Aber auch hier möchte ich, wenn schon nicht Beweise, so doch glaubhafte Ansatzpunkte haben. Täusche ich mich, wenn ich sage, daß die weitverbreitete Entfremdung zwischen dem heutigen Menschen und (dem Glauben an) Gott darauf zurückzuführen ist, daß dem Gläubigen zugemutet wird, Mögliches für bare Münze zu nehmen, der Gläubige aber durch Erfahrung und Reinfälle gewitzigt, diese Zumutung nicht mehr annimmt? Welche konkreten Anhaltspunkte gibt es denn für ein Wirken Gottes in der Welt? Mit philosophisch-theologischen Spekulationen ist da nicht gedient, zumindest für die nicht, die weder Lust noch Muße haben, philosophische und theologische Gedankengänge nachzuvollziehen. Ich meine eben, das Wirken des „unsichtbaren Gärtners" kann mit dem gleichen Recht, wie es behauptet wird, auch bestritten werden. Der Lükkenbüßer-Gott ist tot. Tot ist der Gott, der die Lücken unseres Nichtwissens schließen soll. Und wenn Bonhoeffer in einem oft zitierten Wort meint, daß sich der Mensch im grauen und gewöhnlichen Alltag des Lebens damit abgefunden hat, ohne Gott zurechtzukommen, „er hat es gelernt, in allen wichtigen Fragen des Lebens mit sich selbst fertig zu werden, ohne Zuhilfenahme der Arbeitshypothese Gott", dann sind die Konsequenzen u. U. tödlich für einen zu lebenden Glauben.

Lassen Sie mich das noch einmal herausstreichen, auch wenn es in diesen Überlegungen schon oft genug angeklungen ist. Wie sieht es denn wirklich aus? In meiner ersten Anfrage sagte ich, ich weiß nicht, was Meditation ist, die Sonntagsmesse langweilt mich, Tischgebete empfinde ich als Lüge und auch wenn ich es nicht beweisen kann: viele Gläubige dürften ähnliches empfinden. Religiöse Vollzüge – um ein allgemeines Wort zu verwenden – werden oft genug als Zwang empfunden, nicht aber als Bedürfnis und Herzensanliegen. Beneiden wir nicht den ungläubigen Nachbarn, der all das nicht zu tun braucht, was wir tun oder zumindest tun sollten? Warum aber dieses Gefühl? Ich habe doch ein berechtigtes Interesse, für die Mühe einen Lohn zu erhalten. Ich möchte spüren, daß meine religiösen Vollzüge nicht umsonst sind. Ich möchte erfahren, daß Gott – wie auch immer – antwortet, allerdings nicht mit jenem billigen Argument, das sagt, Gott erhöre ein Gebet immer, auch wenn die Erhörung nicht so ausfällt, wie wir das möchten, weil Gott eben besser weiß, was zu unserem Nutz und Frommen dient. Wer so argumentiert, treibt eine Immunisierungsstrategie in Reinkultur. So tue ich meine religiösen Vollzüge – oder lasse sie auch – und verliere immer mehr die Lust zum Gebet. Gebet aber ist, so hat man es richtig formuliert, der „Ernstfall des Glaubens", denn der Glaube lebt ja nicht von theoretischen Argumenten und theologischen Spekulationen, er lebt vom wirklichen Bezug zu Gott. Und dann nimmt alles seinen Gang. Vom Wirken Gottes ist nichts zu merken. Das wiederum erschwert zumindest ein aufrichtiges Beten, das ohnehin nur im Sonntagsanzug geschieht, nicht aber in den Werktagskleidern der Fabriken und Büros. Und so tritt ein immer größer werdender Kontaktverlust zu Gott ein. Entfremdung. Gott wird wie ein Fremder; und kann man es der jungen Generation dann eigentlich verübeln, wenn sie sich zum großen Teil vom Gebet oder vom Besuch der Heiligen Messe dispensiert? Einfach deshalb, weil sie damit nichts anfangen kann, weil der Gott, an den sie glaubt und an den sie sich betend wenden soll, nichts im Leben ändert? Weil er der „unsichtbare Gärtner" ist, dessen Wirken nicht erfahren wird und nicht einsichtig ist? Gibt es aus diesem fast notwendigen Ablauf einen Ausweg? Oder anders gesagt: Wie kann der unsichtbare Gärtner sichtbar gemacht werden? Bertolt Brecht schrieb in seinen „Geschichten vom Herrn Keuner": „Einer fragte Herrn K., ob es Gott gäbe. Herr K. sagte: ‚Ich rate dir, nachzudenken, ob dein Verhalten je nach der Antwort auf diese Frage sich ändern würde. Würde es sich nicht ändern, dann können wir die Frage fallenlassen. Würde es sich ändern, dann kann ich dir wenigstens noch so weit behilflich sein, daß ich dir sage, du hast dich schon entschieden: Du brauchst einen Gott'." Du brauchst einen Gott – aber nur, wenn sich durch diesen Glauben in deinem Leben etwas ändert! Was ändert sich durch das Wirken Gottes in der Welt?

Ich gebe von vornherein gerne und eindeutig zu, daß die vierte Anfrage einen ganz fundamentalen Gegenstand innerhalb der Frage nach der Existenz Gottes berührt. Ich gebe dies gerne zu, auch wenn mich die Geschichte vom unsichtbaren Gärtner nicht so erschüttert, wie vielleicht diese Anfrage voraussetzt. Denn man müßte, damit der Vergleich größeren Eindruck machen könnte, wissen, aus welchen Gründen denn der eine annimmt, daß diese Lichtung im Dschungel künstlich angelegt sei.

Es ist zuzugeben, und zwar gleich am Anfang, daß hinsichtlich des Verhältnisses Gottes zur Welt nicht nur in der außerchristlichen Mentalität, sondern auch innerhalb des Christentums und seiner Theologie eine tiefgreifende Änderung sich vollzogen hat oder noch vollzieht: Wir, auch wir Christen, gewöhnen uns langsam daran, kein raumzeitlich punktförmiges Eingreifen Gottes innerhalb unserer Welt zu bemerken; Gott ist auch für die heutigen Christen nicht ein partikuläres Element innerhalb der Gesamtwirklichkeit, das auf andere so „einwirkt", daß diese Einwirkung und ihre unmittelbare Herkunft von Gott beobachtet werden können, sondern ist die eine Voraussetzung, die die Vielfalt der Welt trägt samt der gegenseitigen Bestimmung der Einzelwirklichkeiten der Welt untereinander, ohne selbst als Einzelmoment in diesen Zusammenhang einzutreten. Wenn dem so ist, und man früher glaubte, daß Gott doch mindestens auch in bestimmten Fällen raumzeitlich punktförmig an einzelnen Stellen des Welterlaufes eingriff, dann ist wirklich eine ungeheure Veränderung in der Mentalität zwischen früheren Zeiten und unserer eingetreten, eine Veränderung, die sich freilich weder in der religiösen Durchschnittspraxis noch in der christlichen Theologie bis ins letzte schon durchgesetzt hat und darum uns heute noch erhebliche

Schwierigkeiten macht. Man darf allerdings auch diese Veränderung der Mentalität wieder nicht einfach überschätzen. Denn auch die traditionelle Gotteslehre hatte in den Dogmen der unmittelbaren Allgegenwart Gottes in allen Dingen, der unmittelbaren Erhaltung aller Dinge durch einen immer aktuellen Schöpfungsakt Gottes, der unmittelbaren Mitwirkung Gottes mit aller Aktivität der endlichen Wirklichkeiten ein Gottesbild, das weit entfernt war von einer Vorstellung Gottes, in der er von außerhalb der Welt (nachdem sie einmal geschaffen ist) nur ab und zu in ihr Getriebe eingreift mit lokalisierbaren Machttaten und Wundern oder durch solche „Weichenstellungen" im Ablauf der Natur und der Geschichte, daß wir diese weder auf einen „Zufall" noch auf angebbare Ursachen innerhalb der Welt zurückführen können. Auch das traditionelle Gottesbild der Vergangenheit stellte einen Gott vor, der nicht eine partikuläre, wenn auch noch so mächtige Einzelursache innerhalb des Ganzen der Wirklichkeit war, sondern der eine umfassende Urgrund, der per definitionem nicht mit der Summe der Einzelwirklichkeiten verrechenbar oder in sie einbeziehbar war. Aber so wenig man den Unterschied zwischen dem herkömmlichen und dem heutigen Gottesbild übertreiben darf, so bleibt es doch dabei, daß das alte Gottesbild zusätzlich auch mit einem raumzeitlich punktförmigen Eingreifen Gottes selbstverständlich rechnete, und solche Eingriffe auch unmittelbar und sicher meinte feststellen zu können, mindestens dort, wo es sich um „Wunder" handelte. Heute aber postulieren nicht bloß die menschlichen Wissenschaften, sondern auch die Alltagsempirie des Menschen, daß dort, wo in der Erfahrungswelt des Menschen ein bestimmtes neues Phänomen auftritt, es auf ein anderes zur Welt selbst gehörendes Phänomen als dessen Ursache und nicht auf ein besonderes Eingreifen Gottes zurückgeführt werden könne und müsse. Es bliebe dann höchstens noch die Frage, ob diese Ursache innerweltlicher Art schon jetzt genauer bestimmt und der empirischen Erfahrung zugänglich gemacht werden könne oder vorläufig als zwar noch nicht erkannt, aber grundsätzlich als erkennbar postuliert werden müsse.

Wenn man diese heutige Mentalität unter vorläufigem Absehen von Vorbehalten, die später noch zu machen sind, einmal als gegeben voraussetzt, dann ergeben sich natürlich für die traditionelle

Mentalität große Schwierigkeiten, die gar nicht verschleiert werden sollen. Ist nicht das Wunder des Glaubens liebstes Kind? Kann aber der Glaube im traditionell christlichen Sinne bestehen, wenn auf das Wunder wenigstens im herkömmlichen Sinne verzichtet wird? Kann man sich im Ernst noch eine Heilsgeschichte als das Handeln Gottes auf die Welt und Geschichte hin mit deren Reaktion darauf denken? Ein Handeln nicht der Welt, sondern in die Welt hinein? Ist Bittgebet, das im Christentum vom Vaterunser an eine so große Rolle spielt, noch denkbar, wenn dieses Bittgebet doch ein Eingreifen Gottes zu postulieren scheint, das ohne es nicht geschehen würde? Hat Gott für uns noch eine reale Bedeutung, wenn er ohne diese je neuen und unerwarteten, partikulären und raumzeitlich punktförmig lokalisierbaren Eingriffe nur als die immer hinter der Welt verborgene, schweigende und unbegreifliche Ur-sache von allem gedacht wird? Verschärft sich dann nicht bis zur Unbewältigbarkeit das Problem, auf das wir nun schon öfters gestoßen sind? Wird Gott nicht *so* unergründlich und unbegreiflich weit von uns entfernt, daß sich ein bescheidener, alle Fragwürdigkeit gelten lassender Atheismus und ein Theismus, der sich selber recht versteht, gar nicht mehr ernsthaft unterscheiden lassen? Kann man mit einem Gott, der sich als Einzelner gar nicht mehr in der Welt blicken läßt, eine konkrete Beziehung aufnehmen, wie sie doch in allen Religionen praktiziert wird? Ich meine, ich sehe das Problem, auch wenn ich es vielleicht mit etwas weniger Emotionalität darstelle, als in der vierten Anfrage sichtbar wird.

Kann das Christentum, kann Religion überhaupt noch bestehen, wenn Gott nicht als eine einzelne von allen andern Wirklichkeiten in unserem Erfahrungsbereich auftritt mit Wirkungen und Manifestationen, die nur ihm zukommen und zukommen können? Zunächst möchte ich, bevor wir uns überlegen, wie Christentum und Religion unter dieser neuen Voraussetzung denkbar und praktikabel sind, doch einen Vorbehalt machen. Wenn Gott – Gott ist, das unumgreifbare Geheimnis per definitionem, in dessen Unbegreiflichkeit wir zwar dauernd hineingeraten, die wir aber natürlich nicht umfassen, können wir ihm dann vorschreiben, daß er sich nicht als Einzelner in dieser Welt zeigen könne und dürfe, weil dies unserem „Begriff“ von ihm widerspricht? Man kann natürlich sagen: solange sich Gott uns nicht in seiner eigenen unbegreiflichen und unendlichen Wirklichkeit zeigt, muß er sich uns durch eine einzelne endliche Wirklichkeit vermelden; eine solche aber kann als endliche notwendigerweise als durch eine andere endliche Wirklichkeit grundsätzlich verursacht gedacht werden, sagt also von Gott gar nichts zusätzlich zur Totalität der Welt aus, auch wenn wir annehmen, daß die Weltwirklichkeit als ganze einen Verweis auf Gott an sich trage. Aber ist diese Überlegung sicher durchschlagend, wenn uns bei einer solchen Argumentation deutlich bleibt, daß er der Unbegreifliche ist? Lassen wir daher diesen Vorbehalt gelten und fragen wir nur unter seiner Voraussetzung, ob ein Christentum denkbar und praktikabel sei, wenn Gott nur als Voraussetzung der Welt als ganzer, nicht aber als eine partikuläre Wirklichkeit gedacht wird, die innerhalb der Welt vorkommt. Bei dieser so umgrenzten und bedingten Frage bleiben wir zunächst ganz im allgemeinen, fragen also noch nicht eigentlich, ob in einer solchen Konzeption Heilsgeschichte und (wie?) „Wunder" noch denkbar seien.

Zunächst muß noch einmal deutlich werden, daß der früher wenigstens andeutungsweise vorgetragene Aufweis der Existenz Gottes nicht zu einem Gott führt, der als eine partikuläre Wirklichkeit in das Ganze aller Wirklichkeit eingefügt wäre und mit diesen anderen Wirklichkeiten in einer gegenseitigen Interaktion stünde. Wir haben ja, wenn auch nur sehr kurz, darauf aufmerksam gemacht, daß Gott nicht mit Hilfe eines allgemeinen Satzes vom zureichenden Grund, der auch sonst in unserer Erkenntnis gleichsinnig angewandt wird, erschlossen werden kann als der bloße Endpunkt einer Kausalkette, so wie wir sie uns sonst vorstellen. Gott wird vielmehr, wenn auch unreflektiert und unthematisch, notwendig mitbejaht als Bedingung der Möglichkeit der Erkenntnis und Freiheit überhaupt. Diese sind auch in einem einzelnen Vollzug nur möglich, weil sie unbegrenzt ausgreifen auf die eine Unendlichkeit des Seins überhaupt, das wir Gott nennen. Sind diese Überlegungen richtig, dann handelt es sich für uns immer um einen Gott, der nicht da und dort in seiner Welt auftritt, sondern immer und überall schon immer aufgetreten ist. Wo uns eine Wirklichkeit begegnet, ist sie, wenn auch meist unthematisch, kontrastiert mit ihrer unendlichen Voraussetzung, mit Gott, der die schweigende Unheimlichkeit ist, die alles umgibt, alles durchdringt und trägt. Der schweigende Gärtner der Lichtung der Welt braucht gar nicht die Zäune dieser Lichtung zu übersteigen, er kann von ihr gar nicht weggedacht werden, er ist nicht da oder dort in ihr, sondern er ist so sehr namenlos da, daß er gar nicht eigentlich an einem bestimmten Platz gesucht werden darf und es einer höchsten, allerdings wahren und notwendigen Anstrengung bedarf, ihn nochmals von dem zu unterscheiden, was, wenn es überhaupt gedacht und ergriffen wird, gar nicht ohne ihn gedacht werden kann.

Damit sind wir, so meine ich, wieder bei dem alten Problem, das uns schon lange beunruhigt. Wie kann man mit diesem Gott zu tun haben? Wie, wenn er, was alle Christen sagen und im Leben immer vergessen, schon jenen Gedanken und jene Stimmung selber gewirkt hat, mit denen ich mich ihm anrufend zuwende? Muß ich mich nicht, wenn ich ihn denke, wie er gedacht werden muß, als den freien schöpferischen Urgrund meiner selbst denken, als seine ihm restlos ausgelieferte Puppe, die mit dem eigentlichen Spieler keine Beziehung aufnehmen kann, da jede solche Beziehung nochmals die von ihm und nicht eigentlich von mir gespielte wäre? Soll ich mit Berufung auf die harte Tatsache von Religiosität erklären: das Eigentümliche des Schaffens Gottes, das auch zu seiner Unbegreiflichkeit gehört, besteht gerade im Unterschied zu unserem eigenen Schaffen darin, daß „ER“ das wirklich von ihm Unterschiedene, das Eigenständige, schaffen könne und erst, wenn man dies denke, bringe man das Eigentümliche der göttlichen Ursächlichkeit vor sich? Kann man dies in Religiosität real vollziehen, ohne den wahren Gott zu klein und uns zu groß zu denken oder den umgekehrten Fehler zu machen? Kann man mit Gott reden, ohne durch den entsetzlichen Gedanken tödlich zu verstummen, es sei ja im Grunde doch Er, der da rede, für den die Welt doch nur das Spiel sei, das er als seines und nicht als unseres sich selber aufführe? Und wenn alle diese Gedanken einen verwirren, ist es dann nicht das Beste, das Gott Gemäße, nicht Gott zu leugnen (das wäre eine Dummheit), sondern demütig von Gott abgewandten Gesichtes in der Enge seiner Existenz geduldig zu verharren, demütig aus Theismus Atheist zu sein?

Aber wenn man so redet, hat man ja schon die Grenzen überschritten, die man einhalten zu wollen erklärt, hat man schon angefangen, mit Gott zu tun zu haben, von dem man erklärt, es sei besser, ferne von ihm zu bleiben und ihn seiner eigenen Herrlichkeit und Seligkeit zu überlassen. Es gibt keinen Gott, der als Einzelner in der Lichtung unseres Daseins herumstolpert und durch die elektrisch geladenen Drähte unserer Einzelwissenschaften entdeckt werden könnte. Aber dennoch ist Gott, und wir haben schon mit ihm zu tun, wenn wir dies sagen und selbst wenn wir erklären, das Unternehmen, mit ihm zu tun zu haben, sei undurchführbar.

Wir müssen den Sprung nach vorwärts machen. Wir müssen einfach mit ihm handeln, uns auf ihn hin loslassen, zu ihm beten, dann, aber auch nur so, begreifen wir, daß das begrifflich Unmögliche möglich ist, weil es ist. – Natürlich weiß und sagt der Christ, daß dies alles letztlich darum möglich ist, weil sich in der wirklichen Wirklichkeit Gott und der Mensch nicht einfach zunächst als zwei Wirklichkeiten gegenüberstehen, die erst nachträglich zu ihrer verschiedenen Existenz sich begegnen müssen; der Christ sagt auch nicht bloß, Gott sei schon immer bei seinem Gegenüber angelangt, weil er dieses Gegenüber ja schöpferisch bewirke, erhalte und trage. Der Christ ist vielmehr der Überzeugung, daß die wirkliche Bewegung des Geschöpfes auf Gott hin nicht nur als das von Gott Verschiedene von Gott bewirkt werde, sondern durch Gottes Wirklichkeit selber mitgetragen werde. (Dabei ist es für den religiösen Menschen im Unterschied zum metaphysischen Spekulanten letztlich gleichgültig, wie die Frage zu beantworten ist, ob und wie diese wirkliche Begegnung zwischen Gott und dem Menschen auch dann noch, wenn auch in einer defizienten Weise, denkbar sei, wenn nicht Gott selbst durch seine eigene Wirklichkeit – Gnade genannt – diese Bewegung der Kreatur auf Gott hin trüge, wodurch das wirkliche Ankommen dieser Bewegung bei Gott selbst garantiert ist.) Dieses Getragensein des faktischen Handelns der Kreatur auf Gott hin durch die Wirklichkeit Gottes selbst ist das, was man im landläufigen theologischen Jargon Gnade nennt. Davon kann hier und jetzt natürlich noch nicht ausführlicher gesprochen werden. Auf dieses Thema sei hier nur eben verwiesen, um deutlich zu machen, daß die christliche Theologie es nicht übersehen hat, wie schwer der Gedanke durchzuhalten ist, daß die Bewegung des Geistes wirklich auf Gott selbst hingeht und nicht bloß auf ein begriffliches und verbales Idol Gottes, von dem man nicht recht weiß, wozu es gut sein soll und ob es nicht besser sei, sich von all dieser Überanstrengung des Geistes und des Herzens zu dispensieren.

Aber wenden wir uns von dieser entscheidenden Aufforderung zur Praxis, in der man einfach mit Gott zu tun hat, doch noch einmal zurück zur Theorie. Gott soll in der Welt nicht entdeckbar sein, das ist die Schwierigkeit. Wir haben geantwortet, er sei darum nicht als Einzelvorkommnis entdeckbar, weil er die vorgängige Bedingung der Möglichkeit jedweden Erkennens sei, also als solche Bedingung des Suchens selbst nicht, als vorher noch in keiner Weise gefunden, erst gesucht werden müsse. Er ist kein Stück unserer Erfahrungswelt, sondern die subjektive und objektive, immer schon vorausliegende Voraussetzung dafür, daß es eine Erfahrungswelt gibt. Er ist, so paradox es klingen mag, nicht zu finden, weil er immer schon und zwar überall gefunden ist, gleichgültig ob es einem gelingt, dies ausdrücklich zu reflektieren und in Worten und Einzelbegriffen auszudrücken. Wenn man dies so sieht, dann ist die Frage, ob man den Gärtner innerhalb der Lichtung unseres Daseins leicht oder mit komplizierten Methoden entdecken könne, von vornherein gegenstandslos. Die ernste Frage aber liegt einmal darin, ob ein Mensch sich selber die Anstrengung des Begriffs und des Herzens zumutet, auf die unweigerlich in allem geistigen Tun gegebene Bewegung in die unumfaßbare Unbegreiflichkeit Gottes hinein zu achten oder ob er dies verdrießlich als Überanstrengung ablehnt. Im zweiten Fall ist dann nur die Frage, ob diese Gleichgültigkeit im Leben auf die Dauer durchgehalten werden kann oder nicht. Jedenfalls aber müßte einer bedenken, daß die Weigerung, sich mit der Gottesfrage zu beschäftigen, auch schon eine Stellungnahme zu ihr ist, und jemand nur dann ein beruhigter Atheist sein kann, wenn er überhaupt von Theismus und Atheismus bisher schlechterdings nichts gehört hat. Die ernste Frage ist zweitens die, ob man mit diesem immer und überall schweigend anwesenden Gott etwas zu tun haben könne.

Die vierte Anfrage wirft dem normalen christlichen Bittgebet Heuchelei vor, offenbar darum, weil ein Mensch von heute nicht im Ernst daran denken könne, Gott (wenn es ihn gibt) umzustimmen, zur Revidierung seiner Pläne zu veranlassen, so daß (wie jemand es sich schon ausgedacht hat) in Tibet anderes Wetter würde, wenn man dorthin fromme Südtiroler mit ihren Flurprozessionen umsiedeln würde. Aber versteht ein Christ so sein Bittgebet, muß er es so verstehen? Man muß, um auf diese Frage ehrlich zu antworten, durchaus zugeben, daß in der faktischen Religiosität meistens etwas von Magie, Zauber, dem gehetzten Bemühen der armen Kreatur, mitschwingt, durch eine Beschwörung Gottes etwas abzuwenden, dem man sich um keinen Preis ergeben möchte. Man sollte solche Ingredienzen der faktischen Religiosität nicht leugnen. In und mit ihnen zusammen kann sich trotzdem echte Religiosität vollziehen, auch wenn diese nicht „chemisch rein" ist. Solche Religiosität ist immer noch tausendmal besser als die Banalität eines durchschnittlichen Menschen von heute, der ängstlich alle – eben religiösen – Erfahrungen der unauslotbaren Tiefe seiner Existenz zu meiden versucht. Aber was geschieht im eigentlichen Bittgebet, wenn es religiös echt ist? Der Mensch steht vor der unbegreiflichen Verfügtheit seines Daseins, die er gerade als unbegreifliche dennoch als entsprungen der Weisheit und der Liebe Gottes entgegennimmt, gleichgültig, wie sie ausfallen mag, ob sie Leben oder Tod bringt. Er erfährt sich dabei selbst mit seiner Selbstbehauptung und seinem Lebensdrang als von Gott gewollt, ohne darum zwischen diesem seinem Lebensdrang und der Verfügtheit seiner Existenz eine von ihm durchschaubare Synthese herstellen und erzwingen zu wollen. Und so sagt er zur Unbegreiflichkeit Gottes *und* zu seinem eigenen Lebenswillen Ja, ohne wissen zu wollen, wie das zusammenpaßt. Die von uns nicht verfügte Einheit von beiden ist das Bittgebet, denn es ist nur Gebet, wenn es radikal sagt Dein Wille, nicht meiner, und es wäre nicht Bittgebet, wenn es nicht wagen würde, etwas von Gott zu erbitten, das wir uns selber ausgedacht haben. So aktualisiert das Bittgebet nur die Unbegreiflichkeit der menschlichen Existenz, die radikal bis zur letzten Faser von Gott allein herkommt und auf ihn hinausgeht und die dennoch gerade so etwas ist, was auch noch vor Gott gilt und nicht untergeht. Warum sollte man das Bittgebet verdächtigen, wenn es doch nur die Aktualisierung der Unbegreiflichkeit der Kreatur vor Gott ist? Es will Gott nicht umstimmen und hat dennoch einen Sinn. Und dieser Sinn braucht nicht mit der Erklärung gerettet zu werden, Gott habe eben auch das von ihm vorausgesehene Bittgebet in seine Weltpläne einkalkuliert und so von sich aus die Erhörung mit dem Bittgebet ursächlich verknüpft. Der Sinn des

Bittgebetes braucht auch nicht mit der Berufung auf einen atomaren Indeterminismus und einen Zufall, der da herrschen könne und Gott eine Bewegungsfreiheit einräume ohne Verletzung der Naturgesetze, plausibel gemacht werden. Mit und ohne solche Zufälle und Indeterminismen ist die Welt als ganze und in allen Einzelheiten Ausdruck der unbegreiflichen Verfügung Gottes und wird gerade so im Bittgebet als sinnvoll angenommen.

Wir haben bisher nicht über Möglichkeit und Wesen von solchen Ereignissen gesprochen, die man Wunder nennt, obwohl dieses Thema durchaus im Zusammenhang der vierten Anfrage behandelt werden könnte. Da aber Wunder (was immer dieses Wort genauer bedeuten mag) im christlichen Bereich als Legitimation der eigentlichen Heils- und Offenbarungsgeschichte behandelt zu werden pflegt (wenigstens in der neuzeitlichen katholischen Fundamentaltheologie), kann die Frage des Wunders wohl noch auf einen späteren Zeitpunkt unserer Überlegungen verschoben werden. Das gilt natürlich erst recht von der Frage, wie die Heilsgeschichte und die Offenbarungsgeschichte als solche vereinbart werden können mit der Voraussetzung, daß Gott nicht an einzelnen, besonders ausgezeichneten Raumzeitpunkten in den sonst profanen Weltenlauf einwirke.

Ich lese zum Schluß Ihre vierte Anfrage noch einmal durch und mache zu diesem oder jenem Satz noch ein paar Anmerkungen. Sie sagen: ich erwarte doch gar nicht mehr, daß Gott zu meinen Gunsten in den notwendigen Ablauf der Naturgesetze eingreift. Auch ich erwarte das nicht, aber ich erwarte einen konkreten (und in seiner Konkretheit gar nicht als notwendig zu beweisenden) Ablauf dieser Welt, der meiner Freiheitsgeschichte auf Endgültigkeit vor Gott hin günstig ist und es auch tatsächlich sein wird, wenn ich ihn in einer letzten Entscheidung für Sinn durch eine vertrauende Annahme der Unbegreiflichkeit Gottes als sinnvoll annehme. Ist das sinnlos? Ist ein solches Leben nicht anders, wenn auch nicht in den banalen Einzelheiten des Alltags, als wenn es gelebt würde mit der Überzeugung, es sei nur ein – gar nicht erklärbares – Aufblitzen einer letzten Sinnlosigkeit, bevor auch dieser Blitz noch in einer leeren Nacht erlischt? Wenn man im Ernst diese beiden Leben konfrontiert und das Leben auch des Gott-losen in seine letzten Konsequenzen hinein sich entfalten läßt, so daß es nicht nur eine augenblickliche mürrische Theorie ist auf der Oberfläche eines Lebens, das im Grunde doch aus ganz anderen Antrieben lebt, ist es dann wahr, daß es Gott nur noch in den Kirchen gibt, nicht aber dort, wo der Alltag unseres Lebens sich abspielt? Wenn man das redlich tapfere Leben der meisten Menschen betrachtet, das sich im Grunde von einem bloßen Atheismus her gar nicht rechtfertigen läßt, muß man dann nicht eher sagen, daß es erfüllt ist vom Glauben an den „unbekannten Gott", dessen Bild eben doch auf den Altären der Herzen steht, selbst bei denen, die meinen, Atheisten sein zu müssen? Wenn die heutige Theologie (übrigens auch die des Mittelalters) unterscheidet zwischen „Erstursache" und „Zweitursachen", dann tut sie das doch nicht, um ein Asyl zu schaffen für einen Gott, der als Einzelursache innerhalb der Welt nicht mehr zu entdecken ist, sondern weil sie die alte Einsicht, ohne die ein echter Gottesbegriff überhaupt nicht zu denken ist, radikal durchführt, nämlich das Wissen, daß Gott nicht ein Stück der Welt ist, sondern der eine und einzige, alles durchdringende, alles tragende Grund aller Einzelwirklichkeiten. Was sollte dagegen einzuwenden sein, wenn ich diese Einsicht auf einen guten, für mein Leben wichtigen Einfall anwende, der gerade dadurch, daß er mit aller übrigen Weltwirklichkeit in innerweltlicher Kausalität verknüpft ist, von Gott herkommt? Sie wenden ein, daß dann auch ein schlechter Gedanke auf Gottes Wirken zurückgeführt werden könne. Nun, dieser Einwand zielt auf ein Problem, das auch in der Christenheit schon fast zweitausend Jahre verhandelt wird und wohl keine Lösung gefunden hat in dem Sinne, daß man nach Anhörung der angebotenen Antworten sagen könnte: Ja, jetzt ist alles klar. Ich könnte mit der traditionellen Lehre sagen: soweit irgendeine Wirklichkeit (auch in der moralischen Ordnung) real, wirklich ist, entspringt sie auch einem schöpferischen Tun Gottes, soweit eine böse Tat über ihre Positivität hinaus ein Nichtseiendes, Negatives, Nichtseinsollendes aufweist und dadurch und nur so böse ist, weil die formale Schlechtigkeit einer Handlung als solche eine Negativität ist, bedarf sie keiner schöpferischen Mitwirkung Gottes. Diese Antwort der christlichen Tradition ist nicht falsch und nicht dumm. Man muß aber darum nicht behaupten, sie löse das Problem des Herzens und des Geistes gegenüber dem sittlich Bösen in der Welt. Man könnte sogar befürchten, eine solche Antwort, wenn sie ernst und für sich allein genommen wird, spekuliere den unbegreiflichen Ernst des sittlich Bösen im Grunde doch aus der Welt hinaus. Es bleibt wohl darüber hinaus nur der Hinweis darauf übrig, daß die gleichzeitige Gegebenheit von restloser Abhängigkeit der Welt in Wesen und Existenz von Gott und ihre wahre, von Gott verschiedene Selbständigkeit ein Urdatum ist, das nicht noch einmal von einem höheren Standpunkt aus durchschaut werden kann und eben gerade in der radikalen Abhängigkeit auch des Bösen von Gott und seiner Eigenständigkeit zu seinem Höhepunkt kommt. Aber ist das „Mysterium des Bösen" ein Grund zur Bezweiflung der Herkünftigkeit aller Wirklichkeit von Gott? – Ich möchte gegen Ihre Unterstellung protestieren, daß die Theologie ohne jeden Beweis oder Aufweis willkürlich aus einem begrifflich „Möglichen" schnell unter der Hand ein Wirkliches mache. Merkwürdig, Sie verlangen konkrete Anhaltspunkte für ein Wirken Gottes in der Welt und erklären gleichzeitig, es sei Ihnen mit philosophisch-theologischen Spekulationen nicht gedient, zumal es viele Leute gäbe, die weder Lust noch Muße haben, philosophische und theologische Gedankengänge nachzuvollziehen. Ist denn eine Überlegung deswegen schon falsch oder müßig, weil es Leute gibt, die erklären, weder Zeit noch Muße zu haben, sie nachzuvollziehen? Haben Sie das Recht, eine solche Überlegung, die angeboten wird, als „Spekulation" von vornherein abzuqualifizieren, bloß weil der banale Spießbürger sich dabei überanstrengt vorkommt? Der Aufweis der Existenz Gottes und der Aufweis für sein Wirken in der Welt und dessen Unterschied von innerweltlichen kausalen oder funktionalen Einzelzusammenhängen sind natürlich identisch. Die Behauptung der Existenz eines einen Urgrundes aller Wirklichkeiten und deren Erfassung, eines Urgrundes, der als Bedingung der Möglichkeit von Welt und zugleich ihrer Erfassung immer unreflex in jeder Einzelerkenntnis gesetzt wird, ist natürlich auch schon der Satz von einem alles durchdringenden und alles tragenden Wirken Gottes, der die Welt wirkt, ohne darum eine Teilursache in ihr zu werden. – Sie rufen Bonhoeffer an. Man sollte mit dem von Ihnen gebrachten Zitat vorsichtig umgehen und genau zusehen, was es eigentlich sagen will und was nicht. Wenn Bonhoeffer betend auf den Knien den Tod von Henkershand erwartet, dann ist das gewiß kein atavistischer Rückfall hinter seine Theologie zurück. Er kannte keinen Lückenbüßer-Gott, weder für den Lauf der Welt noch für seine Erkenntnis. Aber wo dieser Lückenbüßer-Gott verschwindet, tritt der wahre Gott gerade hervor. – Warum soll es „Immunisierungsstrategie" in Reinkultur sein, wenn ein Theologe sagt, Gott erhöre ein wirklich echtes Gebet immer, wenn auch in einer unter Umständen anderen Weise, als der Beter es sich gedacht hat? Wenn die Erhörung bei jedem Gebet von dessen Intention aus ein empirisch feststellbares Datum wäre, wenn man einen solchen Appell an Gott, der so erhört werden wollte, noch Gebet nennen könnte, dann könnte man gewiß von einer Immunisierungsstrategie in der Rechtfertigung des Gebetes reden. Wenn aber das Bittgebet trotz des darin ergehenden konkreten Notschreis der Kreatur von *vornherein* absolute Übergabe an den unbegreiflichen Gott, an seine unbegreiflichen, wenn auch guten, Verfügungen ist und nur so Gebet genannt werden kann, und wenn ein solches Gebet für sinnvoll betrachtet wird als Ernstfall des Glaubens, dann ist eben der Hinweis darauf, Gott erhöre nach seiner unbegreiflichen Weisheit und Liebe, nicht ein nachträglicher Trick in einer Apologie des Bittgebetes, sondern gerade die erste und wesentliche Aussage über sein eigentliches Wesen. Mit Immunisierungsstrategie hat das gar nichts zu tun. Freilich muß man realisieren können, daß die bedingungslose Übergabe des Menschen an den unbegreiflichen Willen Gottes als rettenden und befreienden, also das Gebet als Ernstfall des Glaubens an den wahren Gott sinnvoll ist, ja eigentlich allein letzte Sinnhaftigkeit der Existenz und ihre Unbegreiflichkeit zugleich miteinander versöhnt. Sieht man das Gebet und auch das Bittgebet im besonderen so, dann ist höchstens noch die Frage, wo und wann es seinen Platz im alltäglich banalen Leben eines Menschen ernsthaft haben kann. Man kann gewiß grundsätzlich ein Christ und ein Beter sein, auch wenn man keine Lust hat, vor jedem Kantinenessen zu beten.

Gott solle antworten, fordern Sie. Muß er notwendig, damit überhaupt eine Antwort sei, so antworten, daß diese Antwort ein partikuläres Einzelergebnis in meinem Erfahrungsbereich wäre (das ich ja dann doch wieder geschwind in die ununterbrochene Kette innerweltlicher Zusammenhänge einreihen würde)? Wenn ich mich auf Gott beziehe, d.h. wenn ich alle Einzelwirklichkeiten schweigend, lassend und gelassen übersteige, gehenlassend und doch relativierend, wenn ich durch solchen Überstieg in die schweigende Unbegreiflichkeit einfachster Fülle und Selbstverständlichkeit gelange, wenn solcher Überstieg der lassenden Freiheit nicht theoretische Spekulation in Worten über etwas, sondern Tat des Lebens ist, die diesen lassenden Überstieg in seiner tödlichen Radikalität wirklich vollzieht und nicht nur darüber schwatzt, wenn diese letzte Tat erfahren wird als getragen und ermächtigt von der unheimlichen und unendlichen Wirklichkeit selbst, in die hinein sie sich fallen läßt, wenn (überdies) das Ankommen dieser Tat in dieser schweigenden Unbegreiflichkeit sich garantiert erfährt durch Jesus Christus, den Gekreuzigten und Auferstandenen, ist dann nicht Gott erfahren? Muß ich dann auf dem Feld meiner Alltagserfahrung noch einen unsichtbaren Gärtner suchen, der in der Lichtung, die der Raum meines eigenen Alltags ist, noch dies oder jenes eigens pflanzt? Oder wäre nicht letztlich ein solcher Gott gerade der, den wir nicht suchen, weil der wahre Gott der sein muß, der alles in allem in ursprünglicher Einheit ist, der alles und nicht nur dieses oder jenes trägt und wirkt? Wie schon gesagt, ist damit noch nicht deutlich, wie dieser wahre und wirkliche Gott, der sich nicht an von uns installierten Meldesystemen kundtun muß, dennoch ein Gott der Heilsgeschichte sein könne. Aber davon muß später gesprochen werden. Wenn man überdies Gott den Gott sein läßt, der unseren kreatürlichen Systemen und deren Unterschieden nicht untertan ist, dann, meine ich, könnte man letztlich die Frage offen lassen, ob man den einen und eigentlichen und immer gemeinten Gott, der immer und überall ist, vom Gott der Geschichte und der Wundertaten sich kritisch verdeutlichen müsse oder man es gerade umgekehrt machen solle. Jedenfalls aber, wenn und soweit mein Leben vertrauensvoll und bedingungslos offen ist auf Gottes Unbegreiflichkeit hin, hat sich mein Leben schon fundamental geändert im Vergleich zum Leben dessen, der in einer letzten Angst oder in einer schrecklichen Banalität nur immer dieses und jenes einzelne kennt und absolut festhalten muß.

V.

Vorfragen zum christlichen Offenbarungsglauben

Unsere Überlegungen – meine Anfragen und Ihre Antworten – müssen sich nun dem zentralen Punkt des christlichen Glaubens zuwenden, jenem Ereignis der Weltgeschichte, von dem her unser Glaube seinen Namen und auch seinen Inhalt hat: Jesus von Nazareth. Dabei muß ich gleich gestehen: Ich kann und will gegen die Person Jesu nicht „polemisieren". Ich will mich nicht in die Reihe der Deschners und Augsteins einordnen. Nicht weil ich Angst hätte, blasphemisch zu wirken. Sondern einfach, weil mir eben diese Person zu viel Achtung und Respekt abverlangt, weil ich an der Ehrlichkeit und Aufrichtigkeit des Charakters und des Anliegens Jesu weder zweifeln kann noch zweifeln mag. Und doch weiß ich mich gerade in dieser „vornehmen" Zurückhaltung gegenüber der Person Jesu zwar ineins mit dem Denken vieler Menschen von heute, aber nicht ineins mit der Lehre der christlichen Kirchen. Jesus von Nazareth? Er soll ja mehr gewesen sein. Nicht ein Prophet unter vielen; nicht einfach ein religiöses Genie; auch nicht einfach ein Erneuerer, ein Reformator einer im Formalismus erstickenden jüdischen Gesetzesfrömmigkeit. Und auch nicht einfach einer, der einleuchtende und wünschenswerte Ideale menschlichen Lebens predigte. Nein: Gott selbst, der Sohn Gottes, Gott und Mensch in einem. Ich will mich hier auch nicht in Spekulationen darüber verlieren, wie man sich so etwas eigentlich vorstellen soll. Wie jemand Gott und Mensch gleichzeitig sein kann oder wieso der eine Gott in mehreren Personen existiert. Wenn es das gibt, dann – so meine ich – liegt es ohnehin jenseits unseres Vorstellungsvermögens, vielleicht sogar jenseits unseres logischen Denkens, so daß Widersprüche keine mehr sind, auch wo wir meinen, sie müßten sein.

Ich will diese Anfrage von einer Ecke her beginnen, die an manches erinnern mag, was in den vorangegangenen Anfragen schon anklang. Ich frage mich oft und ehrlich: Warum eigentlich dieses Theater? Natürlich bin ich nicht der liebe Gott, und es läßt sich immer sagen, ER wird schon wissen, was er tut und warum er es tut, und glücklich der, der sich damit abfinden kann. Aber es gibt doch auch jenen Spruch (der lustig sein soll und trotzdem Erfahrung und Probleme widerspiegelt!), der sagt: Gott hat die Welt zwar erschaffen – aber einzubilden braucht er sich darauf nichts. Was heißt dies denn? Doch nichts anderes, als daß die Welt eben nicht so ist, daß man aus ihr und aus unserem Leben die Allmacht und Allgüte eines Gottes, der Vater ist, ablesen könnte. Um es wieder einmal grob zu formulieren: Wenn ich der liebe Gott wäre, ich hätte es besser gemacht, besser gekonnt! Ich hätte nicht eine Welt erschaffen, die – das ist doch christliche Lehre? – nicht die beste ist. Oder anders herum: Ich hätte die beste aller möglichen Welten erschaffen. Was aber wäre die beste Welt? So recht weiß ich das auch nicht. Wann immer ich jedoch in Diskussionen über das Leid und das Elend in der Welt und in einem Menschenleben verstrickt werde (und das wird man ja oft genug), wann immer ich mich selbst frage, warum es auf der Welt nicht besser zugeht, wähle ich den kürzesten Weg. Und dieser Weg ist die Frage: Warum hat Gott den Menschen nicht direkt in den Himmel hinein erschaffen? Darauf läuft doch alles hinaus. Wenn die Anschauung Gottes, wenn das ewige Bei-Gott-Sein schon das Ziel eines Menschenlebens ist, warum dann eigentlich dieser mühselige – nein, dieses Wort ist zu schwach –, dieser grausame und bis ins Letzte entscheidende Umweg über ein irdisches Leben? Dichter können das besser formulieren. In Dostojewskijs „Die Brüder Karamasoff" heißt es: „Einen gar zu hohen Preis hat man auf die Harmonie gesetzt, meine Tasche erlaubt es mir durchaus nicht, so hohen Eintrittspreis zu zahlen. Daher beeile ich mich auch, meine Eintrittskarte zurückzugeben ... Nicht, daß ich Gott nicht gelten lasse, Aljoscha, aber ehrerbietigst gebe ich ihm die Eintrittskarte zurück." Warum also diese Eintrittskarte, die den Stempel „Freiheit" trägt? Hätte Gott nicht auf „Eintrittskarten" verzichten können, auf Eintrittskarten in das ewige Leben, von denen kein Mensch am Ende weiß, ob sie gültig sind? Es ist komisch. Spinnt man diesen Faden weiter, dann müßten doch diejenigen das beste Los gezogen haben, die als getaufte Säuglinge gestorben sind, und es darf sich jeder selbst bemitleiden, der das Alter der Vernunft, der persönlichen Verantwortung und der eigenen Freiheit erreicht hat.

Aber nun zur nächsten Frage. Sagen wir, ein direktes in den Himmel-hinein-erschaffen-Werden geht nicht – aus welchen Gründen auch immer. Dann komme ich dahin, wohin ich wollte, zum Heilswirken Gottes in der Welt. Vor mir liegt das (im übrigen ausgezeichnete) Meditationsbändchen Ihres Schülers und Freundes Karl Lehmann: „Jesus Christus ist auferstanden". Darin geht es auch um das Leid in der Welt und eine Zwischenüberschrift lautet: „Die einzige Antwort: Blick auf Jesus". Nun gut. Ein Christ kennt das, auch wenn er es nicht so gut formulieren kann wie ein Theologe. Aber drückt man sich denn nicht auch da wieder an der Frage vorbei, die dem „Blick auf Jesus" noch vorausliegen sollte? Man nimmt die Tatsache und macht das Beste daraus. Und man ist – hoffentlich – noch dankbar für Gottes Heilsberufung und Gottes Heilswirken in der Welt. Denn die Berufung zu dem, was wir in Ermangelung besserer Worte das „übernatürliche Leben" nennen, ist und bleibt der freie Gnadenentschluß Gottes. Aber ich frage mich trotzdem – und diese Frage wird sich im Hinblick auf Jesus Christus noch verschärfen –: Warum muß Gott denn in einer besonderen Weise so in die Geschichte eingreifen, daß geschichtliche Ereignisse die „Orte" seiner (übernatürlichen) Offenbarung werden? Und: Wie glaubhaft sind denn eigentlich die Offenbarungsträger?

Was den ersten Teil der Frage betrifft, so braucht man ja nur von der allgemeinen kirchlichen Überzeugung auszugehen, daß Gott das Heil aller Menschen will. Ist dem aber so und nimmt man diese Aussage ernst, dann ist weiterhin dieser Heilswille Gottes nicht – wie es bei Menschen sein kann – eine im Herzen Gottes eingeschlossene „good-will"-Erklärung, sondern notwendig eine Wirklichkeit im Menschen und in allen Menschen. Was Gott will, ist schon eine Wirklichkeit. Warum aber dann eine besondere Heilsgeschichte? Könnte Gott nicht einfach durch einen Willensakt das Heil aller Menschen bewirken? Könnte er das, was er durch die Offenbarungsträger, und dann erst recht durch Jesus, bewirkt, nicht ebensogut „dekretieren"? Wählt Gott hier nicht wieder einen unnötigen Umweg? Ich halte diese Frage nicht so simpel, wie sie auf Anhieb klingen mag. Denn erstens einmal steckt in dieser Frage das Problem der Erkennbarkeit einer Offenbarung Gottes (darüber gleich mehr!); und zweitens trifft sie in ihrer Konsequenz eine heute weit verbreitete Mentalität, die sich so charakterisieren läßt: Menschen, die in sich eine besondere Berufung spüren und denen es tatsächlich auch gelingt, ihre Zeitgenossen wachzurütteln, gibt es doch immer, zu allen Zeiten, in jeder Religion oder Weltanschauung. Vom jüdisch-christlichen Standpunkt aus werden diese „Propheten" aber doch nicht als eigentliche Offenbarungsträger anerkannt. Sie zählen nicht zu denen, die im Namen und Auftrag Gottes sprechen. Und doch sträubt sich in mir (und wie ich denke in vielen) etwas gegen diese Abqualifizierung dieser Menschen und der auf ihnen und ihrer Lehre gegründeten Religionen. Wer kann oder wollte denn heute noch, wie es bis in die jüngste Zeit Lehre der katholischen Kirche war, die nichtchristlichen Religionen als Teufelswerk abtun? So ergibt sich als Konsequenz: Warum muß Gott über das durch seinen Heilswillen Bewirkte hinaus noch besondere Offenbarungsträger delegieren? Nun sagt man natürlich gerne, es gehe um die wahre Religion. Um das Wissen um die wahre Absicht Gottes. Dazu die Gegenfrage: Ist das denn so wichtig? Könnte es Gott nicht recht sein, wenn die Menschen, in welcher Religion auch immer, ihn mit ehrlichem Herzen und der ehrlichen Aufrichtigkeit des Gewissens suchen und entsprechend leben? Warum muß es eine einzige wahre Religion geben? Warum nur einen Weg und nicht viele?

Diese ganzen Überlegungen werden durch die oben schon angedeutete, zweite Frage noch verschärft. Wie erkennt man die Offenbarung als Offenbarung Gottes? Nichts dagegen, daß der jüdische Glaube davon überzeugt ist, Offenbarungsreligion zu sein. Aber, obwohl ich nicht Fachmann für das Alte Testament oder altorientalische Religionen bin, möchte ich dennoch sagen: Mir fehlen einfach die glaubwürdigen Kriterien. Man weiß doch schließlich, in welcher Zeit der Offenbarungsglaube des Judentums entstanden ist. Man weiß doch, wie schnell man vor dreitausend Jahren bereit war, ein Wirken Gottes zu erkennen, und so die Phantasie ersetzen ließ, was dem Wissen noch unerklärbar war. Streicht man aus dem jüdischen Glauben alle mythologischen Elemente und alle phantastischen „Wunder", dann möchte ich wissen, was als Beweis der göttlichen Offenbarung an Israel noch übrigbleibt; dann möchte ich wissen, wie sich ein Prophet von einem besonders religiösen, frommen Menschen unterscheidet, wie es sie auch in anderen Religionen gab und (wahrscheinlich bis auf den heutigen Tag) gibt. Und noch etwas. Wenn ich mir die Frage stelle, wie ich eine (behauptete) Offenbarung als Offenbarung Gottes erkennen kann, wenn es mir – wer wollte mir das verübeln? – nicht genügt, daß ein Mensch der persönlichen Überzeugung ist, im Namen Gottes zu sprechen (da kann man sich ja wohl auch täuschen, ohne Betrüger sein zu wollen), kann ich mich nur wundern, daß da alles so fürchterlich menschlich zugeht. Eben so, daß es auch anders interpretierbar ist. Wenn Gott sich schon offenbart, wenn es schon sein muß, wenn er uns Menschen nicht in den Himmel hinein erschafft und darüberhinaus nicht jedem Menschen soviel Offenbarung zukommen läßt, daß er seinen Weg zu Gott selber findet, warum tritt der sich offenbarende Gott in der Geschichte nicht ganz anders auf? Warum nicht in Macht und Herrlichkeit, oder, wenn das zu hochtrabend klingt, wenigstens ein bißchen „handgreiflicher“?

Diese Anfrage zielt ihrer Intention nach bereits auf den Glauben an Jesus Christus, geht es doch um die Möglichkeit, die Notwendigkeit und die Erkennbarkeit der Offenbarung Gottes. Wenn wir als Christen bekennen, in IHM ist die letzte und unüberholbare Offenbarung Gottes an uns Menschen gesagt, so bekennen wir eben all dies: die Notwendigkeit, die Möglichkeit, die Erkennbarkeit von Offenbarung. Dagegen frage ich: Ist es denn eigentlich nötig? Wäre es nicht anders möglich? Und: Kann sich Gott, wenn er sich schon in der Geschichte offenbart (über das hinaus, was jeder Mensch von Gott wissen kann), nicht deutlicher, nicht „handgreiflicher“ zu erkennen geben?

Das wird uns wohl noch beschäftigen müssen. Aber lassen Sie mich zu all dem noch einmal P. L. Berger zitieren, der zumindest den zweiten Teil dieser Anfrage trifft, wenn er schreibt: „Die erlösende Gegenwart Gottes in der Welt ist historisch manifest, nicht aber ein für allemal an die historischen Ereignisse fixiert, von denen das Neue Testament berichtet. Ich kann also nicht anders, als mich der Beharrlichkeit, mit der die Evangelisten behaupten, daß die Menschheit nur ‚in diesem Namen‘ Jesus Christus erlöst werde, zu widersetzen. Denn in dieser Beharrlichkeit setzen sie die historische Figur mit der erlösenden Gegenwart Gottes gleich.“ Und in meiner Formulierung: Mir will – noch als Vorfrage zum Glauben an Jesus Christus – nicht einleuchten, warum Gott diese Umwege wählte, Umwege zum Heil, die dornenreich genug sind. Wenn es mir vielleicht auch nicht gelungen ist, diese Anfrage so klar und deutlich zu formulieren, wie ich das eigentlich gehofft hatte: die „Dornen“ lassen sich vielleicht doch spüren.

Die fünfte Anfrage zielt – mit Recht – auf das christliche Grundthema, den Glauben an Jesus Christus gleich von Anfang an. Aber diese Anfrage beschäftigt sich dann doch vor allem mit Problemen, die sich auf Möglichkeit und Sinn einer Offenbarungs- und Heilsgeschichte im allgemeinen beziehen. Dies wiederum mit Recht, weil man über diese allgemeineren Fragen nachgedacht haben sollte, wenn man die Probleme der Christologie behandeln will, zumal man so in seinem Gedankengang dem Lauf der Offenbarungsgeschichte entspricht. Darum darf sich wohl die Antwort auf diese fünfte Anfrage auf diese allgemeineren Fragen über Offenbarungs- und Heilsgeschichte beschränken.

Zuvor aber doch noch ein Wort zu dem eingangs mit Dostojewskij angemeldeten Protest gegen die Welt als Schöpfung eines weisen und gütigen Gottes. Gott hat, das ist zuzugeben, nicht die beste aller denkbaren Welten geschaffen. Was soll es aber eigentlich letztlich, wenn wir versuchen würden, in einem letzten und endgültigen Protest gegen diese Welt und ihren Schöpfer zu verharren, weil wir eine bessere und leidlose Welt wünschen? Ist dieser Protest in sich so sinnvoll und legitim, daß daraus folgt, es könne keinen Schöpfergott geben oder er sei nicht weise und gütig? Ist die Welt heller, verständlicher und annehmbarer, wenn sie durch diesen Protest in sich, in ihrem Schmerz und ihrer Enttäuschung verschlossen wird? Welches Recht und welchen Sinn zu einem solchen Protest als solchem könnten wir aufweisen, wenn bei der Nichtexistenz Gottes ein Recht und ein eindeutiger Maßstab für eine Kritik dieser Welt von vornherein fehlen würden? Ist es im letzten nicht naiv und primitiv, mit einer Vollendung oder Vollendbarkeit des Menschen ohne Freiheit zu rechnen? Sind

Vollendung und Endgültigkeit überhaupt sinnvollerweise anders denkbar denn als Ergebnis der Freiheit? (Ich jedenfalls setze lieber hinter das Schicksal der unmündig sterbenden Kinder, wenn es diese geben sollte, ein Fragezeichen des Nichtwissens, als daß ich von ihnen aus schließe, es könne auch ohne Freiheit eine selige Vollendung geben, und Gott hätte gut daran getan, sie allen Menschen auf diese Weise zu schenken). Wenn unter der schöpferischen Dynamik Gottes, der die Welt von ihrer innersten Mitte her treibt, diese Welt in einem ungeheuren Prozeß immer mehr zu sich selbst als ganzer kommt, dann kommt sie eben zu Freiheit, und dieses in Geist und Freiheit Zusichselberkommen der Welt in geistigen Subjekten ist dann eben nicht irgend ein beliebiges Stück der Welt, das man aus ihr auch herausnehmen könnte, ohne daß die Welt sinnlos würde. Aber selbst wenn man solche Spekulationen für zu anstrengend hält, obwohl sie in sich sehr sinnvoll sind, dann bleibt eben die Tatsache, daß wir dieser Welt begegnen, so wie sie nun einmal ist, daß wir in ihrer Erfassung, so wie sie ist, notwendig in die Unbegreiflichkeit Gottes und seiner Freiheit geraten, so daß es sinnlos wird, *diesen* Gott noch einmal als einen für uns durchschaubaren Posten in unser Kalkül einsetzen zu wollen, um von diesem Posten her dann zu demonstrieren, daß die Welt anders zu sein habe, als wir sie faktisch vorfinden. Das, was wir wirklich tun können und müssen, ist die Beantwortung der Frage, ob wir den Mut und die Kraft finden, uns in und trotz dieser Welt vorbehaltlos in die Unbegreiflichkeit loszulassen als bergende und beseligende. Jedenfalls, meine ich, kann man verstehen, daß die freie Annahme dieses Gottes in der Unbegreiflichkeit seines Wesens und seines Willens nicht eine Eintrittskarte zum ewigen Leben ist, die Gott uns auch großzügig erlassen könnte, sondern das ist das eigentliche Wesen dieses Eintritts. Ich sage dies, auch wenn ich dann durch die Frage in Verlegenheit komme, wie es dann mit den unmündig sterbenden Kindern bestellt sei. Ich kann dann mindestens immer noch fragen, ob ich vom christlichen Dogma her sicher verpflichtet sei, an die „Unsterblichkeit" *dieser* „Seelen" zu glauben, oder ob es sicher sei, daß die göttlich freie Gnade ihrer Seligkeit in diesem Falle nicht die Gnade der freien Annahme der Unbegreiflichkeit Gottes als unserer Seligkeit sei.

Kommen wir aber jetzt endlich zu einigen Überlegungen über

Heils- und Offenbarungsgeschichte im allgemeinen, wie sie uns von der fünften Anfrage nahegelegt werden.

Es ist wahr und muß unbefangen zugegeben werden, daß die traditionelle Vorstellung der Heils- und Offenbarungsgeschichte bisher meist unter dem Schema eines raumzeitlich punktförmigen Eingreifens Gottes in eine im übrigen profane Geschichte gebildet wurde. Die Welt ist unten, verläuft, wenn auch von Gott geschaffen, in den Bahnen ihrer Profanität, Freiheit und Sünde; Gott ist oben, er sieht diesen höchst unerfreulichen Verlauf der Geschichte aus Weltlichkeit, Irrtum und Sünde, er beschließt, in diesen höchst gefährlich auf eine endgültige Katastrophe zusteuernden Weltenlauf an bestimmten Stellen einzugreifen: durch Propheten, die die von den Menschen verderbte oder von ihnen her gar nicht erreichbare Heilswahrheit in seinem Namen und durch eine singuläre Beziehung mit ihm verbunden verkünden; durch ebenso raumzeitlich in der allgemeinen Geschichte ausgegrenzte Heilsveranstaltungen wie durch den Bundesschluß mit dem auserwählten Volk Israel, durch Wunder, die diese Propheten und diese Sonderheilsveranstaltungen als wirklich von Gott kommend autorisieren. Dementsprechend stand dann auch die Vorstellung des Heils und der Heilsgeschichte unter dem Schema der Auswahl unverdienter Art von einzelnen aus der zurückbleibenden großen Masse der Sünder, auch wenn diese *gerechten* Gerichtes in ihrer *sündigen* Verlorenheit belassen werden. Nun soll weder gesagt werden, daß die traditionelle Vorstellung der Offenbarungs- und Heilsgeschichte allein und gewissermaßen in chemischer Reinheit von diesen Grundschemata bestimmt gewesen sei, daß in der faktischen Überlieferung, wie sie bisher war, keine anderen Elemente enthalten gewesen wären, von denen aus eine Kritik und Überbietung dieser Grundschemata durchaus möglich ist, noch soll behauptet werden, daß diese Grundschemata nicht nützlich gewesen wären und nützlich sind zur Verdeutlichung von christlichen Grundwahrheiten, die unaufgebbar sind. Die Vorstellung von der Offenbarungs- und Heilsgeschichte, in der Gott der raumzeitlich punktförmig auftretende Gärtner in der profanen Lichtung der Weltgeschichte war, wußte doch auch, daß Gott das Heil aller Menschen will und zu allen Zeiten und an allen Orten der Geschichte überhaupt möglich macht, daß er seinen Geist über alles Fleisch immer und überall ausgieße und ausgegossen habe, daß, weil Heil überall möglich sein müsse und sei, Glaube, Hoffnung und Liebe als Unmittelbarkeit zum Gott, der sich selbst als Inhalt und Ziel der geistigen Kreatur mitteilt, immer und überall möglich sein müssen. Sie wußte, daß die Menschheitsgeschichte trotz der „Erbsünde" nicht einfach die Geschichte einer gnadenlos in Profanität und eigener Schuld versunkenen Menschheit ist, sondern immer und überall die Geschichte unter der Dynamik des sich als innerste Entelechie der Welt eingestiftet habenden Gottes. Immer gab es ein universalistisches und ein partikularistisches Grundschema der Heils- und Offenbarungsgeschichte, die beide nie ganz und in reflexer Klarheit miteinander ausgeglichen wurden. Aber es wäre falsch, zu sagen, das Vorstellungsschema eines da und dort nur sich ereignenden Eingreifens Gottes, das dann von diesem Einzelpunkt der Welt bloß langsam in die ganze Geschichte diffundiert, sei einfach *das* Grundschema, unter dem man sich die Heilsgeschichte vorstellen müsse, und zwar allein. Damit ist nicht geleugnet, daß das partikularistische Grundschema das vorherrschende war und ist bis auf den heutigen Tag. Aber ist dieses Grundschema als solches unbedingt verpflichtend, so daß es immer bleiben muß? Es wird hier nicht dafür plädiert, daß dieses Schema schlechthin abgeschafft werden solle.

Es gibt eine Heils*geschichte,* in der nicht alle Ereignisse gleichbedeutend sind; diese Geschichte hat einen Richtungssinn, Zäsuren, tritt in ein irreversibles Stadium. Und all das kann und muß gesagt werden, auch wenn man diese Geschichte nicht als eine Kette intermittierender Eingriffe Gottes auffaßt, sondern gerade als die Geschichte des Gottes, der sich selbst in die innerste Mitte der von ihm geschaffenen Welt schon immer eingestiftet hat und von da aus die Geschichte dieser Welt auf ihre Vollendung hintreibt. Der Erwählungsgedanke behält sein legitimes Recht, auch wenn die Heilsgeschichte nicht verstanden wird als die von außen kommende Errettung von ein paar wenigen aus einer rettungslos in Schuld versunkenen massa damnata. Denn Gnade als liebende Selbstmitteilung Gottes bleibt freie Erwählung, uneinklagbares Geschenk, ob sie vielen oder wenigen zuteil wird, ob sie vom Innersten der Welt her die Freiheitsgeschichte der Menschen befreit und auf Gott selbst hin öffnet oder von außen auf diese Freiheitsgeschichte auftrifft. Wenn es sich also nicht darum handelt, dieses traditionelle Doppelschema partikularistischer Art von Offenbarung und Heil einfach abzuschaffen, so kann doch gesagt werden, daß es in unserer Zeit langsam, aber eindeutig seine Vorherrschaft verliert zugunsten eines universalistischen Grundschemas, in der Gott in seiner freien Gnade von Anfang her und immer und überall seiner Schöpfung sich als deren innerste Entelechie mitgeteilt hat, in der Welt von innen nach außen wirkt. Zum Beweis dieser Bewußtseinsänderung und deren Legitimität kann man sich sowohl auf das heutige Glaubensbewußtsein der Christenheit berufen, wie auch z.B. auf gewichtige Äußerungen des II. Vatikanischen Konzils. Man mag dem weltweiten Empfinden der Christenheit, so wie es faktisch ist, mit einem gewissen Vorbehalt gegenüberstehen, man mag heute in der durchschnittlichen Predigt zu wenig von der Möglichkeit ewigen Verlorengehens hören, von der Schuld vor Gott, die man weder soziologisch noch psychologisch auflösen kann, von dem Gericht Gottes. Aber es ist doch legitim, daß diese Predigt den Weltenlauf zunächst einmal als siegreich zu ihrem Ziel kommende Geschichte der Liebe Gottes darstellt, in der Gott selbst sich mitteilt, und nicht als einen gewissermaßen nur mühsam errungenen Sieg Gottes über seinen Widersacher, den Bösen. Es ist durchaus legitim, wenn die Vorstellung eines bloß sporadischen Eingreifens Gottes, das dann auch noch regional und temporär auf ganz kleine Bezirke der Welt und ihrer Geschichte beschränkt wäre, den Verdacht auf unglaubwürdige Mythologie und eine allzu anthropomorphe Vorstellung von Gott erweckt. Man kann sich nicht gut als den von der Liebe Gottes Auserwählten empfinden, wenn man nicht auch eine Chance des Heils einigermaßen deutlich für alle andern erkennen kann. Man fragt sich, wie es denn mit einer Heilsgeschichte Gottes in den doch wohl Millionen zählenden Jahren zwischen „Adam“ und Moses bestellt sei, wenn da doch auch Offenbarungsgeschichte und Glaubensgeschichte als für das Heil unbedingt notwendig gegeben gewesen sein muß. Aber selbst das II. Vatikanum hat noch einen eleganten Sprung des Schweigens von Adam bis Moses, also über den weitaus längsten Zeitraum der Menschheitsgeschichte mit einer vagen Berufung auf Gottes Vorsehungsmacht. Einem Menschen von heute wird es vermutlich schon möglich sein, mit dem

Alten Testament die Geschichte *Israels* als eine Geschichte des Handelns Gottes mit diesem Volk zu lesen. Es wird ihm aber doch schwerfallen, einfach und schlechthin und ohne jede Nuancierung diesen Bund als exklusives Privileg dieses Volkes anzuerkennen, während alle übrigen Völkergeschichten in einer profanen Sphäre eingeschlossen bleiben. Der Mensch von heute schulmeistert darum Gott nicht in seiner Freiheit, mit der er die Weltgeschichte verfügt (zumal ja die menschliche Freiheit, die genügend Differenzen in die Geschichte hineinbringt, doch auch noch einmal als ganze und in allen ihren Vollzügen freie Setzung Gottes ist); im Bereich der Geschichte als solcher hat er aber den Eindruck, daß bis zum strengen Beweis des Gegenteils die geschichtlichen Differenzen als solche zunächst einmal auf die Freiheit des Menschen zurückzuführen sind. Warum also sollte es nicht Ereignisse in der Heils- und Offenbarungsgeschichte, die auf jeden Fall universell ist (weil Heil überall sich ereignet und Heil ohne Glaube, also ohne Offenbarung im strengen Sinn nicht möglich ist), geben, die durchaus einen zum Alten Bund der Israeliten analogen Charakter haben? Warum sollte es nicht auch sonst in der Geschichte der Menschheit Religionen, Träger religiöser Impulse, Schriften gegeben haben, die für die betreffende geschichtliche Situation einen ähnlich legitimen Charakter gehabt haben, wie wir sie dem Alten Bund Israels mit seinen Propheten, religiösen Institutionen, heiligen Schriften zuerkennen? Wenn und insofern es selbstverständlich ist, daß in keiner Geschichte alles gleichrangig oder religiös positiv wertig ist, ist uns durch diese Überlegung nicht verwehrt, in der Geschichte Phänomene von verschiedenem Rang und verschiedener, ja gegensätzlicher existentieller und religiöser Bedeutung zu sehen und auch nach der jeweiligen geschichtlichen Einmaligkeit solcher Phänomene zu fragen. Aber dies hindert nicht, von einem universalistischen Grundschema der Heils- und Offenbarungsgeschichte auszugehen, d.h. die Menschheitsgeschichte dort, wo sie religiös und religiös positiv erscheint, immer und überall zu sehen als das In-Erscheinung-Treten nicht nur einer „natürlichen" religiösen Veranlagung des Menschen, sondern davor und zuerst jener geschichtlichen Dynamik und Entelechie, als die Gott sich immer und überall in die innerste Mitte der Wirklichkeit eingestiftet hat. Ein solches Grundschema tastet die „Übernatürlichkeit“ der gnadenhaften Selbstmitteilung Gottes nicht an, leugnet nicht die Freiheit Gottes gegenüber der Welt. Sie entmythologisiert nur legitim Vorstellungen der Heils- und Offenbarungsgeschichte, die dann sich vordrängen, wenn das Grundschema für die Vorstellung dieser Geschichte das eines bloß punktförmig ab und zu sich von außen her ereignenden Eingreifens Gottes ist. Von da aus sind auch vorsichtig entmythologisierende Korrekturen möglich bezüglich einzelner religiöser Phänomene, so daß diese Phänomene nicht mehr unglaubwürdig erscheinen. Wir sprechen jetzt noch nicht von Jesus Christus, nicht davon, wie die absolute Einmaligkeit und Unüberbietbarkeit seiner Person als des absoluten Heilbringers und seines Werkes auch innerhalb des universalistischen Grundschemas gewahrt, ja erst eigentlich verstanden werden kann. Wir sprechen auch noch nicht davon, daß auch für uns die alttestamentliche Heils- und Offenbarungsgeschichte eine besondere und einmalige Bedeutung haben kann und behält, insofern sie die nächste geschichtliche und religiöse Situation für Jesus Christus selber ist (anderthalb Jahrtausende in einer Millionen Jahre langen Geschichte, die auch Heils- und Offenbarungsgeschichte war!). Wir wollen nur noch etwas verdeutlichen, wie sich unter diesem Grundschema Offenbarung im allgemeinen denken läßt. Die traditionelle Vorstellung gerade der ursprünglichen Offenbarungsträger, der Propheten, stellt sich diese fast unwillkürlich als Menschen vor, die gewissermaßen einen besonderen, nur ihnen eigenen „Draht“ zum weltjenseitigen Gott im Himmel haben und die das, was ihnen so heruntergesagt wird, an die übrigen Menschen weitergeben, wobei sie die Richtigkeit ihrer so vorgestellten Botschaft durch Wunder bekräftigen. Die traditionelle Vorstellung des ursprünglichen Offenbarungsträgers ist so in besonderer Weise geprägt durch das partikularistische und extrinsezistische Grundschema eines Eingreifens Gottes von außen als einer partikulären Ursache im Weltgetriebe. Daß der Mensch von heute durch die Religionsgeschichte und durch die Koexistenz von vielen Religionen, die alle den Anspruch erheben, Offenbarung zu sein, große Schwierigkeiten hat, Offenbarung sich so vorzustellen, ist leicht verständlich. Man sieht in der Religionsgeschichte zu viele und ähnliche Phänomene religiöser Offenbarung, als daß man den Mut hätte, die alttestamentliche Offenbarung als ein absolut singuläres, einzig von Gott im eigentlichen Sinn gewirktes Phänomen aus der übrigen Religionsgeschichte herauszuheben; man sieht keine deutlichen Grenzen zwischen eigentlichen „Propheten“ und sonstigen religiösen Genies und Erweckern; man kann in der alttestamentlichen Offenbarungsgeschichte kaum oder gar nicht solche „Wunder“ entdecken, wie sie in der traditionellen Theologie der Offenbarung als Legitimation des Offenbarungsträgers erfordert werden; auch die alttestamentliche Offenbarungsgeschichte scheint eine solche geschichtliche Bedingtheit und Milieugebundenheit zu haben, daß sie diesbezüglich nur schwer oder gar nicht deutlich von anderen Phasen der Religionsgeschichte zu unterscheiden ist; wenn man darin vielleicht doch einmalige Höhepunkte des religiösen Bewußtseins zu entdecken glaubt, dann bleibt immer noch die Frage, ob dies nicht aus dem besonderen Interesse zu erklären ist, das wir nun einmal am Alten Testament und nicht an anderen Phänomen der Religionsgeschichte nehmen, und vor allem, ob diese Einmaligkeit, wenn wir sie zugeben, mehr ist als der unvermeidliche Höhepunkt einer Geschichte, die nicht immer genau dasselbe hervorbringt. Die exklusive Gottgewirktheit einer einzelnen Phase oder Erscheinung der Religionsgeschichte als alleiniges Ereignis von Offenbarung ist schwer zu beweisen, zumal ja der faktische Verlauf auch einer solchen exklusiv bevorzugten Religionsgeschichte als alleiniger Offenbarungsgeschichte genügend menschlich Bedingtes und Depraviertes aufweist. Das wird durch uns selber abgeschieden, damit wir die reine, geoffenbarte Religion haben, die dann erst einen deutlichen Kontrast zu den anderen Religionen aufweist. Diese Kontrastierung geschieht von uns durch den Rückgriff auf die Religion und Offenbarung Jesu. Warum aber *diese* nicht nur den vorläufig einmal erreichten Höhepunkt der Religionsgeschichte bildet, sondern ihren unüberbietbaren, obwohl auch die Religionsgeschichte selbstverständlich weitergeht, davon muß später gehandelt werden. Wenn wir von dieser Frage jetzt noch absehen, dann können wir hinsichtlich der Offenbarungsgeschichte im allgemeinen sagen: Insofern Gott in seiner gnadenhaften Selbstmitteilung sich der unbegrenzten Offenheit des Geistes des Menschen immer und überall in freier gnadenhafter Selbsterschließung anbietet, geschieht grundsätzlich immer und überall eigentliche gnadenhafte Offenbarungsgeschichte, mindestens einmal im Modus des Angebotes. Wenn in der faktischen Geistesgeschichte der Menschheit dieses Angebot nicht bloß in der Subjektivität der einzelnen Existenz angenommen wird (reflex oder unthematisch, aber wirklich, was in jeder sittlichen Entscheidung grundsätzlich möglich ist), sondern auch in gesellschaftlichen Gebilden (des Wortes, der religiösen Institutionen usw.) objektiviert wird, haben wir konkrete Religionen und deren Geschichte. Insoweit bei diesen Objektivationen das eigentliche Grundangebot von Offenbarung, nämlich Gott selbst als Heil des Menschen, nicht schlechthin verstellt wird, kann grundsätzlich in all diesen Religionen von einem Element göttlicher Offenbarung im christlichen Sinne geredet werden. Diese Religionen enthalten natürlich praktisch und konkret immer unzulängliche und auch falsche Interpretationen dieser religiösen Urerfahrung, die Offenbarung ist, bis zu solchen schrecklichster und verwerflichster Art, so daß im konkreten Fall nur schwer zu sagen ist, wie weit eine solche konkrete Religion noch eine Hilfe darstellt für jene letzte Offenheit des Menschen auf die Unbegreiflichkeit Gottes hin. Die konkrete Religion wird in ihren gesellschaftlichen und kultischen Objektivationen immer eine letztlich nicht gänzlich auflösbare Synthese darstellen zwischen der eigentlichen göttlichen Offenbarung im Kern der menschlichen Existenz und all dem, was entsteht, wenn diese menschliche Göttlichkeit und göttliche Menschlichkeit im Lauf der Geschichte ihre eigene Geschichte haben, sich entfalten, verderben, blühen und ihre eigene Vollendung suchen. Diese Geschichte der einen göttlichen Selbstoffenbarung beinhaltet darum auch, daß zu ihr Phasen des Protests gegen Depravationen gehören, Phasen der Selbstreinigung, der Sublimierung ihrer Riten, der Vertiefung der Reflexion auf ihr Wesen und schließlich auch vor allem der Begegnung mit anderen solchen religiösen Objektivationen. In solcher Begegnung wird eine bestimmte Religion auch mit Recht vor die Schicksalsfrage gestellt, ob sie sich nicht, sich selbst verwandelnd, hineinentwickeln muß in eine höhere Gestalt des Religiösen, die ihr aus einer anderen Region der Geschichte entgegenkommt und doch auch ihr eigenes Wesen ausmacht.

Wir haben, um es nochmals zu sagen, die Frage nach der Einmaligkeit und Unüberbietbarkeit des Christentums, besser: Jesu

Christi, noch gar nicht berührt. Aber von dieser Frage einmal abgesehen, bietet die ungeheuer vielfältige Religionsgeschichte keinen Grund zu jenem müden Skeptizismus, der glaubt, jede Religion auf sich beruhen lassen zu können, weil er zu vielen begegnet, unter denen auszuwählen er sich nicht imstande fühlt. Das Eigentliche und Ungeheure, das gerade auch noch einmal durch die Vielfalt der Religionen bezeugt wird, besteht doch gerade darin, daß die Menschen überall, wo sie nicht durch einen Kult der Banalität verdummt sind, nach dem Unbegreiflichen, Unsagbaren, Heiligen als der letzten Erfüllung auch ihres eigenen Lebens suchen, so sehr sie bei dieser letzten Sehnsucht ihrer Existenz auch immer wieder dieses Unsagbare in den Dienst ihrer kleinen Alltagszwecke zu stellen suchen. Daß solche innerste Religiosität auch eine gesellschaftliche Religion sein muß, das sollte bei allen Konsequenzen, die so etwas unvermeidlich hat, kein Argument gegen Religiosität und konkrete Religion sein. Es bedeutet nur (immer noch vom Christentum als solchem abgesehen), daß ein Mensch eben mit Recht jene Religion vertrauensvoll lebt, die sich ihm aus seiner geschichtlichen, gesellschaftlichen und menschlichen Situation konkret am ehesten anbietet, daß er darin lebt und von hier aus jene bergende Übergabe an das unbegreifliche Geheimnis, Gott genannt, vollzieht und mindestens darin die Differenz der Religionen letztlich doch überwindet.

Ich habe gewiß nicht auf alle Fragen geantwortet, die die fünfte Anfrage stellt, ja in vielen Punkten nicht einmal dazu den Versuch gemacht. Worauf es mir ankam, war nur der Hinweis darauf, daß man für das Verständnis der Heils- und Offenbarungsgeschichte letztlich (bei aller Vorsicht und Bescheidenheit) eines partikularistischen Schemas eines raumzeitlich punktförmigen Eingreifens Gottes von außen in seine Welt entraten kann, ohne „modernistisch" (wie man früher sagte) das Christentum „natürlich" verstehen zu müssen. Man tut Gott keine Ehre an, wenn man sein Wirken auf ein paar wenige Raumzeitpunkte der Welt und der Geschichte beschränkt. Daß Gottes der Orient und der Okzident ist, ist kein unchristlicher Satz Goethes. Die ungeheure Verschiedenheit in der Geschichte ist ja nicht dann geleugnet, wenn sie immer und überall Gottes Geschichte ist.

VI.
Warum gerade ER?

Jesus von Nazareth bekennt der christliche Glaube als den endgültigen Propheten, als den Vermittler und Vollender der Heilsgeschichte zwischen Gott und den Menschen, als die unwiderrufliche Selbstoffenbarung Gottes, kurz: als den Mensch gewordenen Sohn Gottes. Sicher eine unheimliche Aussage, wenn man darüber zu reflektieren beginnt. Und sicher auch ein Bekenntnis, das beim heutigen Menschen falsche Vorstellungen weckt. Sie selbst schreiben einmal, einem Menschen von heute, der nicht schon als Christ erzogen wurde, müsse wohl der christliche Glaube an die Menschwerdung Gottes so vorkommen wie uns, wenn wir hören, der Dalai Lama sei die Reinkarnation Buddhas. Das heißt: als pure Mythologie, oder, wie es der „Volksmund“ dann lieber formuliert: als „Märchen“. Damit ist die Anfrage der folgenden Überlegungen schon genannt: Wie läßt sich zeigen, daß Jesus mehr ist als andere Propheten oder Religionsstifter?

Über Jesus haben wir nur Zeugnisse und Bekenntnisse von Menschen, die bereits an ihn glaubten. Wir haben, um es bildhaft zu sagen, nicht das „Original“, und so bleibt es schwer zu ermitteln, für wen sich Jesus selber hielt. Aber wenn ich versuche, mich in die Situation eines Juden der Zeit Jesu zu versetzen, dann kann ich schon verstehen, warum er als der Messias von den meisten abgelehnt wurde. Mit dem Messias sollte das Reich Gottes kommen, irgendwie das Ende der Zeit. Der Messias sollte das Gesetz des Moses bestätigen, nicht in Frage stellen. Er sollte dem wahren Glauben Israels gegen alles heidnische Götzentum zum Durchbruch verhelfen. Ist das geschehen? Auch die ersten Christen waren ja der Überzeugung, nach dem Gekommensein des Messias müsse eigentlich die Geschichte aufhören. Die „Naherwartung“ etwa eines Paulus ist dafür deutliches Indiz. Meine Frage: Mogelt sich der christliche Glaube hier nicht gleich an zwei Problemen vorbei? Einmal an der Tatsache, daß mit Christus eben nicht das Ende der Zeit gekommen ist. Und zum anderen an der Frage nach dem Wissen Jesu, der doch eine Naherwartung verkündete, die nicht eintrat. Hat sich Jesus getäuscht, geirrt? Was wußte er eigentlich? Als Gott hätte er alles wissen müssen, und auch wenn man zugibt, daß sein Sendungsauftrag nicht darin bestand, menschliche Neugierde zu befriedigen oder profane Wissenserweiterung zu offenbaren, getäuscht hat er sich doch. Und nicht nur in puncto Naherwartung. Hat Jesus nicht auch an die Abstammung aller Menschen von Adam und Eva geglaubt? Und warum – schlimmer für mein Empfinden – hat er nicht mit aller Nachdrücklichkeit gegen das Unrecht der Sklaverei protestiert? Soll man diese Fragen einfach als unbeantwortbar stehen lassen?

Aber ich will hier einer anderen Frage etwas gründlicher nachgehen. Wenn wir den Dalai Lama nicht als die Reinkarnation Buddhas glauben können, dann doch wohl deshalb, weil an seiner Person nichts ist, was ihn über andere Menschen heraushebt und seinen Anspruch legitimiert. Wie aber legitimiert sich der Anspruch Jesu? Früher, und eigentlich bis in die jüngste Zeit, glaubte man den Anspruch Jesu dadurch als legitimiert zu erkennen, daß sich an seiner Person die Weissagungen des Alten Testaments erfüllten, daß er Wunder wirkte und Machttaten vollbrachte; und da gibt es noch das „Zeugnis der Heiligkeit" der Kirche. Letzteres will ich gar nicht erst diskutieren. Daß eine Instanz, die selbst Richter über Wahrheit oder Irrtum ist, ihre eigene Überzeugung immer als die wahre deklarieren wird, ist ja nicht verwunderlich. Wie aber steht es mit den Weissagungserfüllungen? Ich habe Verständnis dafür, daß die Urchristen jüdischer Abstammung (und als jüdische Sekte begann das Christentum ja) größtes Interesse an der Erfüllung prophetischer Weissagungen in Jesus Christus haben mußten. Aber uns Heutigen klingen diese Weissagungserfüllungen gekünstelt und gezwungen. Man wählte, was paßte, und im übrigen hieß es: Nichtzutreffendes streichen! Auch was die Wunder Jesu angeht, habe ich so meine Bedenken. Es ist dabei gar nicht die Tatsache außergewöhnlicher Ereignisse, die, als von Jesus gewirkt, meine Bedenken begründen. Es ist viel eher meine Überzeugung, daß es außergewöhnliche Ereignisse auch anderswo, andernorts, bis in die heutige Zeit hinein gibt, für die die „exakte Wissenschaft" weder eine Erklärung hat noch vermutlich eine finden wird, da es sich dabei nicht um regelmäßig wiederkehrende und kontrollierbare Vorkommnisse handelt. Und da muß eben die Wissenschaft passen. Ich sehe hier noch von der Auferstehung Jesu ab, die ja nicht ein Wunder unter anderen ist. Dies vorausgesetzt, müssen dann noch die Wunderberichte abgezogen werden, die eindeutigen Zeichencharakter haben, d.h. die gar nicht geschehen sind, sondern von der Urgemeinde zu katechetischen Zwecken erfunden und verwendet wurden. Nicht als Lüge oder Märchen natürlich, sondern um das Wirken des Herrn zur Zeit seines Lebens und in der Zeit nach seiner Auferstehung symbolhaft zum Ausdruck zu bringen.

Was bleibt dann aber von den Wundern noch? Was wurde, auch abgesehen von Jesus, nicht alles schon als Wunder betrachtet, was entweder natürlich erklärbar ist oder erst später in ein Geschehen hineininterpretiert wurde! Was also legitimiert den Anspruch Jesu, der Sohn Gottes zu sein? Mich überzeugen weder die Weissagungserfüllungen sonderlich noch die Wunder. Wie steht es dann aber mit der Lehre Jesu? Ich gebe es gerne zu: Dieser Jesus von Nazareth war in der Zeit seines kurzen Lebens sicher ein aufrechter, ehrlicher, gerader und religiöser Mensch. Einer, dem die Gesetzesfrömmigkeit der Pharisäer und Schriftgelehrten fürchterlich auf die Nerven ging. Der sich für die Armen, Entrechteten, für die „Sünder" einsetzte, ja sogar Sünden vergab. Aber hier hakt es bei mir schon wieder ein: Muß denn diese Sündenvergebung mehr gewesen sein als der Zuspruch eines Menschen, Gott werde dem, der bereut, seine Schuld verzeihen? Muß weiterhin die Bindung, die sich Jesus offensichtlich mit dem Kommen des Reiches Gottes zuschrieb, mehr sein als eine Endzeiterwartung, deren es schon mehrere gegeben hat (und die sich dennoch nicht erfüllt haben)? Gut. Ich weiß selbst, daß die Theologie solche Fragen differenzierter stellen und beantworten kann. Aber manchmal fürchte ich, daß sich die Theologen durch tiefsinnige Spekulationen – bewußt oder unbewußt – die Antwort auf die einfachen und doch schweren, die „eigentlichen" Fragen ersparen.

Aber ich bin nun, ungewollt, vom eigentlichen Thema abgekommen. Wie steht es um die Lehre und die Botschaft Jesu als

Erweis seines göttlichen Ursprungs? Jesus hat die Liebe gepredigt, auch die zu Feinden. Niemand wird bestreiten, daß diese Lehre ein Grundanliegen und ein Grundwert menschlichen Lebens und Zusammenlebens sein sollte. Würde sie nur mehr befolgt, es stünde wahrlich besser um die Welt! Und Jesus hat die Liebe zu den Menschen als Liebe zu ihm und gleichzeitig als Liebe zu Gott erklärt. Ist nun daran eigentlich soviel Besonderes? Soviel Besonderes, daß es die göttliche Herkunft Jesu beweist? Ist Liebe unter den Menschen nicht immer die Predigt religiöser Menschen? Haben andere Religionsstifter etwa den Haß gepredigt? Muß die Verkündigung der Einheit von Gottes- und Nächstenliebe schon die Göttlichkeit des Verkünders erweisen? Noch einmal: Ich bezweifle nicht die geschichtliche Einmaligkeit der Person Jesu. Ich weiß sehr gut, daß weder ich noch Millionen anderer Menschen fertig bringen, was Jesus fertig brachte. Aber meine Anfrage ist einfach die: Wie komme ich vom Menschen Jesus aus Nazareth zum Gottmenschen Jesus Christus? In der vorigen Anfrage sagte ich schon, daß der heutige Mensch bereit ist, Jesus eine Fülle echter Sympathie und Bewunderung entgegenzubringen. Gegen Jesus polemisiert man nicht – es sei denn auf einer Stufe, die jedem Anstand spottet und unterstes Niveau darstellt. Das alles, was ich bisher nannte, die Aufrichtigkeit, Ehrlichkeit, religiöse Radikalität ohne Kompromisse, die aufrüttelnde Wirkung der Botschaft Jesu für seine Zeitgenossen (die bis in die Gegenwart hinein wirkt), die Tapferkeit, für die vertretene Überzeugung in den Tod zu gehen: all das wird Jesus gerne zugebilligt. Nur eben das Entscheidende nicht: seine Gottessohnschaft. Wo sind die Grenzen für das einem Menschen Mögliche und das einem „Nur-Menschen“ nicht mehr Mögliche?

Über die Auferstehung Jesu soll in der nächsten Anfrage gesprochen werden. Ich sage dies, weil sich manches dieser Anfrage wahrscheinlich nur von daher, von der Auferstehung her, beantworten läßt. Aber der Sprung darf auch nicht zu rasch geschehen. Denn wenn sich aus dem irdischen Leben Jesu nicht bewahrheiten läßt, was nach der Schrift Jesus selbst sagte: Wer mich sieht, sieht den Vater, dann hilft auch der Glaube an die Auferstehung wenig, ja dieser wäre sogar unmöglich. Denn dann wäre der irdische Jesus nicht der Auferstandene – oder er wäre durch die Auferstehung zu etwas geworden, was er als Mensch weder war noch sein wollte.

Der Durchschnittschrist von heute wird auf die Frage, woher er denn wisse, daß Jesus von Nazareth der Sohn Gottes sei, antworten: die Wunder Jesu weisen ihn als solchen aus. Mir genügt das nicht (nicht einmal wenn man die Auferstehung als „Wunder" hinzunimmt). Dafür haben mir die Exegeten zuviel zerpflückt und die neuzeitlichen Wissenschaften zu viele Illusionen geraubt. Es wundert mich nicht, wenn aus diesem Grund die traditionellen Beweise für die Göttlichkeit Jesu in der neuesten Theologie nicht mehr als so gewichtig befunden werden. Es soll nun die Lehre Jesu selbst sein, die ihn als den Sohn Gottes bewahrheitet, oder besser: die Lehre und das Leben Jesu. Dabei geht man von der Überlegung aus, daß der Mensch gar nicht anders kann, als bestimmte „Dinge" zu wollen, und Jesus ist es, der das – mehr oder weniger ausdrücklich – von uns Menschen Gewollte brachte. Der Mensch sei der, der schon immer den Christus sucht, ihn in der Geschichte erwartet, sei es als die noch ausstehende, sei es als die bereits gegebene Antwort Gottes auf die Frage, die sich der Mensch notwendig ist. Dazu wiederum drängen sich mir zwei Fragen auf. Erstens: Was will der Mensch denn eigentlich? (Ich hatte dieses Problem in der ersten Anfrage schon angedeutet.) Will er wirklich ein Weiterleben nach dem Tod? Braucht er mehr als den von einer verantworteten Hoffnung getragenen Einsatz für eine bessere (nicht die beste!) Welt? Braucht er mehr als die Einsicht der Vernunft, daß es sich mit gegenseitiger Liebe und Rücksichtnahme besser zusammenleben läßt als mit Haß, Krieg und Niederträchtigkeit? Und vor allem: Ist die Erfahrung einer inneren Entsprechung zwischen dem, was der Mensch notwendig will, und der Lehre Jesu ein Beweis der Göttlichkeit Jesu? Mehr also als die Einsicht, daß Jesus etwas „Vernünftiges" lehrte, ihn aber noch lange nicht als den menschgewordenen Gott ausweist? Und das zweite: Es muß doch auffallen, wie in dieser Sichtweise das unterschlagen wird, was wir Christen das Kreuz nennen. Soll ich sagen, daß ich auch das schon immer und notwendig suche und will? Man sagt so leicht, Kreuz und Leid müßten sein, seien Durchgangsstationen zur ewigen Seligkeit, seien in ihrer Sinnlosigkeit nicht begreifbar. Ist dem aber so? Ist es, in aller Schärfe formuliert, nicht eine Ausrede, die auch das Unverständliche noch verstehbar machen will, ohne sich dem nächstliegenden Einwand zu stellen (der vielen Juden der Zeit Jesu einleuchtete), daß nämlich ein gekreuzigter Messias eben keiner ist und in ihm nicht gefunden ist, was der Mensch schon immer sucht?

Und so frage ich noch einmal: Wo hört das Menschliche auf, wenn der Mensch auf die Unendlichkeit Gottes ausgerichtet ist? Was erweist, daß ein Mensch nicht nur diese Ausrichtung ernster und treuer lebt als Millionen andere, sondern die Selbstoffenbarung Gottes ist, und das heißt: Gott selbst in seinem eigensten Wesen?

Ihre sechste Anfrage bezieht sich, wie zu erwarten war, auf Jesus Christus. Damit ist nun ein Thema, das von einer solchen Weite und Differenzierung ist, aufgerufen, daß schlechterdings nicht zu erwarten ist, ich könnte dieses Thema auf einem Dutzend Seiten auch nur einigermaßen sachgerecht behandeln, selbst wenn wir, wie Sie selbst vorschlagen, Jesu Auferstehung noch außer Betracht lassen. Was ich also zu diesem Thema schreibe, kann nicht mehr sein, als ein paar relativ willkürlich ausgewählte Bemerkungen mit der Gefahr, daß das ausgelassen wird, was ein Leser für viel entscheidender betrachtet.

Ich meine zunächst, wir Christen sollten uns viel mehr dessen bewußt sein, welchen ungeheuren Anspruch an Glaubensmut und Glaubenskraft die kirchliche Lehre von Jesus Christus an uns stellt. Mir will scheinen, als ob die durchschnittliche kirchliche Verkündigung dieses Glaubens sehr oft weder quantitativ noch qualitativ der Schwere dieser Aufgabe gerecht wird: Sie setzt meist einfach die fundamentalen Aussagen der kirchlichen Christologie voraus, anstatt sie glaubwürdig zu machen in immer neuem Bemühen; auch in der Kirche ist ein moderner Jesuanismus in der Versuchung, sich um diese fundamentalen Aussagen einer dogmatischen Christologie herumzumogeln, indem er schwärmerisch sich mit den humanen Forderungen Jesu identifiziert und dabei auch noch einmal aus Jesu Botschaft nur das heraushört, was seinem eigenen Empfinden von vornherein konform ist. Auf der anderen Seite habe ich doch auch den Eindruck, daß die landläufige Christologie, einfach weil sie sich in orthodoxen Bahnen weiß, die Aussageweisen der Tradition zu harmlos und naiv beibehält; mir will scheinen, daß die orthodoxe Christologie die traditionellen christologischen Formulierungen einfach mit dem Gefühl weitertradiert, in der orthodoxen Lehre könne es gar nicht zu unbegreiflich vorgehen. Ich meine aber, auch eine echt orthodoxe Christologie habe die Pflicht, sorgfältig darauf zu achten, daß zur guten Last des seligmachenden Glaubens nicht insgeheim Lasten hinzugefügt werden, die der Gedankenlosigkeit und Trägheit einer Pseudoorthodoxie entstammen. Auch in der Christologie sind Geheimnis und Absurdheit nicht identisch, sondern deutlich zu unterscheiden. Eine heutige „Deszendenz-Christologie" (so wahr sie bleibt) darf auch nicht insgeheim von einem mythologischen und vergangenen Weltbild leben, in dem es nicht sonderlich verwunderlich war, daß Gott vom Himmel in seine Welt herabstieg. Aber all das eben Gesagte sei nur als kleine Einleitung gelesen.

Was das Thema der Wunder Jesu angeht als Argumente für den Anspruch seiner Botschaft und seines Selbstverständnisses, so schlage ich vor, uns auf das „Wunder" seiner Auferstehung zu beschränken und darum dieses Thema auf die nächste Anfrage zu verschieben. Die „Wunder", die Jesus in seinem irdischen Leben gewirkt hat und die gewiß nicht mit einem zu billigen historischen Rationalismus aus der Welt geschafft werden können, bieten einfach historisch und sachlich für uns hier und heute zu viele Probleme, als daß wir in einem apologetischen Schnellverfahren mit ihnen fertig werden und sie als apologetische Argumente benützen könnten. Es ist ja nicht von vornherein selbstverständlich, daß jedwedes Wunder, wo es nur „an sich" ein solches war, an *jedem* Ort und an jedem Zeitpunkt dasselbe apologetische Gewicht haben und behalten müsse.

Um noch einen Streitpunkt von vornherein zu beseitigen: Ich gebe zu, daß Jesus in seinem menschlichen Bewußtsein nicht alles gewußt hat und sich von dem Ende der Welt eine Vorstellung gemacht hat, die, wenn wir sie unmittelbar für uns und in unserem heutigen Kontext lesen würden, von uns berechtigterweise als irrig bezeichnet werden würde. Ich weiß, daß ich mich so etwas kompliziert ausdrücke. Wenn jemand will, mag er meinetwegen ruhig sagen, Jesu habe sich mit seiner Naherwartung des Weltendes (oder mit der Herkunft aller Menschen von einem einzelnen Adam) „geirrt". Ich werde einen solchen nicht der Häresie bezichtigen, allerdings auch für mich eine solche Terminologie nicht verwenden, weil sie einen existentiell fundamentalen Unterschied verschleiert zwischen einerseits einer Meinung, ohne die in einem bestimmten geschichtlichen Augenblick eine fundamentale und immer richtigbleibende Wahrheit von einem bestimmten Menschen faktisch gar nicht hätte ergriffen werden können, und andererseits einer Meinung, die, weil existentiell uninteressant, einfach falsch ist oder als falsch auch innerhalb einer solchen existentiell bedeutsamen Situation als irrig erkennbar war. Ich sage: Im ersten Fall ist es besser zu „irren" und man sollte diesen „Irrtum" gar nicht so nennen, weil man in der angezielten Situation mit diesem „Irrtum" der eigentlichen Wahrheit näher ist als ohne ihn.

Ich möchte fragen, ob denn wir mit dem Vorstellungsschema eines endlosen Weitergehens unserer Geschichte (die dann keine mehr ist) der wirklichen Wahrheit unserer Existenz näher sind als mit einem „apokalyptischen" Verstehenshorizont, unter dem Jesus seine Naherwartung formulierte. Kurz und gut: Jesus hat eine Naherwartung formuliert, die wir, ob man sie irrig nennen will oder nicht, „so", wie sie für uns lautet, als nicht eingetroffen feststellen. Solcher „Irrtum" gehört aber zur Geschichtlichkeit der menschlichen Existenz, die wir doch Jesus wahrhaftig nicht absprechen wollen. Daß er Gott „ist" und insofern allwissend, hat mit der Frage seines menschlichen Bewußtseins von vornherein so wenig zu tun, wie wenn jemand behaupten würde, er trage die Welt auf seiner menschlichen Hand, weil er allmächtig sei. Daß Jesus nicht für die Sklavenbefreiung eingetreten ist, schockiert mich wirklich nicht, selbst wenn man annimmt, dieses Problem habe ihn auch in seinem inneren Bewußtsein nicht ausdrücklich berührt. Das Bewußtsein eines einzelnen Menschen ist nun einmal geschichtlich bedingt und begrenzt. Keines einzelnen Menschen Bewußtsein hat den Umfang und die Aufgabe, die dem Gesamtbewußtsein der Menschheit in deren ganzer Geschichte eigen sind. Die Vorstellung, Jesu Bewußtsein sei so etwas wie eine Universalenzyklopädie von unzähligen Bänden gewesen, mag in der mittelalterlichen Theologie verbreitet gewesen sein, sie ist aber der Glaubensüberzeugung von der wahren Menschheit Jesu nicht konform.

Wir müssen nun aber näher zur Sache der Christologie kommen. Zunächst: Ostern gehört zwar zur Sache Jesu selbst, seine Auferstehung ist also nicht nur eine äußerlich bleibende Legitimation der Botschaft Jesu und seines Selbstverständnisses; aber die ganze Heilsbedeutung Jesu für uns kann nicht einfach und allein in seine Auferstehung verlegt werden, so daß es gleichgültig wäre, was Jesus in seinem irdischen Leben als seine Botschaft verkündigt und wie er sich selbst verstanden hätte.

Sie fragen in dieser sechsten Anfrage, ob denn die Lehre und das Beispiel des irdischen Jesus von einer solchen Einmaligkeit und Unableitbarkeit und Unvergleichlichkeit seien, daß dadurch schon Jesu Selbstverständnis oder die theologische Interpretation seiner Person als des eingeborenen Sohnes Gottes legitimiert sei. Die Antwort auf diese Frage ist schwierig, weil, wenn man das Gewicht einseitig auf die eine oder andere (Leben – Auferstehung) Seite verlegt, das Problem unlösbar wird: Die Lehre und das Selbstbewußtsein Jesu könnten letztlich eben doch ihren Anspruch nicht aufweisen, und umgekehrt wüßte man gar nicht, wer denn eigentlich auferstanden sei; es wäre entweder ein Brief ohne Siegel gegeben oder ein Siegel ohne Brief. Dabei muß ja auch genauer bedacht werden, welches der eigentliche Inhalt und Kern der Verkündigung Jesu und seines Selbstverständnisses ist und wie der Inhalt seiner Botschaft und sein eigenes Selbstverständnis untereinander zusammenhängen. Eine weitere (oder vorgängige) Frage ist es natürlich, ob, wie und in welchem Umfang es uns mit den Mitteln heutiger Geschichtsforschung noch möglich ist, diese Frage zu beantworten, d. h. zu wissen, was eigentlich der historische Jesus gepredigt und von sich gedacht hat. Bezüglich all dieser Fragen sei zunächst einmal gesagt: Wenn Jesus bloß einen in sich selbstverständlichen Humanismus gepredigt und gelebt hätte, wenn vielleicht auch in einer sonst so nicht auffindbaren Reinheit und Eindrücklichkeit; wenn er dies zusätzlich auch noch bekräftigt hätte mit dem Hinweis auf einen liebenden Vater im Himmel, der Gerechten und Sündern mit gleichem Wohlwollen Sonne und Regen spendet: dann wäre dies wohl weder eine Verkündigung, die ihn über das Niveau eines religiösen Erweckers oder eines Propheten in einer immer unabgeschlossenen Reihe von solchen erheben würde, noch könnte sie verständlich machen, daß seine Botschaft von seiner Person unablösbar ist und Rückschlüsse auf diese seine Person selbst erlaubt. Wir orthodoxe Christen sollen zwar einen solchen Jesuanismus in seinen verschiedensten Spielarten nicht zu schnell abtun. Man könnte durchaus ernsthaft fragen, ob ein Mensch von absoluter und reiner Liebe ohne jeden Egoismus nicht mehr als ein Mensch sein müsse. Wenn die sittliche Persönlichkeit Jesu in Wort und Leben faktisch auf einen Menschen einen solchen bezwingenden Eindruck macht, daß er den Mut findet, diesem Jesus im Leben und Sterben bedingungslos sich anzuvertrauen und darum an den Gott Jesu zu glauben, der hat einen bloß horizontal humanistischen Jesuanismus schon längst überschritten und lebt (vielleicht nicht ganz reflex, aber wirklich) eine orthodoxe Christologie. Aber diese muß grundsätzlich ihre eigenen Implikationen durchreflektieren. Und darum ist eben doch zu fragen: Gibt es ein historisch genügend abgesichertes Wissen vom Inhalt der Predigt Jesu und von seinem eigenen Selbstverständnis, ein Wissen, das uns erlaubt, den Inhalt der Verkündigung Jesu und seines Selbstverständnisses in die klassische Christologie des Neuen Testamentes zu übersetzen? Wir setzen natürlich bei dieser Frage voraus, daß der explizite Inhalt dieser Predigt und des Selbstverständnisses Jesu nicht einfach schon in den Begriffen und Vorstellungshorizonten der klassischen (auch schon neutestamentlichen) Christologie ausgesagt wird, sondern einer Übersetzung bedarf. Wir dürfen natürlich dabei auch durchaus erwarten, daß eine solche Übersetzung nicht nur die klassische Christologie des NT und der Kirche legitimiert, sondern auch geeignet ist, falsche, übertriebene, mythologisierende Vorstellungen abzuwehren, die sich in der landläufigen Christologie nicht gerade selten mit dem christlichen Dogma amalgamieren.

Was ist nun aber der Inhalt der Predigt Jesu und seines eigenen Selbstverständnisses, wobei beide unlöslich zusammengehören? Wir können natürlich hier in ein paar Zeilen diese Frage nur in einer Art Behauptung beantworten, ohne die dazu eigentlich notwendigen exegetischen Einzeluntersuchungen und Beweise mitzuliefern.

Jesus verkündet das siegreiche Sichdurchsetzen des Reiches Gottes, das sich an „Gerechte" und Sünder wendet. Dieses siegreiche Kommen des Reiches Gottes ist *letzlich* nicht dadurch charakterisiert, daß es in einem uhrzeitlichen Sinn sehr schnell kommt (obwohl Jesus die unbedingte Sieghaftigkeit dieses Kommens gerade sich als rasch erfolgenden Eintritt vorstellt; warum auch nicht? Wer es nicht tut, kann immer gefragt werden, ob er mit diesem unerbittlichen Kommen wirklich ernsthaft rechnet), sondern dadurch, daß es von Gott her kommt, daß es unerbittlich siegreich kommt und die Freiheit der Menschen (ohne sie aufzuheben) übergreift in der Macht des göttlichen Erbarmens, mit dem Gott sich der sündigen Welt vergebend zuwendet. Die Eigenart der Predigt Jesu vom kommenden Reich liegt darin, daß Jesus den Mut hat zu wissen, wie das ungeheuerliche Drama der Weltgeschichte, das aus den Abgründen der Freiheit Gottes und der Menschheit aufsteigt, endgültig ausgeht. Gott, dem es nichts ausmachen müßte, sich in der Geschichte der Welt durch die Bosheit kreatürlicher Freiheit besiegen zu lassen, weil er auch noch einmal der Herr und Garant dieser höllischen Verlorenheit wäre, in der sich die Menschheit einsperren will, ist tatsächlich in seinem Erbarmen, in seiner Liebe siegreich. Mag auch der einzelne in seiner noch laufenden Freiheitsgeschichte nie jetzt schon das letzte Urteil des Lebens und der Begnadigung über diese seine eigene Geschichte sprechen dürfen, sondern seine eigene Freiheit als offene und bedrohte annehmen müssen – die Geschichte dieser Welt der Menschen als ganze endet bei Gott und nicht in der Verlorenheit, in der Endlichkeit und Schuld nur noch zu sich selber und nicht zu Gott kommen. Diese Botschaft Jesu von dem durch Gott selbst und von ihm selbst her gewirkten Sieg der Liebe Gottes, in der er sich selber der Welt schenkt, mag dem von sich selbst überzeugten Menschen von heute als selbstverständlich vorkommen; er mag meinen, es könne, so es einen Gott gibt, gar nicht anders ausgehen, als mit einem Sieg des Lichtes und der Liebe. Aber bei einem solchen Optimismus vom Menschen und nicht von Gott her, vergißt dieser Mensch die grauenvollen Abgründe der Menschheitsgeschichte, die Abgründe seiner eigenen Schuld und Schuldmöglichkeiten. Wenn dieser sein Optimismus Grund und Recht hat, ist seine Legitimation nicht Wesenseigentümlichkeit der menschlichen Wirklichkeit, sondern entspringt der göttlichen Gnade im Menschen, die solche feste Hoffnung gibt, auch wenn diese Gnade als menschliche Selbstverständlichkeit und autonomer Anspruch mißverstanden wird. Daß die Geschichte als ganze einen siegreichen seligen Ausgang haben wird, daß das Reich Gottes von Gott her unwiderruflich und unerbittlich kommen wird, das ist eine Botschaft, die von uns her gar nicht errechnet werden kann, von der es schier unbegreiflich ist, daß sie in der noch laufenden Geschichte überhaupt verkündet werden kann, die die Freiheitssituation des Menschen, ohne sie mit ihrer Verantwortung und Gefährdetheit einfach aufzuheben, wesentlich verändert (ohne daß darauf hier noch weiter reflektiert werden kann).

Diese Botschaft hat Jesus verkündigt. Bevor wir fragen, was diese Botschaft über ihren Träger genauer impliziert, ist die bisherige Feststellung noch etwas zu präzisieren und auszufüllen. Der geschichtliche Jesus verkündigt zwar diese Botschaft von Anfang seines öffentlichen Wirkens an, also auch schon zu einem Zeitpunkt, an dem er mit dem Scheitern seiner Sendung an Israel in seinem Tod noch nicht rechnete. Aber (um von komplizierteren Überlegungen abzusehen) seine Botschaft erreicht uns mit ihrem Glaubensanspruch doch nur durch seinen Tod und seine Auferstehung hindurch, und wir dürfen dieses sein Schicksal ruhig zu dem Inhalt seiner Botschaft für uns rechnen. Denn hätte er seine Überzeugung vom Sieg des Reiches Gottes nicht durch seinen Tod hindurchgetragen, wäre sein Glaube nicht als Annahme dieses kommenden Gottes siegreich geblieben, wo im Tod alles untergeht, wäre er im Tode geblieben und nicht „auferstanden", dann wäre seine Botschaft für uns ohne Anspruch und nicht existent. Sein in seinem siegreichen Tod sich vollendendes Lebensschicksal gehört selbst zu seiner Botschaft vom Sieg des Reiches Gottes. (An sich müßte dies noch deutlicher dargelegt werden, was hier nicht mehr möglich ist; es müßte vor allem gezeigt werden, daß in der sündig bleibenden Welt ein letzter, absolut radikaler Glaube als Annahme des Reiches Gottes und seiner Botschaft nur durch den Tod hindurch möglich ist, in dem alles untergeht, was nicht Gott ist.)

In unserer Situation muß die Geschichte Jesu in Tod und Auferstehung zum Inhalt seiner Botschaft gerechnet werden. Wir können letztlich und notwendig Jesus und Botschaft Jesu identisch setzen. Seine Botschaft enthält, gerade weil sie scheinbar nur vom Kommen des Reiches Gottes redete, schon eine Christologie. Was diese enthält (inhaltlich und als kritische Norm der landläufigen Christologie), muß nun noch etwas weiter bedacht werden.

In Jesus hat Gott der Welt sich definitiv siegreich zugesagt. Gott gründet nicht nur eine menschliche Freiheitsgeschichte und hält sie nicht nur aufrecht in ihrer Selbstmacht; er bietet sich nicht nur dieser Freiheitsgeschichte als ihre ewige Vollendung an; er hat nicht nur (wie wir von Jesus her wissen) den geheimen Willen von Ewigkeit her, sich in dieser Freiheitsgeschichte, ohne sie aufzuheben, von sich aus durch die Urmacht seiner Liebe tatsächlich durchzusetzen. Er bewirkt vielmehr (von der innersten Mitte dieser Welt und der Geschichte, die er selbst ist) in dieser Geschichte ein Ereignis, das sowohl diesen göttlichen Willen in der Geschichte selbst objektiviert und irreversibel macht, als auch ihn dadurch offenbart. Dieses den definitiven Heilswillen Gottes in der Welt siegreich anwesend machende und offenbarende Heilsereignis, in dem Gott sich selber „festlegt," kann nicht einfach eine von Gott verschiedene, kreatürliche Wirklichkeit sein, die in unendlichem Abstand von Gott west. Als eine solche allein wäre sie immer ambivalent, vieldeutig, könnte sie die unendliche Freiheit Gottes nicht in einer bestimmten Weise festlegen, bliebe sie (auch wenn sie als „Äußerung" Gottes verstanden wird) immer unter einem letzten Vorbehalt. Soll eine endliche, kreatürliche Wirklichkeit doch wirklich die irreversible Selbstäußerung Gottes sein, die Gott selbst festlegt, dann muß sie ein anderes Verhältnis zu Gott haben als bloß das ihrer Geschaffenheit. Die Verbindung zwischen dieser Gott selbst aussagenden und in der Welt festlegenden Äußerung und Gott selbst mag sehr schwer auch nur einigermaßen auf einen Begriff gebracht werden können; der Mensch, der das Wunder dieser göttlichen Selbstzusage in siegreicher Endgültigkeit ergreifen will, kann auf diese Anstrengung des Begriffs nicht verzichten. Er darf einerseits dabei die bleibende Verschiedenheit zwischen „Gott an sich" und der Äußerung, durch die er sich endgültig der Welt zusagt, nicht aufheben; er darf andererseits den Unterschied nicht so denken wie er sonst zwischen Gott und der Kreatur gegeben ist, weil die „Äußerung", als bloß endliches Geschöpf gedacht, in solchem Abstand allein nie *Selbst*äußerung in Irreversibilität sein könnte. Wie man nun diese gesuchte Begrifflichkeit näherhin aussagen könne, darüber denkt die Christenheit schon fast 2000 Jahre in immer neuem Bemühen nach, und trotz der erzielten, sehr guten Bemühungen von kirchenlehramtlicher Gültigkeit sollte man nicht sagen, daß diese Bemühungen ein solches Resultat erzeugt haben und erzeugen könnten, daß es von nun an nur noch in einer endgültigen fixierten Formulierung weitergegeben werden könnte und müßte. (Nebenbei sei, ohne diese Einsicht hier weiterverfolgen zu können, bemerkt, daß das begriffliche Problem der Christologie bezüglich der Verbindung von Gott und Mensch in eine Einheit, die die Verschiedenheit bestehen läßt und doch eine Einheit denkt, die die Differenz zwischen Gott und Kreatur überbietet, an sich auch, wenn auch abgewandelt, besteht bezüglich der Verbindung Gottes mit seiner Kreatur durch die Mitteilung seines eigenen Geistes und bezüglich der unmittelbaren Anschauung Gottes.) In dieser traditionellen Bemühung wird die Einheit Jesu mit Gott, durch die er wirklich das irreversible und geschichtlich greifbare Wort der Selbstzusage Gottes an die Welt ist, gewöhnlich als „Menschwerdung" Gottes (des göttlichen Logos) in einer hypostatischen Union vorgestellt. Da diese Menschwerdung Gottes nicht als eine Verwandlung Gottes in einen Menschen gedacht werden kann, was ja schlechthin Unsinn wäre, darf diese Menschwerdung Gottes nur verstanden werden als eine einende Annahme der menschlichen Wirklichkeit zu Gottes eigener Wirklichkeit hinzu. Wenn dann gefragt wird, wie diese so bewirkte Einheit zwischen der göttlichen und der menschlichen Wirklichkeit gedacht werden soll, da sie ja den Unterschied zwischen beiden nicht aufheben darf, wird geantwortet, daß diese Einheit so sei, daß von dem göttlichen Logos, der sich diese menschliche Wirklichkeit eint, in Wahrheit menschliche Wirklichkeiten ausgesagt werden können: Gott ist Mensch, ist geboren, ist gestorben usw. Ohne dadurch die Richtigkeit und auch religiöse Bedeutsamkeit dieser traditionellen Antworten über die „hypostatische Union" zu bezweifeln, kann aber doch noch einmal weiter gefragt werden, wie denn diese Aussagen („Ist-Aussagen") genauer zu verstehen seien. Denn offenbar darf dieses „Ist" die im Subjekt des Satzes ausgesagte Wirklichkeit (Gott) doch nicht mit der im Prädikat genannten Wirklichkeit (Mensch, Geborensein usw.) so identifizieren, wie es bei den sonst uns geläufigen Ist-Aussagen der Fall ist. Daraus darf man wohl den Schluß ziehen: Die Aussagen von der Menschwerdung Gottes durch die hypostatische Union sind richtig und legitim, weil und insofern sie ein eigentümliches und einmaliges Verhältnis Jesu zu Gott aussagen, das nicht unter, sondern über der Differenz zwischen Gott und Kreatur steht, wenn auch diese selbstverständlich dadurch selber nicht aufgehoben wird. Die Aussage von der Menschwerdung Gottes in der hypostatischen Union wirft aber selber noch einmal eine Verständnisfrage auf, die nicht einfach zu schnell mit der Berufung auf ein Glaubensmysterium verdrängt werden darf. Diese Verständnisfrage wird ja nicht durch eine kritische Vernunft von außen her, sondern durch das Dogma der bleibenden Verschiedenheit von Gottheit und Menschheit in und trotz der hypostatischen Union aufgeworfen, das Dogma, das selber fragt, wie diese Einheit zu verstehen sei, wenn das diese Einheit aussagende „Ist" nicht mit dem üblichen Ist einer Identifizierungsaussage verwechselt werden soll, und wenn die Gefahr einer Identifizierung nicht nur gedanklich, sondern auch religiös gegeben ist.

Diese Verständnisfrage kann nun offenbar nicht mehr durch eine weitere spekulative Erklärung beantwortet werden, sondern nur mit dem nochmaligen Rückgriff auf das Verständnis der Wirklichkeit und des Auftrags Jesu: Die Menschwerdung und die hypostatische Union müssen so verstanden werden, daß die ursprünglichere Aussage, Jesus ist durch seine Wirklichkeit, sein Leben, seinen Tod und seine Auferstehung und seine Botschaft (alles in einem) die irreversibel siegreiche Selbstzusage Gottes an die Welt und als solche geschichtlich greifbar gegeben, deutlich wird. Damit soll gesagt sein, daß einerseits die Aussage von der Menschwerdung des Logos und von der hypostatischen Union durchaus eine legitime, verständliche und auf die Dauer unvermeidliche (in etwa in einen metaphysischen Verstehenshorizont transponierende) Aussage von kirchenlehramtlicher Verpflichtung über die ursprünglichere Glaubensaussage vom irreversiblen Angekommensein Gottes selbst bei uns in Jesus ist; andererseits ist aber durch die Möglichkeit einer dieser „metaphysischen" Christologie in etwa vorgängigen Glaubenserfahrung mit Jesus, eine angebbare Glaubenserkenntnisquelle und ein kritisches Kriterium für eine „metaphysische" Christologie aufweisbar. Nur nebenbei sei bemerkt, daß eine solche These auch eine Bedeutung für die Verkündigung hat: Der Verkündiger darf nicht meinen, mit seiner christologischen Verkündigung dann – beruhigt – scheitern zu müssen und zu dürfen, wenn er mit der Formel: „Gott ist Mensch" (geworden) bei einem Menschen von heute nicht „ankommt"; er hat durchaus die Möglichkeit und die Pflicht, eben dies

„anders" zu sagen, auch wenn er bei seinem Hörer um Verständnis darum werben muß, daß die Wahrheit von Jesus nun einmal kirchenamtlich legitim gerade „so" ausgesagt wird, wenn er sich selber diese Wahrheit auch anders verständlich machen muß und darf. Wenn jemand bei dem Satz „Gott ist Mensch" ein metaphysisches Schwindelgefühl empfindet, der seinen Glaubensmut lähmt, dann soll er schlicht und mutig sagen: Gott hat mir in Jesus sich selber ganz und unwiderruflich zugesagt; dieses Wort kann nicht mehr überholt und rückgängig gemacht werden trotz der unendlichen Möglichkeiten, die an sich Gott zu Gebote stehen; er hat der Welt und ihrer Geschichte ein Ende gesetzt, das er selber ist, und diese Setzung ist nicht nur in den ewigen Gedanken Gottes gegeben; es ist schon in Welt und Geschichte hinein von Gott selbst eingestiftet, eben in Jesus, dem Gekreuzigten und Auferstandenen. Wer dies sagt, der glaubt genau das, was ihn die metaphysische Christologie der Kirche mit der Ontologie und Logik der hypostatischen Union und der Idiomenkommunikation sagen und vor falschen Verdünnungen und Umdeutungen schützen will. Das, aber auch nicht „mehr", weil dieses Mehr eine Verirrung in Mythologie wäre.

Es sei mir noch so etwas wie eine Nachlese zur sechsten Anfrage in kleinen Zusätzen zu schreiben erlaubt. Ich weiß nicht genau, was man unter der Reinkarnation Buddhas im Dalai Lama genauer zu denken hat. Aber Jesus ist doch gewiß nicht die Reinkarnation eines anderen Menschen, und so entfällt von vornherein der Vergleich zwischen ihm und dem Dalai Lama. Wenn und insofern es dem historischen Buddha gelungen wäre, im Abtun alles Selbstischen die unendliche, weiselose Fülle der Gottheit, des „Nichts" des Endlichen zu erfahren, wie immer er auch diese Erfahrung reflex ausgelegt und verbalisiert hätte, dann wäre er eben anonym ein christlicher Heiliger. Aber ich würde eben nicht wissen, ob dies sich so bei ihm wirklich und durch den Tod hindurch bis in die Endgültigkeit seiner freien Existenz hinein zugetragen hat; ich wüßte nicht, weil er sich ja nicht mit mir und allen anderen Sündern identifiziert hat, ob sein nur vermutbares Endschicksal für mich selber eine Heilszusage bedeutet; ich wüßte nicht, ob Gottes Tat, auf die schließlich doch allein Verlaß ist, über alle Versenkungstechnik hinaus die Ankunft Gottes bei mir garantiert; kurz, für mich könnte Buddha ein Heiliger, vielleicht ein Prophet, aber nicht das irreversible Zusagewort Gottes selbst an mich sein. Daß ein solches Zusagewort das absolute Mysterium dessen ist, daß Gott selbst bei mir ankommen kann, daß diese Möglichkeit als sich durchsetzende Wirklichkeit bei uns in menschlicher Geschichte angesagt werden kann, daß sie in Jesus für uns definitiv angesagt ist, das alles ist gewiß das undurchschaubare Geheimnis des unbegreiflichen Gottes, ist aber glaubwürdig, weil gehofft, und hat mit Mythologie gar nichts zu tun, vorausgesetzt nur, daß man nicht von vornherein billig alles, was über die banale Alltagsempirie hinausgeht, für Mythologie erklärt. Oben konzentrierte sich die Aussage über die Lehre und Botschaft Jesu, um sie für das Glaubensverständnis der Person Jesu relevant zu machen, auf seine Ankündigung der unaufhaltsamen Ankunft des Reiches Gottes, weil mindestens da ein Charakteristikum seiner Lehre gegeben ist. Das wird ihm zwar sogar als Irrtum seiner Naherwartung vorgehalten, kann aber leichter in seiner christologischen Relevanz verstanden werden als sein Humanismus der Selbstlosigkeit und der Liebe. Damit soll nun aber nicht positiv behauptet werden, alle anderen Inhalte seiner Predigt (die ja untereinander aufs engste zusammenhängen und sich gegenseitig spezifizieren) hätten keine solche Bedeutung für die Christologie. Aber auf solche anderen Momente (etwa die doch in seiner Umwelt einzigartig beanspruchte Macht der Sündenvergebung) konnte hier der Kürze wegen nicht eingegangen werden.

Die bisherigen Ausführungen haben es vermieden, das Problem der sechsten Anfrage unter dem Stichwort der „Gottessohnschaft" Jesu zu verhandeln. Der Grund dafür liegt darin, daß dieser Begriff sachlich und geschichtlich sehr viele Schwierigkeiten in sich birgt, die in der hier erzwungenen Kürze nicht aufgearbeitet werden können. Daß Jesus ein einzigartiges, einmaliges Verhältnis zu Gott hatte, den er seinen Vater nannte, und daß er dieses einmalige Verhältnis nicht ohne weiteres jedem anderen Menschen zubilligte, kann nicht bestritten werden. Und ebenso nicht, daß man dieses einmalige Verhältnis Jesu zu Gott „Sohnschaft" nennen kann, die uns, die „Knechte", von ihm unterscheidet. Aber daß dieses Verhältnis selber noch einmal auf einer innergöttlichen Sohnschaft aufgrund einer innergöttlichen Zeugung dieses Sohnes durch den Vater beruht, das sind weitere trinitätstheologische Aussagen, die, richtig verstanden, zum unaufgebbaren Bestand des christlichen Glaubens gehören, die aber doch nicht entfaltet werden müssen, wenn es sich um so fundamentale Glaubensprobleme handelt, wie sie uns hier aufgegeben sind. – Die sechste Anfrage spielt gegen Schluß auf das an, was man im theologischen Gelehrtenjargon als transzendentale Christologie, als suchende Christologie bezeichnen könnte. Es kann hier natürlich nun nicht eine Anthropologie (philosophisch und mit den geheimen Implikationen theologischer Art, die mit der unausweichlichen Begnadetheit des Menschen gegeben sind) entworfen werden, die zeigt, daß der Mensch nicht nur ein „Hörer des Wortes" ist, der nach einem solchen Wort Gottes in seiner Geschichte aushorchen muß, sondern ein solcher, der nach einem alles umfassenden Zusagewort Gottes in der Geschichte horchend *suchen* muß. Ist eine solche Anthropologie von vornherein widersinnig, kann der Mensch sie in einem billigen Skeptizismus müde und gelangweilt von vornherein abtun? Ist *der* Mensch, auf den Sie uns Menschen bescheiden reduzieren wollen, wirklich der Mensch, den man aushalten kann, auch wenn diese Begrenzung wirklich einmal mit radikaler Gewalt deutlich und endgültig geworden wäre? Nein, der Mensch sucht sich mit einem unendlichen Anspruch, und er ergreift in Jesus, dem Gekreuzigten und Auferstandenen, die siegreich sich durchsetzende Berechtigung dieses Anspruches, ohne den er ersticken würde. Wenn gesagt wird, die Tatsachen bewiesen, daß der Mensch es durchaus auch ohne diesen Anspruch ganz gut aushalte, sofern ihm nur ein bißchen Glück beschieden werde, dann wird auf Menschen Berufung eingelegt, die den Kerker ihrer Endlichkeit noch gar nicht ausgemessen haben oder auf Menschen, in denen hinter ihrer skeptischen Bescheidenheit eben doch noch eine unendliche Hoffnung lebt, ohne daß sie sich dies einzugestehen wagen. Sie bemerken in Ihrer Anfrage skeptisch, ob denn eine solche von uns her suchende Christologie auch das Kreuz suche? Eine schwierige Frage. Selbstverständlich kann eine solche suchende Christologie, in der der Mensch als Frage den Gottmenschen als Antwort erst noch sucht, nicht das konkrete Leben Jesu apriori deduzieren wollen. Aber wenn wir die faktischen Bedingungen unserer Existenz einmal voraussetzen, wie sie sind, kann eine solche suchende Christologie, so meine ich, durchaus in der gesuchten Antwort den Tod als ein notwendiges Element in dieser Antwort entdecken. Die siegreiche Selbstzusage Gottes an die Menschheit kann doch eine solche siegreiche nur sein, wenn sie als endgültig angenommene in einem Menschen erscheint und greifbar wird. Ich wage nicht zu sagen, daß ein vor seinem Tod siegreicher Messias von vornherein keiner sein könne. Aber darf ich nicht sagen: Der Messias, die unwiderrufliche Selbstzusage Gottes an die Welt, die eine solche nur als definitiv vom Menschen angenommene ist, kann nur durch den Tod hindurch so sein? Denn alles, was vor dem Tode liegt, ist vorläufig, revidierbar, Phase, nach der ins Unbestimmte hinein noch andere erwartet werden können. Der Skandal des Kreuzes, Tod als Durchbruch in die Endgültigkeit in der Gestalt eines unbegreiflichen und totalen Scheiterns, soll nicht wegerklärt werden. Aber wenn man dies auch nicht darf, so ist einem noch längst nicht verboten zu denken, daß in der konkreten Situation unserer Existenz die Annahme der Selbstzusage Gottes, durch welche Annahme diese erst siegreich wird und nicht in bloßer Verbalität besteht, nur durch den Tod hindurch frei und endgültig zugleich geschehen kann.

Wenn wir Jesus in der Einheit seiner Lehre, seines Lebens, seines Todes und seiner Auferstehung verstehen als die in der Geschichte greifbare, irreversible Selbstzusage Gottes an die Menschheit und wenn wir verstehen, daß Jesus sich selber in seiner Verkündigung vom nicht mehr aufhaltbaren Kommen des Reiches so verstanden hat, dann ist Jesus eben nicht bloß ein religiöser Erwecker, ein Prophet in einer offenen Reihe von solchen, die sich ablösen und dabei vielleicht auch immer wieder ein kleines Stück überbieten, sondern ein absolut unüberbietbares, einmaliges Ereignis der Heils- und Offenbarungsgeschichte. Dann ist er der, den der christliche Glaube in der Lehre von der Menschwerdung und der hypostatischen Union bekennt. Weil sich in dieser traditionellen Lehre Gott und Mensch durch die hypostatische Einheit nicht in ein Drittes „vermischen," sondern diese Einheit nur durch den Rückgriff auf die heilsgeschichtliche Erfahrung, daß dieser Jesus das letzte Wort Gottes an uns ist, uns deutlich gemacht werden kann, darum hat die Lehre von der hypostatischen Union, von der Menschwerdung Gottes, keinen mythologischen Beigeschmack, der sie unglaubwürdig machen würde. Das Ereignis der Selbstzusage Gottes in Jesus macht jene innerste Selbstzusage Gottes an die

Welt geschichtlich greifbar und irreversibel. Sie ist immer und überall die innerste Entelechie und Dynamik der Welt und ihrer Geschichte. So kann das Ereignis Jesus durchaus verstanden werden, ohne daß man zur Vorstellung eines Eingreifens Gottes in die Welt von außen greifen müßte, vorausgesetzt nur, daß man bei einem solchen Verzicht Geschichte wirklich – Geschichte bleiben läßt und klar sieht, daß diese innerste Entelechie und Dynamik der Welt und ihrer Geschichte Gott in seiner souveränen Freiheit ist, der sich durch seine freie Selbstzusage zu dieser innersten Entelechie und Dynamik der Welt gemacht hat. Man bedarf vielleicht einer gewissen Gewöhnung, aber selbst Jesus, insofern er „Gott selbst bei uns" ist, muß nicht gedacht werden als jener geheimnisvolle Gärtner, der, ohne daß wir es merken, über die Zäune steigt, die unsere Welt begrenzen. Der Christ kann und soll unbefangen bekennen und beten: „Er ist vom Himmel herabgestiegen." Aber auch hierbei sind die gemeinte Sache und das Vorstellungsschema nicht einfach identisch. Wenn wir gleichzeitig sagen, der Gottmensch ist empfangen vom Heiligen Geist, dann ist dies doch der Geist Gottes, der immer schon über alles Fleisch ausgegossen ist als die Liebe, die schon immer machtvoll die Welt bewegt.

VII.
Erlösung und Auferstehung

Der Tod Jesu am Kreuz ist eine geschichtliche Tatsache. So grausam dieser Tod auch war: Tausende von Juden starben wenige Jahrzehnte später nach der Zerstörung Jerusalems auf die gleiche Weise, und das Sterben in den Kriegen und Konzentrationslagern war und ist sicher nicht angenehmer. Es geht also nicht um die Art des Todes Jesu (so interessant übrigens auch diese Frage wäre: Wäre es etwas anderes, wenn Jesus, in einem angemessenen Alter und nicht in jungen Jahren, etwa an einem Herzinfarkt gestorben wäre?). Es geht darum, daß der Tod des menschgewordenen Sohnes Gottes unsere Erlösung ist, die Erlösung aus Erbschuld und persönlicher Sünde, und daß uns Menschen auf diese Weise das „Tor des Himmels“ wieder offen wurde, zu einem Himmel, in den berufen zu sein von Anfang an der Heilsplan Gottes war. Jesus hat, so lehrt der christliche Glaube, durch seinen Tod unsere Sünden gesühnt. Er hat Gott versöhnt, und nur eine Gott ebenwürdige Sühne – nämlich die seines Sohnes, d.h. irgendwie die Gottes selbst – konnte die Beleidigung Gottes durch die Sünden der Menschen aufheben. Nur der Sühnetod Gottes konnte Gott versöhnen.

Aber nun: Irgendwo geht da doch die Rechnung nicht auf. Die Sünden der Menschen, die ich als Tatsache wahrlich nicht bezweifle, sollen Gott eine „unendliche“ Beleidigung zugefügt haben. Mag sein. Warum können aber dann nicht menschliche Reue, Umkehr und Sühne eine „unendliche“ Genugtuung für Gott sein? Hier werden einfach die Ebenen verwechselt oder verschoben. Um es an einem – zugegeben – absurden Gedanken zu illustrieren: Hätte der Gottmensch gesündigt, dann könnte die gottmenschliche Genugtuung verständlich sein. Wenn jedoch nur der Mensch, wenn nur wir die Sünder sind, warum sollte es dann einer Sühne durch den Gottmenschen bedürfen?

Und wenn es trotzdem so sein sollte (auch wenn es mir nicht einleuchtet): Ist denn dieser Tod Jesu nicht ein Sühneopfer, das eines liebenden Vatergottes eigentlich unwürdig ist? Wäre es nicht anders, weniger grausam, gnädiger gegangen? Denn es kommt ja noch ein Weiteres hinzu. Steht der Kreuzestod Jesu in einem „ausgewogenen" Verhältnis zur Sünde der Menschen? Man braucht die Bosheit und Niederträchtigkeit, zu der der Mensch fähig ist, keineswegs herunterzuspielen. Man braucht nicht alle Schuld so lange wegzupsychologisieren, bis auch die größte Gemeinheit nicht mehr Schuld ist, sondern ein tiefenpsychologisches Kuriosum. Aber auch wenn man das nicht tut: ist denn die Schuld des Menschen oder der Menschen so groß, daß sie nicht anders als durch den von Gott gewollten Sühnetod eines Unschuldigen, nämlich seines eigenen Sohnes, am Kreuz gesühnt werden mußte?

Welches Gottesbild steht hinter dem Erlösungsgeschehen? Ich kann nur das Gesicht eines strafenden Gottes erkennen. Den Gott der Rache. Auge um Auge, Zahn um Zahn. Mag dies das Bild des alttestamentlichen Gottes gewesen sein: das des von Jesus verkündeten Gottes ist es nach meinem Dafürhalten nicht. Sicher, *wenn* ich verstehen könnte, daß *nur* so, durch den Sühnetod Jesu, Erlösung möglich war, dann wäre es leichter. Dann wäre es leichter, die Kreuzesverehrung, den Tod und das Sterben Jesu zu feiern, wie wir Christen dies an den Karfreitagen der Kirchenjahre tun. Und ich möchte wahrlich nicht gegen die Kruzifixe in unseren christlichen Häusern polemisieren. *Das* ist auf jeden Fall Lehre der Heiligen Schrift und des Glaubens, daß wir durch den Kreuzestod Jesu erlöst sind, und nicht einmal der Nichtchrist, meine ich, wird sich dem Mut, der Zuversicht und dem Vertrauen, mit dem Jesus seinen Tod annahm, ohne Eindruck entziehen können. Nur: Verstehen, etwas besser verstehen vielleicht, möchte ich, was die Theologen die „Satisfaktionstheorie" nennen, d. h. die Wiedergutmachungslehre menschlicher Schuld.

Und da drückt mich noch ein weiterer Punkt, den ich gar nicht so gerne anspreche, weil ich mir denken kann, wie schwer dessen Beantwortung sein muß. Aber es ist ja ausgemacht, daß hier nicht mit Rücksicht auf die Schwere der Antworten Fragen ausgeklammert werden, die uns heutige Menschen bewegen. Eine dieser Fragen ist die Hölle, eine Frage, die sich im Zusammenhang mit dem

Thema Erlösung nahelegt. Ein abgefallener Christ schreibt in einem Buch diesbezüglich (und nur sinngemäß von mir wiedergegeben): Wenn es eine Hölle geben sollte, welchen Sinn hätte sie? Anders als in menschlichen Gefängnissen und Strafanstalten ist jede Hoffnung auf eine Besserung des Bestraften ausgeschlossen. Die Hölle ist ewig. Umkehr und Reue gibt es nicht mehr. Als Folge bleibt nur denkbar, daß Gott den Menschen bestrafen will und so erneut ein Gott der Rache, nicht aber der Gott der Liebe und des Verzeihens zum Vorschein kommt.

Was soll man gegen ein solches Argument sagen? Es kommt ja noch hinzu, daß es sich zu Recht fragen läßt, ob es eine Schuld des Menschen geben kann, die so schwer wiegt, daß sie die entsetzlichen Qualen und Leiden einer ewigen, unaufhörbaren Hölle der Gottesferne rechtfertigt. Ist die Hölle dann nur „Angstmacherei"? Eine fromme Lüge, die den Glaubenden an das Ernstnehmen seines Glaubens erinnern soll? Das kann ich mir nicht vorstellen. Denn umgekehrt gilt ja auch: Gibt es die Hölle nicht und würden wir dies mit Sicherheit wissen, dann würde unser Tun und Lassen jeden sittlichen Ernst verlieren, wäre Spiel, nicht aber Entscheidung über (ewiges) Leben und (ewigen) Tod! Wie entrinnt der Christ diesem Dilemma?

Noch ein letzter Punkt zu diesem Thema Erlösung, der das Diesseits, nicht das Jenseits angeht. Wo fühlen wir Christen uns denn eigentlich erlöst? Was ist durch die Erlösung anders geworden? Der Vorwurf (soweit ich mich erinnere, stammt er ursprünglich von Nietzsche), daß die Christen erlöster aussehen müßten, wenn man an ihren Erlöser glauben sollte, ist nicht aus der Luft gegriffen. Die Freude der Erlösung, die Freude der Freiheit steht den meisten Christen nicht im Gesicht. Aber ein bißchen mehr äußerliches In-Erscheinung-Treten des Erlösungswissens könnte man sich trotzdem wünschen in der Gesamtkirche, etwas mehr von dem, was etwa ein Johannes XXIII. ausstrahlte ...

Nun zum Thema Auferstehung. Hier bin ich – wieder einmal – etwas in Verlegenheit. Es gab ja eine Zeit, in der man um jeden Preis (auch um den der dümmsten Erklärungen) versuchte, das Auferstehungsereignis aus der Welt zu reden. Betrug der Jünger sollte das alles gewesen sein; Massenhalluzination; Enttäuschung, die das „wirkliche Geschehen" (d.h. den Nicht-Auferstandenen) kompensieren wollte oder mußte, und was noch mehr. Es ist verständlich. Auf Anhieb wehrt sich der Mensch gegen die Vorstellung der Auferstehung eines Toten.

Was mich hinsichtlich der Auferstehung Jesu bedrückt, ist nicht in erster Linie ein theologisches Argument oder eine Glaubensfrage. Eher geht die Anfrage schon ins Psychologische. Was soll, was kann ich als Christ tun, wenn trotz allem die Skepsis bleibt, daß irgendwie irgend etwas doch an der ganzen Sache „faul" ist oder sein könnte? Ist es undenkbar, daß durch ein Zusammenspiel aller möglichen Faktoren (von denen wir nichts wissen) die Jünger einerseits den auferstandenen Herrn glaubten, andererseits aber die Auferstehung doch nicht wirklich stattfand? Vielleicht werden Sie antworten, hier gehe es – wieder einmal – um Stimmungen, denen man sich nicht ohne weiteres überlassen darf. Vielleicht auch werden Sie mich an psychologisch versierte Fachleute verweisen. Aber darf ich trotzdem fragen: Geht es Ihnen nicht manchmal ähnlich? Spüren Sie nicht auch einen Rest verbleibender Skepsis? Und was tun Sie dann? Was würden Sie raten? Was würden Sie jenen raten, die keine Gegenargumente gegen den Auferstehungsglauben formulieren können und das Ganze dennoch für eine Zumutung halten, der sie einfach nicht glauben können?

Aber lassen Sie mich, abschließend, doch noch einiges nennen, was an Glaubensfragen zum Thema Auferstehung gehört. Eines muß doch auffallen: Warum ist Jesus nur denjenigen erschienen, die dann tatsächlich auch an seine Auferstehung glaubten? Warum sind m.a.W. die Auferstehungserscheinungen auf jenen Personenkreis begrenzt, der (von Paulus einmal abgesehen) auch schon zu dem irdischen Jesus eine echte Beziehung hatte? Glaubwürdiger wäre die Auferstehung Jesu doch allemal, wenn er, der Auferstandene, sich seinen Gegnern und Feinden oder doch zumindest den vielen gezeigt hätte, die ihn vielleicht immer noch für den möglichen Messias, zumindest aber für einen Propheten hielten. Wäre der Glaube an die Auferstehung nicht leichter, wenn Jesus auch anderen als seinen Jüngern und Aposteln erschienen wäre? Natürlich gilt auch hier: Wir können Gott keine Vorschriften erteilen. Aber es steckt hinter der hier berührten Frage ja noch ein anderes Problem.

Ist es denn wirlich so absurd, wie es manche Theologen hinstellen, daß der Glaube der Jünger an die Auferstehung des Herrn nur eine mythologische Aussage sein könnte? Eine Aussage also, die zwar den Glauben an das Bei-Gott-Sein Jesu zum Ausdruck bringt, dies aber in Worten, die eine wirkliche, übertrieben gesagt: handgreiflich-leibliche Auferstehung suggerieren? Mythologie: Das gab es damals. Existentielle Erfahrungen, intensive Überzeugungen wurden wie historische Tatsachen geschildert, waren aber gar nicht als solche gemeint, und das wußte und verstand auch der Mensch der damaligen Zeit. Nichts anderes als „die Sache Jesu geht weiter" wäre demnach mit der Botschaft der Auferstehung ausgesagt. Ich spinne nun den Faden weiter und frage: Wenn dem so wäre, ließe sich einmal das oben Genannte leichter verstehen, die Tatsache nämlich, daß Jesus nur seinen Jüngern erschien. Diese konnten doch immerhin, nach einer Zeit verständlicher Enttäuschung, zu der festen Überzeugung gelangt sein, daß die Botschaft des irdischen Jesus, seine „Sache", weiter gehen muß, weiter verkündet werden muß – was dann eben in der Sprache der damaligen Zeit mit dem Wort „Auferstehung" benannt wurde. Das braucht die Tatsache der Auferstehung selbst noch gar nicht zu berühren. Nur, und das wäre das andere, stünde das Fundament des Glaubens des Christentums dann doch auf schwächeren Füßen, bliebe doch nichts weiter als die subjektive Überzeugung der Jünger und Apostel Jesu – und mit subjektiven Überzeugungen ist das halt so eine Sache. Sie können auch falsch sein, ohne böse Absicht, ohne den Willen zu Betrug und Täuschung!

Die siebte Anfrage bezieht sich auf den Tod Jesu, insofern dieser die Erlösung der Welt von ihrer Schuld sein soll, und auf die Auferstehung Jesu, also auf zwei Themen, die bei allen auch hier gegebenen Zusammenhängen sehr deutlich unterscheidbar sind und darum auch klar hintereinander behandelt werden können. Es sei mir gestattet, dabei die Reihenfolge umzukehren und mit der Auferstehung Jesu zu beginnen, weil nur die vollendete Lebensgeschichte Jesu nach ihrer Bedeutung für das erlösende Heilsgeschehen in Jesus Christus befragt werden kann.

Wo soll man bei einer theologischen Reflexion über Wirklichkeit und Sinn der Auferstehung Jesu anfangen? Es gibt wohl viele solche möglichen Anfänge und Ausgangspunkte für diese Reflexion, und der, den ich hier wähle, will nicht mehr als ein denkbarer unter vielen sein. Wünsche ich mir meine Auferstehung? Ich würde vermutlich diese Frage in dieser Form, mit diesen Begriffen nicht stellen, wenn es die Lehre von der Auferstehung Jesu und der Toten nicht gäbe. Das ändert aber nichts daran, daß ich diese Frage stellen kann und darf, weil auch sonst Wesensfragen oft faktisch mit einer irgendwie zufällig begegnenden Erfahrung beginnen. Ich sage also: ich darf und muß meine Auferstehung wünschen; dieser Wunsch ist implizit immer und überall gegeben, solange ich im Ernst an einer letzten Sinnhaftigkeit meiner Existenz festhalte und sie nicht in einem uneingestandenen verzweifelten Skeptizismus in die Sinnlosigkeit des Nichts fallen lasse. Diese Behauptung hängt natürlich davon ab, was ich mir unter „Auferstehung" denke. Wenn ich zunächst einmal mit einer Begriffstradition seit den alten Griechen zwischen Leib und Seele unterscheide, und zwar so, daß die Frage nach dem Endschicksal dieser beiden Teile von vornherein verschieden ist, kann man natürlich nicht behaupten, die Forderung nach einer Endgültigkeit und Gerettetheit meiner Existenz impliziere auch das, was mit Auferstehung gemeint sei. Wenn aber bei aller möglichen Unterscheidung von Leib und Seele für mich und meine existentielle Erfahrung von mir selbst die *Einheit* meiner leib-seelischen Existenz das fundamentaler Gegebene ist, dann impliziert eben für mich der unaufgebbare Anspruch auf gerettete Endgültigkeit meiner Existenz einen Anspruch auf Auferstehung. Dabei ist es dann letztlich unerheblich, daß ich mir die Endgültigkeit dieser Existenz, insofern sie auch Leiblichkeit umfaßt, nicht vorstellen und ausmalen kann. Mir scheint es eine Täuschung zu sein zu meinen, man könne sich die konkrete Endgültigkeit des Menschen hinsichtlich seiner „Seele" wirklich leichter vorstellen, als wenn man den Menschen bei aller berechtigten Unterscheidung seiner Momente einen sein läßt. Wenn man seine Endgültigkeit radikal hofft und nicht meint, sich mit seiner Verantwortung in das leere Nichts hinausstehlen zu können, dann hat man die Auferstehung in ihrem wirklichen Inhalt schon erfaßt und bejaht. Es ist dann nicht mehr so erheblich, wie man sich diese „leibliche" Seite seiner einen menschlichen Endgültigkeit am Ende seiner Freiheitsgeschichte weiter ausmalt und wie man sich den Zusammenhang zwischen dieser „leiblichen" Seite seiner einen Endgültigkeit einerseits und dem „Leib" andererseits ausmalt, den wir im Tode zurücklassen, ob man seinen eigenen Auferstehungsleib auch gegeben denken könne, ohne daß er den alten Leib in seiner physikalischen Materialität einbeziehen müsse, der ja im Tod in einer Art totalem Stoffwechsel abgelegt worden war. Man soll nicht sagen, daß durch eine solche Herleitung des Verständnisses von Auferstehung Rationalismus getrieben werde gegenüber einem Glaubensdogma. Die radikale Hoffnung, mit der ein Mensch seine eine und ganze Existenz als zur Endgültigkeit bestimmt und ermächtigt ergreift, kann in ihrer Unbedingtheit durchaus als Gnade verstanden werden, die immer und überall diese Existenz durchdringt. Solche Gnade ist aber schon im eigentlichsten Sinne Offenbarung. Weiterhin beinhaltet das christliche Dogma von der Auferstehung Jesu und in Auswirkung dieser Auferstehung die der Toten nicht bloß die Endgültigkeit der menschlichen Existenz durch den Tod hindurch, wobei noch gänzlich offen wäre, ob die vollendete Freiheitsgeschichte bei Gott ankommt oder in endgültiger Verlorenheit ausgeht. Sie besagt vielmehr, daß durch die Macht Gottes diese Freiheitsgeschichte in Jesus und in der Menschheit tatsächlich zu einem Sieg gelangt. Das aber ist gewiß Offenbarung, selbst wenn man diese nicht noch einmal „extrinsezistisch" geschehen denkt.

Ich hoffe meine Auferstehung, nicht als einen mirakulösen zusätzlichen Gewinn, nicht als etwas, worauf ich auch bescheiden verzichten könnte, auch wenn ich die unerbittliche Radikalität der Verantwortung in meiner Freiheitsgeschichte bejahe, sondern als etwas, das unweigerlich zu der meiner Freiheit aufgegebenen Interpretation meiner Existenz gehört. Als ein solcher Mensch höre ich die Botschaft des Christentums von der Auferstehung Jesu. Sie beinhaltet natürlich mehr als die Überzeugung, daß kein Mensch, also auch Jesus nicht, die Möglichkeit hat, in ein leeres Nichts zu flüchten. Diese Botschaft von der Auferstehung Jesu besagt darüber hinaus, daß seine Endgültigkeit, die seiner leibhaftigen Geschichte, sich siegreich und irreversibel bei Gott vollendet hat, daß (darüber hinaus) diese Auferstehung die Zusage Gottes an die Welt ist, daß auch ihre Geschichte als eine und ganze (unbeschadet der Offenheit der Freiheitsgeschichte jedes einzelnen) in diesem Ostern Jesu ihre Vollendung sicher und irreversibel findet. Ist eine solche Botschaft unglaubwürdig?

Ist sie unglaubwürdig, weil sie nur an Glaubende ergangen ist? Bei diesem Einwand muß man sehr vorsichtig sein. Die Erfahrung der Auferstehung Jesu steht doch vom Wesen der Sache selber und vom Wesen der Glaubenserfahrung selbst vor der ausschließlichen Alternative, daß man entweder die Erfahrung glaubend annimmt und die Auferstehung Jesu als geschehen bekennt oder daß man die Erfahrung selbst leugnet. Ein drittes, ein Zugeständnis der Erfahrung *und* gleichzeitige Leugnung des Inhalts der Erfahrung, ist nicht möglich; das Nein zum Inhalt ist oder wird notwendig ein Nein der Erfahrung als solcher selbst. Wie sollte es auch anders sein, wenn der Glaube an die Auferstehung Jesu als Heilsgeschehen freier Glaube sein soll? Letztlich kann dann die Begründung des Glaubens gar nicht anders als im Glauben selbst ergriffen gedacht werden und hat dennoch innerhalb dieses Glaubens eine Begründungsfunktion (das ist auch bei sonstigen letzten existentiellen Erfahrungen des Menschen so: die Sinnhaftigkeit der Liebe kann nur vom Liebenden ergriffen werden; in der Liebe bringt diese ihre Begründung mit und muß sie nicht von außerhalb ihrer selbst beibringen, um sich rechtfertigen zu können). Dasselbe ergibt sich auch von der Sache selber her. Wenn die freigewirkte Endgültigkeit einer Person durch den Tod hindurch sich außerhalb der Sphäre zeigen würde, in der der Mensch sich ausstreckt nach dieser Endgültigkeit, würde sich diese Endgültigkeit zurückverwandeln in das Vorläufige, das noch ambivalent im Werden ist.

Ist die Auferstehung Jesu unglaubwürdig von ihren ersten Zeugen her? Diese machen doch die Auferstehungserfahrung als Männer, die alle Hoffnung aufgegeben hatten, als Männer, die durchaus zu unterscheiden wußten zwischen dem, was sie da erfuhren einerseits und mystischen, imaginativen Visionen, Halluzinationen andrerseits, auch solchen, denen sie durchaus eine positiv religiöse Bedeutung zuerkannten. Diese Erfahrung der ersten Jünger, die sie mit ihrer Treue bis zum Tod durchtrugen, die sich so von anderer Art erweist, als flüchtige Gemütsbewegungen sie an sich haben, mag in ihrer Eigenart für uns schwer analysierbar sein. Wir dürfen sie uns gewiß nicht vorstellen nach der Art, mit der uns raumzeitliche Wirklichkeiten dieser Welt in unserem alltäglichen Erfahrungsbereich begegnen. Eine solche Vorstellung wäre nicht glaubensstark, sondern schlicht falsch. Es ist uns auch nicht verboten, auf verschiedene, wenn auch letztlich untrennbare Momente dieser Erfahrung hinzuweisen. Kann zu diesen Momenten ein verborgen doch gegebenes vorgängiges Wissen um ein Prophetenschicksal, das mit einer Wiederkunft endet, gehören und so die Wahl des Vorstellungsschemas für den endgültigen Sieg Jesu als „Auferstehung" verständlicher machen? Gehört eine Erfahrung des leeren Grabes zu den ursprünglichsten Momenten der Auferstehungserfahrung, oder ist sie ein Schluß aus jener? Wieweit gehören die Erzählungen von den Erscheinungen des Auferstandenen in die ursprünglichste Auferstehungserfahrung selber hinein, wieweit sind diese Erscheinungen dramatisierende Einkleidungen einer dahinterliegenden Erfahrung? Ich meine, solche und ähnliche Fragen kann man stellen, man braucht sie vielleicht nicht einmal ganz eindeutig beantworten zu können und kann dennoch getrost den Auferstehungsglauben der ersten Jünger teilen, die in einer einmaligen und darum nur schwer beschreibbaren Erfahrung die Gewißheit in sich fanden, daß Jesus in der geschichtlichen Leibhaftigkeit seines Lebens nicht untergegangen ist, sondern lebt und von sich aus ihnen diese siegreiche Endgültigkeit seiner Existenz aktiv zur Erfahrung bringt. Diese Erfahrung ist ja nicht einfach und schlechthin nur die der ersten Jünger. Auch wenn wir selber immer abhängig bleiben vom Zeugnis der ersten Jünger, um unsere Geisterfahrung ausdrücklich und namentlich mit gerade Jesus in Verbindung bringen zu können, so können wir dennoch ruhig sagen: Dort und dann, wo wir die Unerschütterlichkeit unserer eigenen Hoffnung auf einen endgültigen Sieg unserer Existenz erfahren, ereignet sich, wenn vielleicht auch anonym, d. h. ohne Nennung des Namens Jesu, eine Erfahrung, daß er auferstanden ist. Denn eben die Macht des Geistes, die wir so als siegreichen Trotz des Lebens schlechthin gegen allen Tod erfahren, ist die Macht des Geistes, der Jesus von den Toten erweckt hat und darin sich für die Welt siegreich geschichtlich bezeugt. Darum aber gilt doch auch umgekehrt: Wenn das Zeugnis der ersten Jünger zusammen mit der ganzen christlichen Glaubensgeschichte uns die Botschaft von der Auferstehung Jesu bezeugt, können wir diese Botschaft skeptisch übergehen, ohne dann auch unsere eigene Auferstehungshoffnung zu verleugnen? Es wurde schon gesagt, daß die Botschaft von der Auferstehung Jesu mehr besagt, als je der einzelne für sich allein hofft, wenn er gegen ein letztes Verschwinden seiner personalen und leibhaftigen Existenz im Tod protestiert. Aber angesichts des Lebens und des Todes Jesu liegt die Schwierigkeit des Glaubens an Jesu Auferstehung ja nicht darin, daß es unsicher und schwierig wäre zu glauben, daß dieses Leben siegreich im Lichte und in der Liebe des unendlichen Gottes sich vollendet, *wenn* es nicht einfach im Tode untergeht, sondern in der Schwierigkeit dieses „Wenn“. Darin aber treffen sich sein und unser Schicksal. Und darum kann und muß man durchaus sagen, daß ein skeptisches Aufsichberuhenlassen der Frage nach seiner Auferstehung auch ebenso eine skeptisch hoffnungslose Indifferenz gegenüber der letzten Selbstbehauptung unserer eigenen Existenz wäre.

Wir kommen zur zweiten Frage dieser siebten Anfrage. Was bedeutet es genauer und inwiefern ist es glaubwürdig, wenn wir sagen, daß wir durch den Tod Jesu erlöst sind?

Zunächst muß doch bei dieser Frage darauf aufmerksam gemacht werden, daß für den Menschen die Konkretheit seiner Geschichte bezüglich eines freien Einverständnisses mit ihr nicht dann erst akzeptabel ist, wenn diese Geschichte als notwendig nachgewiesen ist. Man kann also auch der Geschichte der Erlösung nicht mit willkürlich gedachten Gegenmodellen (die vielleicht nur in unseren Köpfen ohne Widersprüche und sinnvoll zu sein scheinen) entgegentreten mit der Frage, ob das Heil der Welt nicht hätte ebensogut nach diesen unseren Rezepten bewerkstelligt werden können. Die Frage, die hier zu stellen ist, ist nicht, ob etwas anderes sein könnte, sondern ob das, was *ist*, einigermaßen als sinnvoll begriffen werden kann und darum ohne einen letzten Protest akzeptabel ist.

Es ist unbefangen und ehrlich zuzugeben, daß die christliche Erlösungslehre, wie sie schon im Neuen Testament gegeben ist (Erlösung durch das Opferblut Jesu), und wie sie in der mittelalterlichen Theologie (Satisfaktionstheorie) vorgestellt wurde, für uns heute nicht leicht verständlich ist. Sie kommt uns mythologisch vor, weil da in einem Raum, der uns nicht zugänglich ist, Verbindungen von Ursache und Wirkungen postuliert und konstruiert werden und Unterscheidungen gemacht werden, wo wir nicht mehr unterscheiden können: Aus einem zürnenden, auf der Genugtuung für die ihm angetane Beleidigung bestehenden Gott wird ein vergebender Gott durch ein blutiges Opfer von seiten des eigenen Sohnes Gottes. Bei der Satisfaktions-Theorie (die übrigens nie durch das Lehramt definiert wurde) wird dann vorausgesetzt, daß die Sünde der Welt eine unendliche Beleidigung sei, weil sie sich nach der Würde des Beleidigten und nicht nach der des Beleidigers bemesse, daß die Genugtuung Christi von unendlichem Wert sei, weil eine Genugtuung von der Würde des Genugtuenden her bemessen werde, daß diese Genugtuung, die dem Dreifaltigen Gott (und nicht nur dem Vater) dargebracht werde, durch die Verschiedenheit der menschlichen Wirklichkeit von der Gottheit verständlich werde, obwohl das letzte Subjekt dieses Erlösungswerkes und der Grund seines unendlichen Wertes doch wieder der göttliche Logos ist. Dazu kommt noch, daß dieses ganze Erlösungswerk, das Gott versöhnen und gnädig stimmen soll, eben doch dem von sich aus bestehenden Heilswillen Gottes entspringt, und man eindeutig (auch) sagen muß: Das Heilswerk Jesu Christi ist, weil Gott im voraus dazu der vergebende und auch die Sünde der Welt überwindende Gott ist, und nicht (nur): Gott ist gnädig, weil das Heilswerk Christi ist. Ja, es ist einem Christen, der durch die Fürchterlichkeit der von Gott eben doch zugelassenen Schuld der Welt samt deren weiteren Folgen bedrückt und ratlos ist, nicht verwehrt zu denken, daß der heilige und gütige Gott in diese Welt eine Schuld nur eingelassen hat, die von vornherein umfaßt war und blieb von einem auch ihr gegenüber von vornherein siegreichen Willen, in dem das Ja Gottes zur Welt sich auch gegen das Nein der menschlichen Freiheit durchsetzt.

Aber wenn dem allem so ist, wie kann man dann noch sagen, wir seien erlöst durch das Blut Christi, durch sein Opfer, durch seine Genugtuung, die er der heiligen Gerechtigkeit Gottes für uns geleistet hat? Wie soll man solche Aussagen verstehen, wenn der Wille Gottes, sich als Gnade gegen das Nein der Kreatur durchzusetzen, Ursache und nicht eigentlich und letztlich Folge des Kreuzesgeschehens ist? Wir dürfen uns die Antwort auf diese Frage nicht dadurch billig machen, daß wir nur sagen, das Kreuzesereignis überzeuge *uns* von dem Heilswillen Gottes und erwecke in uns so den Glauben an das Heilsangebot Gottes. Diese Antwort ist zwar auch richtig und enthält eine Wahrheit von fundamentaler Wichtigkeit für den, der nicht oberflächlich Gott für einen guten Mann hält, dessen Metier selbstverständlich das Verzeihen sei. Aber diese Antwort allein genügt doch offenbar der traditionellen christlichen Überzeugung vom Heilswerk Christi nicht. Das Heilswerk Christi muß auch eine Richtung der Bedeutsamkeit auf Gott hin haben, selbst wenn dieses „Hin" mit aller Vorsicht verstanden werden muß, um die unnahbare Souveränität Gottes und seines Willens nicht zu verdunkeln.

Gibt es, so können wir zunächst formal fragen, Vorkommnisse, die sowohl als Wirkungen eines Willens als auch als dessen „Ursache" aufgefaßt werden können? Man darf wohl sagen: Wenn und insofern ein Wille sich (sich!) selbst verwirklichen muß, indem er ein anderes von sich setzt, darin sich (sich!) ausdrückt und endgültig wird, dann ist diese objektivierende Äußerung dieses Willens sowohl Wirkung wie auch insofern Ursache dieses Willens, als er wirklich in seiner letzten Ernsthaftigkeit und Irreversibilität nicht wäre, wenn diese Äußerung nicht gegeben wäre. (Ein Mord ist mehr als ein Mordwille und der Mordwille wäre nicht wirklich und radikal er selber, würde er sich nicht im wirklichen Mord realisieren und objektivieren; daran ändert der Umstand nichts, daß dann der vollendete Mordwille auch von Bedingungen abhängt, die nicht einfach von ihm selbst allein abhängen.) Wenn und insofern der ursprüngliche, als Gnade immer und überall in der Welt anwesende und tätige Wille Gottes zur vergebenden Heiligung des sündigen Menschen nun, indem er die Geschichte der Welt als seine eigene treibt, nicht mehr bloß als Angebot an die Freiheit der Menschen in der Welt west, sondern sich eindeutig durchsetzt und in diesem Sieg die Ambivalenz des Angebotes Gottes an die Freiheit überwindet und in diesem Sieg geschichtlich greifbar wird, und zwar so, daß ein solcher zunächst einzelner Sieg die Zusage des Sieges durch Gott an die Menschheit als ganze ist, dann ist ein solches Ereignis in einem die Wirkung dieses Geistes Gottes in der Welt, wie auch insofern „Ursache" dieses Sieges, als in ihm dieser Geist seine eigene Geschichte zum siegreichen und irreversiblen Ende bringt.

Eben dies aber ist der Fall im Tod und der Auferstehung Jesu als einem einem und ganzem Heilsereignis. Der siegreiche Tod ist zunächst einmal insofern nicht ein privates Ereignis im Leben Jesu, als er als Tat Gottes von jenem Willen heraufgeführt wird, in dem Gott das Heil der Welt überhaupt will; dieser Tod ist von Jesus her universales Heilsereignis insofern, als Jesus seine Solidarität mit der sündigen Menschheit auch im Tod nicht aufgibt. In diesem siegreichen Tod kommt nun die Gnade Gottes zu ihrer Irreversibilität in der Welt und zu ihrer Erscheinung in der Geschichte (Auferstehung!). Es ist hier nicht bloß ein Mensch gegeben, der durch einen bedingungslos angenommenen Tod die Freiheit Gottes selber fand. Das mögen wir ja hoffen vom Tode jedes Menschen in der langen Geschichte der Menschheit. Aber daß ein solcher Tod irgend eines andern für mich eine Zusage Gottes selbst bedeute, das kann man bei keinem anderen Tod als dem Jesu glaubend wissen. Denn woher sollte man bei einem solchen anderen Menschen wissen, daß er in Solidarität mit mir stirbt, daß er (mutig gesagt) sein Heil aus der Unbegreiflichkeit Gottes nur annehmen will, wenn und insofern dieser Wille auch mich und nicht nur ihn meint? Bei welchem anderen Menschen, außer eben bei Jesus, sollte man glaubend wissen, daß die Kapitulation des Todes eine Tat des unbedingten Vertrauens und nicht eine letzte Verzweiflung vor dem Schwinden jeden Haltes war? Wo, außer in der Auferstehung Jesu, finde ich die Gewißheit, daß sie nichts anderes als der für uns in der Geschichte (wenn auch in deren Untergang) siegreiche und so greifbare Ausgang seines Todes ist, der in allen anderen Fällen fragwürdig bleibt? Sein siegreicher Tod ist die Vollendung, und das siegreiche Erscheinen dieser Vollendung macht den Heilswillen Gottes, der immer und überall in der Welt am Werke ist, irreversibel. Als geschichtliches Inerscheinungtreten dieser Vollendung ist der Tod Jesu sowohl Wirkung wie auch Ursache der Gnade, in der Gott immer und überall die innerste Entelechie und Dynamik der Heilsgeschichte ist. Diese so genauer bestimmte und auch begrenzte Ursächlichkeit des Kreuzes im Bezug auf den Heilswillen Gottes kann und darf man dann immer noch in den traditionellen Vorstellungsschemata aussagen, vorausgesetzt, daß man sich dabei bewußt bleibt, daß dieses ganze Kreuzesereignis rein dem erbarmenden Willen Gottes zu seiner Selbstmitteilung entspringt, der keine Ursache als Gott selbst hat.

Von dem Gesagten aus läßt sich wohl auch ein richtiges und im Vergleich mit dem Üblichen richtigeres Verständnis der Wirkung der Erlösung erreichen. Man fragt ja oft, ob es denn in der Welt besser geworden sei, seitdem wir durch das Kreuz Christi erlöst sind. Man setzt voraus, daß seit dem Kreuz eine quantitative und qualitative Besserung in der Welt und Geschichte eingetreten sein müsse, und zwar für uns feststellbar. Die Nichtchristen werden bestreiten, daß eine solche Feststellung möglich sei und zugunsten des Christentums ausfalle, die Christen sind versucht, in einer apologetischen Anstrengung nachzuweisen, daß es seit dem Kreuz in der Welt erheblich besser geworden sei, und das Christentum sich durch seine segensreichen Früchte an Humanität, Liebe usw. im Vergleich zum Heidentum bestens empfehle. Nun soll gar nicht bestritten und verdunkelt werden, daß das konkrete Christentum sich vielfach durch seine auch empirisch greifbaren Früchte ausgezeichnet hat gegenüber dem Heidentum und den übrigen Volks- und Weltreligionen. Aber auch der Christ, der sich vor möglichen Gegenrechnungen nicht fürchtet, die man im Hinweis auf Religionskriege unter den Christen, auf ihre Durchschnittsmoral, auf die lange nicht wirklich bekämpfte Sklaverei, auf Unterdrückung der

Frau und so fort, aufmachen könnte, müßte eigentlich zugeben, daß letztlich die ganze Fragestellung falsch ist. Die Kraft jenes Heilswillens Gottes, der als universaler, als endgültig siegreicher greifbar wird im Kreuze Christi, ist überall in der Welt am Werk und wirksam, und nicht bloß dort, wo dieses Kreuz ausdrücklich gepredigt und bekannt wird. Man kann also letztlich gar kein reines Christentum und reines Nichtchristentum voneinander empirisch unterscheiden und dann feststellen, welche der beiden Größen sich unter einer humanitären Beurteilung vorteilhafter erweist als die andere. Die Christen sind nun einmal nicht nur Christen und die Nichtchristen sind gar nicht nur Nichtchristen. Man könnte höchstens prinzipiell fordern, daß dort, wo die größte und reflexeste Nähe zum ausdrücklichen und definitiven Heilsereignis in Jesus Christus gegeben ist, die humanitäre Sieghaftigkeit dieses zentralen Heilsereignisses doch im Vergleich zur sonstigen Geschichte deutlich greifbar sein müsse. Aber wie weist man dies nach? Ist dieses Postulat wirklich zwingend? Wie grenzt man partikuläre geschichtliche Phänomene, die eine überdurchschnittliche Wirkung des eigentlich Christlichen auch an Humanität in der Welt beweisen sollen, gerecht und unparteiisch von hohen Leistungen an Humanität außerhalb des Christentums ab, wie vergleicht man sie untereinander, wie führt man sie auf wirklich im letzten verschiedene Ursachen zurück? Wie kann man zeigen, daß Spitzenereignisse an Humanität auch unter den Christen sicher einer spezifisch christlichen Motivation zu verdanken sind und nicht anderen geschichtlichen und gesellschaftlichen Bedingungen? Kurz und gut: Die Christen haben durchaus das Recht und sogar die Pflicht, das Gute, das sie tun, auf die rettende Gnade Gottes zurückzuführen, die ihnen als endgültig und siegreich zugesagt in Jesus Christus erschienen ist. Sie können diese Berufung auch als missionarisch wirksam erhoffen, sie brauchen aber sich nicht mit denen zu vergleichen, die ihre Humanität nicht ausdrücklich von Jesus Christus herkünftig empfinden. Sie dürfen die ihnen gegebene Gnade nicht zu Selbstgerechtigkeit mißbrauchen, ja, sie können und müssen unbefangen und ehrlich die Macht der Gnade Gottes in der Geschichte der Menschheit anerkennen, wo sie ihnen nicht ausdrücklich als christliche begegnet und müssen solche Begegnung oft als ein Gericht über ihre eigene Unchristlichkeit empfinden.

Die siebte Anfrage nötigt mich, ein Wort über die christliche Lehre von der Hölle zu sagen. Man kann eine solche Frage nicht durch betretenes Stillschweigen erledigen. Man muß bei solchen dunklen Fragen immer damit rechnen, daß bei ihrer Beantwortung, die man letztlich auf eigene Rechnung und Gefahr unternimmt, Mentalitäten, Vorentscheidungen, unreflektierte Haltungen mit einfließen, die alles andere als selbstverständlich sind und doch so empfunden werden. Auf der andren Seite ist es natürlich ebenso selbstverständlich, daß auch frühere religiöse Lehren unter solchen problematischen Voraussetzungen entwickelt und vorgetragen worden sind, die an sich ebenso hinterfragt werden können. Unter diesen Voraussetzungen sei gesagt: Die Lehre von der Möglichkeit eines endgültigen Verlorengehens einer menschlichen Freiheitsgeschichte kann aus dem Glauben des Christen während dieser Freiheitsgeschichte nicht gestrichen werden. Jeder muß sich sagen: Du *kannst* verlorengehen und zwar und nur durch deine eigene Freiheit. Wo allerdings diese nicht oder nicht in einem ernsthaften Maße gegeben ist, kann von der Möglichkeit eines solchen definitiven Verlorenseins nicht die Rede sein. Dieses Verlorensein ist nicht eine nachträgliche zusätzliche Strafe, die ein zürnender Gott von außen gegen das eigentliche Wollen der Freiheit eines Menschen über diesen verhängt, sondern das innere Wesen dieser endgültigen Freiheitsentscheidung selber. Wie die gerettete, in Gott geborgene, gute Freiheitsentscheidung des Menschen ist auch die Endgültigkeit des Neins der Freiheit gegen Gott nicht als eine sich unbegrenzt weiter fortsetzende Zeitlichkeit zu denken, sondern ist die ewige Endgültigkeit, in der sich die Freiheit selbst setzt. So kann von vornherein die Hölle nicht gedacht werden als eine Zeitdauer, in der freiheitlich Neues möglich ist und so eventuell mit einer Begnadigung durch Gott gerechnet werden kann. Freiheit in Endgültigkeit hinein gegen Gott ist natürlich das schlechthin Absurdeste, was sich denken läßt. Wer daraus den Schluß zieht, daß so etwas, wenn es überhaupt möglich ist, doch nur selten vorkommen könne, der müßte kein Anathem der Kirche fürchten, solange er wirklich ernsthaft die Möglichkeit eines solchen Verlorenseins nicht bestreitet, in welchem die Strafe des freien Bösen mit diesem Bösen identisch ist. Ein solcher müßte sich nur fragen, ob er bei einem solchen vielleicht vorlauten Optimismus den grauenhaften Schrecken des freien Bösen in der Welt wirklich ernst nehme oder ob er doch in einem spekulativen Trick oder durch die Entlastungsmanöver der modernen Psychologie das Böse in der Welt zu restlos auflöse und die Täter der Gemeinheit in der Welt und ihre Opfer nicht gar zu elegant in einen gemeinsamen Himmel hineinbefördere.

Was die Hölle angeht, haben wir eines der fundamentalsten Beispiele für unsere kreatürliche Erkenntnissituation, in der mehrere Aussagen gleichzeitig aufrechterhalten werden müssen, ohne daß die eine zugunsten der anderen geopfert werden müßte und ohne daß positiv ihre gegenseitige Versöhnbarkeit eingesehen werden könnte. Es gibt einen heiligen und unendlich gütigen Gott; es gibt einen gerechten Gott; es gibt eine kreatürliche Freiheit, die gar nicht *nicht* auf Gott ausgerichtet sein kann; es gibt echte Freiheit auch diesem Gott gegenüber; es gibt darum die Möglichkeit in wahrer Freiheit, also in Endgültigkeit hinein, sich diesem Gott zu versagen. Wie diese Sätze positiv miteinander versöhnt werden können, versöhnt sind, das zu ergreifen ist offenbar dem Menschen innerhalb des Werdens dieser Freiheit zu erkennen versagt. Daraus das Recht abzuleiten, den einen oder den anderen Satz, deren absolute Unversöhnbarkeit ja auch nicht nachgewiesen werden kann, zu leugnen, geht aber auch nicht an. Wie konkret diese Unversöhntheiten (nicht: Unversöhnbarkeiten) sich wirklich lösen werden, wissen wir nicht.

Trotz der vorhin angemahnten Bescheidenheit und der Vorsicht gegenüber einem gar zu selbstverständlich sich gebärdenden „Optimismus" ist es dem Christen nicht verwehrt, zu *hoffen* (nicht: zu wissen), daß das faktische Endgeschick jedes Menschen aus der Tat seiner Freiheit heraus durch die Kraft der Gnade Gottes, die alle Bosheit übergreift und noch einmal erlöst, so sein wird, daß faktisch die Hölle doch nicht sein wird. Das kann er hoffen (zunächst für die anderen, und darum auch für sich), wenn er innerhalb seiner Freiheitsgeschichte auch ernsthaft mit dem Gegenteil, dem endgültigen Verlorensein, rechnet. Bei diesem Rechnenmüssen tut er heute zweifellos das, was unbedingt zur christlichen Existenz gehört: Einerseits darf sich kein Mensch aus der Verantwortung seiner Freiheit entlassen, indem er diese auf andere Ursachen außerhalb seiner abwälzt; andererseits darf er diese unabwälzbare Eigenverantwortung nicht so autonom verstehen, daß sie nicht als umfaßt anerkannt würde durch Gottes mächtigere Freiheit und sein Erbarmen. Beides zusammen, das für uns jetzt nicht in eine höhere Synthese aufgehoben werden kann, gehört zur christlichen Existenz. Wenn so in dieser ernsten Hoffnung gelebt wird, dann braucht kein theoretisches Urteil von uns heute darüber gefällt zu werden, ob oder in welchem Umfang die Möglichkeit eines endgültigen Verlorengehens eines Menschen wirklich eintritt. Jedenfalls ist es angesichts des Kreuzes Christi falsch und unchristlich, so zu tun, als ob die faktische Hölle der normale Ausgang der Weltgeschichte wäre. So zu denken konnte sich ein Augustinus noch leisten. Wenn das heute unmöglich ist, dann ist das doch letzten Endes nicht die Wirkung eines billigen Optimismus des heutigen Menschen, sondern im Bewußtsein der Kirche setzt sich langsam durch, daß in der Geschichte der Freiheit des Menschen doch Gott das letzte Wort hat und dieses sich ereignet hat im Kreuze Christi. Es ist ohne weiteres ehrlich zuzugeben, daß die Akzentsetzungen in den Aussagen des Neuen Testaments über die Eschatologie nicht einfach und immer dem entsprechen, was in solchen eschatologischen Aussagen die erste und die letzte sein muß, wenn sich diese Aussagen orientieren an dem Kreuz Jesu, in dem das siegreiche Erbarmen Gottes gegenüber der Schuld der Welt offenbar und irreversibel wird. Auch das Neue Testament hat eine legitime Auslegungsgeschichte, wie sich nicht nur in der Eschatologie, sondern auch an vielen anderen Themen zeigt. Man darf die Schilderung im Neuen Testament von der Existenz einer schon bestehenden oder künftigen Hölle ruhig lesen als verfaßt im Stile eschatologischer Drohreden, die den hier und jetzt bestehenden Ernst der menschlichen Freiheitssituation darstellen wollen; sie sind nicht, was ihren eigentlichen Aussagesinn angeht, Reportagen, die ein Reporter von seinem Ausflug ins Jenseits oder in die Zukunft mitbringt. Werden diese eschatologischen Aussagen des Neuen Testaments richtig gelesen, verlieren sie nicht ihren Ernst und ihr unerbittliches Gewicht, gewinnen aber heute an Glaubwürdigkeit. Die eschatologische Predigt von heute ist gewiß in Gefahr zu verkümmern, insofern zu wenig von der Ewigkeit, der Endgültigwerdung unserer Freiheitsgeschichte, dem Gerichte Gottes gepredigt wird. Aber dieser Gefahr entgeht man nicht, indem man einfach und nur die alten eschatologischen Drohreden der Schrift mit ihrer Anschaulichkeit wiederholt oder indem man so tut (wenn man vom Kreuze Christi predigt), als ob darin nur die Eröffnung einer bloßen Heils*möglichkeit* gegeben worden sei, die als die eine Möglichkeit ambivalent neben der anderen Möglichkeit der Freiheit, nämlich verlorenzugehen, steht. Wenn es so wäre, dann läge die Meinung der siebten Anfrage doch ziemlich nahe, daß nämlich Gott in der Großzügigkeit seiner Freiheit dem Menschen auch ohne das Kreuz immer die Möglichkeit einer Umkehr seiner Freiheit und damit auch das Angebot der göttlichen Vergebung hätte belassen können. Wenn sich aber in geschichtlicher Greifbarkeit ereignen soll, daß Gott der Welt als ganzer gegenüber nicht nur die Möglichkeit einer Umkehr und Vergebung im Bereich kreatürlicher Freiheit beläßt, sondern durch die Macht seiner Liebe diese Umkehr tatsächlich herbeiführt (durch die menschliche Freiheit hindurch), dann ist eben gerade das gegeben, was die Verkündigung des Kreuzes und der Auferstehung Jesu besagt. Das ist etwas ganz anderes als die blasse Lehre von den zwei Wegen, die der menschlichen Freiheit beide offenstehen, einer Lehre, die schon seit vielen Jahrhunderten das Grundschema der christlichen Predigt zu sein scheint. Die Predigt vom Kreuz ist die Verkündigung des Sieges Gottes über unsere Schuld durch unsere verantwortliche Freiheit hindurch, nicht die moralistische Verkündigung, daß unserer Freiheit zwei Möglichkeiten gegeben sind, von denen wir eine auszuwählen haben.

Sie fragen mit Nietzsche skeptisch, ob wir uns denn erlöst empfinden. Zunächst müßte man zurückfragen, ob der Mensch sich heute unerlöst erfährt, eingesperrt in die Hölle seiner Schuld, ummauert von seinen tausend Endlichkeiten und Enttäuschungen. Wenn der Mensch von heute diese seine Unerlöstheit nicht vorläßt, sondern sie immer aufs neue, immer geschickter unterdrückt (bis es natürlich einmal nicht mehr geht) durch die tausend Analgetika, die ihm heute zur Verfügung stehen, dann kann er natürlich auch seine Erlöstheit nicht erfahren. Vielleicht müßte man auch die Banalität, die sich als Bescheidenheit und Nüchternheit und Eingeständnis des Unvermögens tarnt, auch noch einmal genauer, vorsichtiger und liebender analysieren; man könnte dann vielleicht auf deren Grund nochmals viele christliche Möglichkeiten entdekken. Aber es bliebe eben dann doch: wo eine letzte Grunderfahrung der Unerlöstheit nicht vorgelassen wird, kann auch die Erfahrung der christlichen Erlöstheit in Freude und Hoffnung nicht gemacht werden. Wo aber die Erfahrung der Kerkermauern unseres Daseins ehrlich und nüchtern zugelassen wird, wo man sich bei seinem Auf und Ab in diesem Kerker nicht mehr ängstlich hütet, an die Mauern zu stoßen, da gibt die gläubig angenommene Botschaft davon, daß dieser Kerker eine Türe hat, die nur angelehnt ist, eine unsagbare Erfahrung der Befreitheit. Man kann sie nicht herbeikommandieren, sie ist nicht da, um analysiert und egoistisch genossen zu werden. Aber sie kann gegeben sein, z.B. so, wie sie im achten Kapitel im Römerbrief beschrieben ist. Gott ist es gelungen, in seiner Gnade zu bewirken, daß man sich selber aus dem Grund seiner Freiheit heraus bedingungslos Gott anvertraut. Sieg des Kreuzes Christi. Wenn alles wie bei ihm im Tode untergeht und gelassen wird, man selbst nicht ausgenommen, wenn man sich da selbst von Gott verlassen fühlt, insofern Gott bisher auch nur die Summe alles Begehrten und Begehrenswerten oder der bloße Garant dieser Summe war, dann ist Gott als er selber gerade gegeben und aufgegangen. Man hat ihn so nicht erzwungen; er hat durch sich diesen Untergang, der sein Aufgang ist, bewirkt. Man ist frei. Es gibt eine Erfahrung der Erlöstheit. Sie muß wachsen und radikaler unsere Freiheit einnehmen. Kein Wunder, daß sie immer aufs neue gesucht und gemacht werden muß, daß sie immer wieder überlagert wird durch die müde und skeptische Banalität, in der wir unsere Tage verbringen. Aber diese Erfahrung der Erlöstheit kann doch immer wieder gemacht werden. Keiner soll uns einreden, es gäbe sie nicht. Im Tod wird Gottes Gnade es geschafft haben, uns davon, also von sich selbst, überzeugt zu haben. Haben wir jetzt nur noch ein wenig Geduld mit der noch laufenden Geschichte, mit uns selbst und mit Gott.

VIII.

Was sollen wir der Kirche glauben?

In der Kirchensoziologie und bei den Pastoraltheologen hat sich ein neues Wort eingebürgert. Man spricht dort von „Auswahlchristen“ oder von jenen, die sich nur teilweise mit der katholischen Kirche identifizieren. Die Worte treffen die Sache wohl. Der heutige Mensch ist nicht mehr bereit, unbesehen alles zu übernehmen und ungeprüft zu glauben, was die katholische Kirche als Glaubenswahrheit vorlegt. Und so prüft er. Wägt ab. Nimmt das eine, das ihm gut und sinnvoll scheint, und fühlt sich dem anderen gegenüber zu nichts verpflichtet. Von der mangelnden Faszination des Glaubens war schon die Rede. Hier muß noch einmal davon gesprochen werden: Von der mangelnden Faszination des Glaubens, der durch die Kirche vermittelt ist. Woran liegt es?

Es ist immer ein schwieriges Unterfangen, die Zeit, in der man selbst lebt, zu analysieren. Die exakten Wissenschaften scheinen heute an Faszination einzubüßen. Man sieht neben den Vorteilen ihrer Errungenschaften auch deren Nachteile. Die Naturwissenschaften lassen den Menschen in den entscheidenden Fragen seines Lebens allein, und wir weigern uns heute wohl zu Recht, den wissenschaftlichen Fortschritt selbst schon in den Rang einer Weltanschauung zu erheben. Fortschritt ja, aber nicht um jeden Preis! Und auch der Pluralismus, das Nebeneinander von unterschiedlichen Weltanschauungen und Überzeugungen, ist zwar für das Funktionieren einer Demokratie unerläßlich, dennoch aber kein Selbstzweck. Von der Toleranz allein kann man nicht leben. Man muß selbst eine Überzeugung haben, um tolerant sein zu können. So scheint sich durchaus so etwas wie eine neue Empfänglichkeit für einen Lebenssinn und ein Lebensziel anzubahnen: Nur, die katholische Kirche (wie die Kirchen überhaupt) ist es in ihrer gegenwärtigen Gestalt und mit ihren gegenwärtigen Glaubenslehren sicher nicht, die Antwort auf die Fragen unserer Zeit geben könnte. In unserer Zeit sind Glaube und Leben getrennt, die Welt des Glaubens und die Welt unseres Alltags stellen zwei verschiedene Wirklichkeiten dar, die sich fremd geworden sind, die anders denken und verschiedene Sprachen sprechen. Wie in einer langweilig gewordenen Ehe haben sich Glaube und Leben, Religion und Wirklichkeit auseinandergelebt. Man hat sich gegenseitig nicht mehr viel zu sagen, und man kennt sich inzwischen auch zu gut, um die Hoffnung zu hegen, es könnte anders und besser werden. Die großen Begriffe des Glaubens und tausend Aussagen der tradierten christlichen Frömmigkeit passen nicht mehr ins Weltbild des modernen Menschen, haben keinen „Sitz im Leben" mehr. Die Glaubensaussagen der Kirche gehen ins Leere, sprechen nicht an und erwecken so auch den Eindruck des Unbrauchbaren und Unnützen. Und von einem neuen Pfingststurm ist weit und breit nichts zu spüren. Eher scheint sich der Glaube in die eigenen Bastionen zu flüchten. Dort vielleicht läßt sich die Illusion eines „Hauses voll Glorie" noch halten. Woran also liegt es?

Einmal wohl an einem Autoritätsgehabe des kirchlichen Lehramts, das letztlich nur Ausdruck von Ängstlichkeit und Unsicherheit ist und das schon so weit geführt hat, daß sich der einfache Gläubige kaum noch mit denen „da oben" verbunden fühlt. Aussagen des kirchlichen Amts werden bestenfalls noch registriert, nicht aber wirklich ernst genommen. „Es geht nicht an", so der Theologe Kasper über die Glaubwürdigkeit der Kirche, „abstrakt zu sagen, der Glaube diene der Freiheit des Menschen, und gleichzeitig in der Kirche ein System der Unfreiheit und Angst zu praktizieren, wo alle Regungen freien Lebens argwöhnisch bewacht und womöglich unterdrückt werden. Es geht nicht an, das hohe Lied der Brüderlichkeit aller Menschen zu singen und nach wie vor ein absolutistisches Regime aufrecht zu halten." Es geht vieles nicht an in der katholischen Kirche. Am wenigsten aber eine unsichere Ängstlichkeit, die alles bewahren will und Gefahr läuft, alles zu verlieren. Frohbotschaft? Freude? Freiheit der Kinder Gottes? Man wird kaum sagen können, daß die Schreiben des kirchlichen Lehramts den Geist der Freiheit und der Freude atmen. Von Rom erwartet man ja schon nichts anderes als Verbote und Verurteilungen!

Nun können Sie zu Recht sagen, daß Sie dies auch bedauern, aber eben nicht ändern können, so wenig wie Millionen „einfacher“ Christen dies können. Aus diesem Grund möchte ich auch nicht auf diesem Punkt herumreiten. Und ich meine überdies, daß die Wurzel dieser Ängstlichkeit woanders liegt: Die Entfremdung von Glaube und Wirklichkeit hat ihre Ursache in der Unfähigkeit der katholischen Kirche, den Glauben an Jesus Christus in der Sprache unserer Zeit zu sagen. Damit meine ich wirklich auch die Sprache. Worte wie Gnade, Erbarmen, Ehrfurcht, Güte usw. sind in den christlichen Gebeten, Predigten, Lehren wie selbstverständlich zu Hause, kommen aber im Alltag unseres Lebens nicht mehr vor. Vor allem aber ist es das mythologische Weltbild, in dessen Gewand die Lehraussagen des katholischen Glaubens gekleidet sind und den Glauben wie eine mittelalterliche Maskerade in unserem grauen Alltag erscheinen läßt. Da wird im katholischen Glauben von der Jungfrauengeburt gesprochen, wo man heute doch wissen könnte, daß die Jungfräulichkeit Marias „nur“ die göttliche Herkunft Jesu aussagen soll. Da wird von einer von Adam und Eva verursachten Erbsünde gesprochen, als würde nicht jedes Kind heute in der Schule lernen, daß das Weltbild der Heiligen Schrift durch das Wissen um die Evolution revidiert ist. Da wird von der Himmelfahrt des Herrn gesprochen und der Marias. Und keiner kann sich etwas darunter vorstellen. Da wirtschaften Teufel und Engel in unserem Leben herum, so als hätten die letzten Jahrhunderte mit dem Fortschritt der Wissenschaften überhaupt nicht stattgefunden. Ist es denn ein Wunder, wenn der heutige Mensch sich sträubt? Wenn er diese „Märchen“ schlichtweg nicht glaubt? Wenn er sie vielleicht sogar in Bausch und Bogen verdammt?

Aber nun kommt erst die eigentliche Schwierigkeit. Denn wenn die konservativen Theologen sich weigern, der „Entmythologisierung“ des Evangeliums den kleinen Finger zu reichen, dann sicher nicht, weil sie nicht hie und da etwas zugestehen könnten, sondern weil sie die Grenze eines Entmythologisierungsprozesses nicht sehen (so wenig sie m. E. die „fortschrittlichen“ Theologen sehen). Man kann, um es konkret zu sagen, durchaus zugestehen, daß der Schöpfungsbericht der Heiligen Schrift nicht wörtlich zu nehmen ist. Aber wo hört man auf? Muß man die Auferstehung wörtlich nehmen? Darf man die Existenz des Teufels als einem antiquierten

Weltbild angehörend bestreiten, die einer Hölle jedoch nicht? Wer bestimmt, um das Bild noch einmal zu strapazieren, was an den überlieferten Glaubensaussagen nur Einkleidung und was unaufgebbarer Inhalt ist? Das ist wohl die letzte Ursache der oben genannten ängstlichen Unsicherheit des Lehramts. Weil man Angst hat, das Kind mit dem Bade auszuschütten, läßt man das Wasser halt in der Wanne. Damit ist dann niemandem gedient. Den Konservativen nicht, weil ihre Bastionen durch den Wissensfortschritt geschleift werden. Dem Fortschrittlichen nicht, weil auch der sich fragen muß, ob er nicht etwas preisgibt, was dem Glauben unveräußerlich ist.

Jean Améry weist auf das Dilemma der modernen Theologie hin: Entweder sie bewegt sich im Rahmen mythologischer Aussagen, dann muß die Aussage bestritten werden. Oder sie trifft „existentielle“ Aussagen – dann weiß man nicht, was damit gemeint sein soll: „‚Überm Sternenzelt muß ein guter Vater wohnen‘ – wenn er das hört, sagt sich der Atheist oder Agnostiker: Ich glaube das nicht, glaube es so gründlich nicht, daß ich mit approximativer Sicherheit zu sagen wage: Aber nein, er wohnt nicht dort. Wird ihm, dem Agnostiker, aber erklärt, daß der vielleicht größte Theologe unserer Zeit Ernst Bloch sei und daß Gott sich in der Geschichte verwirkliche, dann denkt er: Nun ja – Verzeihung! –, in Gottes Namen, vielleicht ja, vielleicht nein, das kann alles und nichts heißen, und man kann daraufhin ebensogut höflich den Kopf schütteln wie auch ernsthaft mit ihm nicken.“ Es scheint mir oft genug so zu sein. Im Bemühen, das Evangelium in die Sprache unserer Zeit zu übersetzen und unser Weltverständnis anstelle eines mythologischen zu setzen, gerät die Theologie an die Grenze sinnleerer Aussagen. Was soll es schon heißen, wenn gesagt wird, Christus sei in den Glauben seiner Jünger hinein auferstanden? Brauchen wir uns zu wundern, wenn uns von Atheisten und Agnostikern vorgehalten wird, unsere Glaubensaussagen seien entweder Mythologie oder aber schlechthin nicht mehr verstehbar? Dichtung? Literarische Ergüsse? Widerspiegelung von Stimmungen oder Lebenssituationen, nicht aber etwas, mit dem man sich vernünftig auseinandersetzen kann, weil das „etwas“ gar nicht mehr greifbar ist?

So ist die Frage: Was sollen wir noch glauben? durchaus berechtigt. Der heutige Mensch glaubt ja nicht deshalb nicht, weil er nicht will. Er kann es nicht. Er kann nicht glauben, was ihm zu glauben vorgelegt wird. Und so findet er auch, daß die ihm an und für sich bekannten Aussagen des Christentums für seine Welt- und Lebensdeutung wenig helfen. Es lebt sich nicht leichter mit dem christlichen Glauben. Das Leben wird nicht klarer, erträglicher, versöhnlicher. Warum wird der christliche Glaube eher als Last empfunden denn als Trost und Mut? Der Glaube wird dort, wo er geglaubt wird, viel mehr im Sinn eines „Dennoch" angenommen. Vor einigen Jahren schon schrieb J. Matthes: „Die zeitgenössische Welt- und Lebensdeutung vermag offenbar die Integration des durchaus bekannten Wissens um die Inhalte christlicher Religion mit den elementaren Sinngebungsakten des persönlichen und sozialen Lebens nicht zu leisten." Das scheint mir eine logische Folge der bisherigen Überlegungen zu sein: Hier das religiöse Wissen einerseits, dort das konkrete Leben – und beides geht nicht zusammen. Das Leben erhält vom religiösen Wissen keine Akzente, keine Sinnverweisungen mehr. Man braucht, um das Ausmaß der Katastrophe zu erfassen, ja nur an früher zu denken. Der Katholik früherer Jahrhunderte erhielt von seinem Glauben her diese Sinnverweise als Antwort nach dem Woher und Wozu seines Lebens: Man war da, um Gott zu dienen; geschaffen von Gott. Man wußte, woher das Böse in der Welt kommt und woher das Leid; man hatte seinen Platz innerhalb einer klar strukturierten Gesellschaft usw. Und heute?

In den Überlegungen zu dieser Anfrage ging es bisher in erster Linie um das „Wie" des Glaubens (das freilich mit dem „Was" zusammenhängt). Aber auch der Inhalt des Glaubens bzw. des Glaubenswissens sollte noch genannt werden. Ich teile nicht unbedingt die Meinung des oben genannten J. Matthes, der feststellt, daß „im ganzen ein recht solider Grundstock an kirchlich-religiösem Wissen, an Aussagen über den Inhalt und die Bedeutung des christlichen Glaubens, wie sie im organisierten Kirchentum hervorgebracht werden, in der Gesamtbevölkerung vorhanden" sei. Im Gegenteil. Ich bin der Meinung, daß die Mehrzahl der Gläubigen nicht einmal einen Grundstock an Glaubenswissen besitzt. Aber das bringt mich sofort in die Schwierigkeit, angeben zu müssen, was dieser Grundstock denn sei. Die Probe aufs Exempel. Stellen Sie sich vor, sie müßten einem normal gebildeten, erwachsenen Menschen unserer Breitengrade Religionsunterricht erteilen. Was müßte dieser vom katholischen Glauben wissen? Wieviel kann man von vorneherein „unterschlagen“? Ich stelle diese Anfrage nicht, um eine Aufzählung der Glaubensinhalte zu erhalten. Ich möchte nochmal auf die Eingangsfrage zurück. Auf das Problem der Auswahlchristen. Und da frage ich mich: Was kann man an Glaubensinhalten eigentlich unter den Tisch fallen lassen, ohne aufzuhören, ein Katholik zu sein? Die Schwierigkeit liegt auf der Hand: Entweder die Zahl der Gläubigen ist bereits zu einer verschwindenden Minderheit geschrumpft, oder aber man erkennt auch denjenigen christlich katholischen Glauben zu, die auswählen, die das eine glauben, das andere nicht, dieses bejahen, ein anderes nicht. Was sagen sie einem Menschen, der von sich sagt, er führe ein anständiges Leben, brauche dazu aber weder die wöchentliche Sonntagsmesse noch die Ehevorschriften des Papstes? Was sagt man, wenn dieser Mann oder diese Frau ausdrücklich katholisch sein will? Soll man ihnen die Türe weisen? Ich werde auf dieses Problem in meiner nächsten Anfrage noch einmal zurückkommen. Hier und jetzt möchte ich nur meine Verwunderung darüber ausdrücken, daß die katholische Kirche einerseits keine Abstriche am überlieferten Glaubensgut duldet, andererseits aber doch weiß (oder wissen müßte), daß an diesen strengen Maßstäben gemessen die meisten Katholiken keine Katholiken mehr wären!

Ein wenig verwirrt, gestehe ich, bin ich schon durch die achte Anfrage. Mir will scheinen, daß – nicht nur, aber auch – Themen wieder darin anklingen, die vor allem in den beiden ersten Anfragen vorgetragen wurden. Wenn diese Anklänge vielleicht auch am eindrücklichsten immer wieder nachdenklich machen, wenn z.B. die Frage, welche reale Bedeutung und Auswirkung denn der christliche Glaube im Alltag habe, immer wieder wert ist, neu bedacht zu werden, so möchte ich doch mindestens zunächst in der Antwort auf die achte Anfrage das zu bedenken suchen, was mir darin neu zu sein scheint. So gesehen, scheint mir die Anfrage auf das Verhältnis des normalen Durchschnittskatholiken zur kirchenlehramtlichen Lehre seiner Kirche zu gehen. Vermutlich ist diese Frage, so weit sie eine eigentlich theologische und nicht rein soziologische oder pastoraltheologische ist, noch nicht genügend in der Theologie durchdacht. Man muß ihr darum eine gewisse Freiheit des Meinens und Suchens zubilligen.

Vielleicht kommt man dem genaueren Verständnis der achten Anfrage näher, wenn man sich zunächst die Frage stellt, warum die Theologie sich verhältnismäßig wenig um eine differenziertere Antwort auf die Frage bemüht hat, welches Verhältnis der durchschnittliche katholische Christ zur kirchenamtlichen Lehre seiner Kirche hat und haben soll und haben darf. Im großen und ganzen hat man auf diese Frage geantwortet: Er glaubt fest und unerschütterlich, das was die Kirche in ihrem Lehramt zu glauben vorstellt; wenn er das auch nur an einem einzelnen Punkt dieser Lehre nicht tut, dann ist er, theologisch gesehen, von der Kirche abgefallen, ein Häretiker, mindestens dann, wenn die Leugnung eines solchen Glaubensinhaltes „öffentlich“ geworden ist, also auch dann, wenn er im Sinne des bürgerlichen Rechtes nicht aus der Kirche ausgetreten ist, sondern – immer noch Kirchensteuer bezahlt. Bei dieser traditionellen Antwort auf die gestellte Frage wurde im Durchschnitt zwar nicht geleugnet, aber doch nicht sehr deutlich unterstrichen, daß sich diese Antwort über Glaubenspflicht und Trennung im Glauben, strenggenommen, nur auf das eigentlich verbindliche Dogma und nicht auf andere Lehren des kirchlichen Lehramtes bezieht. Diese einschränkende Klausel ist wohl bis heute dem Normalchristen nicht deutlich und darum auch nur sehr bedingt praktikabel, weil es gar nicht so einfach, ja in konkreten Einzelfällen auch durch die Theologen gar nicht eindeutig entscheidbar ist, was über die selbstverständlichste Grundsubstanz des christlichen Glaubens hinaus schlechthin verbindliches Dogma ist. Die kirchenamtliche Verkündigung in päpstlichen Enzykliken usw. läßt sogar mit einer gewissen Absicht die Unterscheidung zwischen letztverbindlichem Dogma und nicht letztverbindlichen, wenn auch authentischen Lehren der Kirche im unklaren und betont mehr, daß ein normaler Christ eine Pflicht der Zustimmung auch bei solchen Lehren des Lehramtes habe, die nicht eigentlich Dogma sind. Bei einer solchen primitivisierenden Grundantwort könnte man, um es gleich hier schon zu sagen, der Feststellung der achten Anfrage recht geben, daß die große Majorität der faktischen Katholiken gar nicht schlechthin Katholiken seien, sondern als Auswahlchristen betrachtet werden müßten. Der geistessoziologische Hintergrund für die primitivisierende Grundfrage liegt einfach in der Mentalität früherer Zeiten. In diesen alten Zeiten glaubte der einzelne Durchschnittsmensch, wenn er nicht mit einer gewissen ausdrücklichen Reflexion widersprach, auch wirklich positiv das, was herrschende Meinung in der Gesellschaft, was die geistige und gesellschaftliche Elite, was die Obrigkeit des Staates für wahr und richtig hielten. Bei einer solchen geistig homogenen Gesellschaft, in der wenige für alle den Ausschlag gaben, mußte ein Widerspruch zur allgemein angenommenen Überzeugung der Gesellschaft (besonders wenn er öffentlich geäußert werden sollte) mit viel Überlegung und Reflexion und persönlicher Entscheidung gebildet werden. Dementsprechend setzte die geschilderte Antwort voraus, daß in Sachen der Religion ein Mensch seine Überzeugungen mit einem überlegten dezidierten Ja seiner Rationalität und seiner Freiheit trifft. (Mit einem merkwürdigen Optimismus billigte man auch den religiös Ungebildeten und Primitiven eine rational legitimierte Überzeugung hinsichtlich seiner konkreten Glaubensinhalte zu und verrechnete auch ziemlich selbstverständlich „Zweifel“ gegenüber Glaubenswahrheiten als deren Leugnung.) Die oben skizzierte Grundkonzeption in Glaubenssachen entsprang einer ganz bestimmten Grundmentalität einer Zeit, die heute vergangen ist oder immer mehr vergeht; sie setzte voraus, daß das eine Ganze der Lebensüberzeugungen eines Menschen sich aufbaut auf absoluten Überzeugungs-Entscheidungen in Freiheit. Aber eben diese geistessoziologischen Voraussetzungen sind heute nicht mehr gegeben. Und darum verlangt die Frage, wie die Mentalität des einzelnen in grundlegenden Lebensfragen sich zur kirchenamtlichen Lehre verhalte und verhalten dürfe, eine differenziertere Antwort. Wenn man diese überhaupt geben kann, kann sie nur in Einzelstücken geboten werden. Was ist und was sein soll, muß immer unterschieden und doch auch gegenseitig in Beziehung gebracht werden.

Zunächst muß die neue Grundstruktur der Mentalität des heutigen Menschen unbefangen gesehen und in Anschlag gebracht werden. Die alte Grundantwort setzte voraus, daß die Mentalität eines Menschen, die für seine eigentliche, religiöse Existenz von Bedeutung ist, gebildet wird aus fixen und mit einer absoluten Zustimmung bejahten religiösen Grundüberzeugungen, die eindeutig, klar und unerschütterlich festgehalten werden, auch wenn man natürlich das Phänomen eines Wechsels in solchen Grundüberzeugungen, einer Bekehrung usw. nicht einfach übersah. Nun soll natürlich nicht geleugnet werden, daß eine geistige Existenz in Freiheit ohne jedwede solche Grundaxiome letzter Art gar nicht denkbar ist, und wäre ein solches Grundaxiom auch nur die Überzeugung, daß es schlechterdings solche nicht gibt und geben kann. Die Überzeugung, daß selbstlose Liebe und Egoismus nicht gleichberechtigte Gegenstände einer Lebensentscheidung sind, daß man einen anderen Menschen nicht zu seinem eigenen Nutzen verbrauchen dürfe usw., sind auch heute noch solche existentiale Grundaxiome, die, selbst wo wir sie verletzen, nochmals mit absoluter Würde unsere Zustimmung erheischen. Aber wenn auch heute solche Grundnormen absoluter Art immer noch gegeben sind, so ist heute doch ein Doppeltes im Unterschied zu früher gegeben: Diese Grundaxiome waren früher konkret und für die Reflexion einfach identisch mit den Grunddogmen des Christentums, identisch für die Reflexion, in der diese und jene gegeben waren: es gibt einen Gott, den letzten Garanten des Sittlichen, es gibt ein Gericht, es gibt ein ewiges Leben, es gibt Vergebung, die uns durch Jesus Christus, den Gekreuzigten und Auferstandenen, zugesagt ist. Selbst wenn wir die Existenz und unabdingbare Bedeutung gewisser Lebensgrundaxiome nicht bezweifeln, so können wir, auch wir Christen, nicht mehr einfach behaupten, daß diese Axiome faktisch identisch sind mit den Grunddogmen des Christentums. Faktisch identisch heißt hier natürlich: identisch für unser reflexes Bewußtsein. Daß sie in der eigentlichen Sache letztlich doch identisch sind, daß z. B. eine absolute Forderung des Sittlichen sich als Forderung „Gottes“ zeigen kann und letztlich muß, das ist natürlich nicht geleugnet, muß aber in einer neuen Aufgabe des Christentums langsam und geduldig deutlich gemacht werden. Das zweite, was die heutige Mentalität in Lebensfragen von den früheren unterscheidet, ist der Umstand, daß die heutige Mentalität, unbeschadet der Existenz der genannten Grundaxiome, weitgehend aus *Meinungen* besteht, die wir zwar für unsere eigene Existenz brauchen und denen wir dennoch nicht eine absolute Zustimmung zu geben vermögen. Wir erachten sie einerseits als unvermeidlich und können ihnen doch nur den Charakter des Wahrscheinlichen, des vorläufig Geltenden, des künftig durchaus Überholbaren und Ersetzbaren zuerkennen. Der Mensch von früher lebte, was Religion und das Sittliche angeht, in der Dimension, in der es nur Wahrheit und Irrtum gab. Heute leben wir in der Dimension des vorläufig Wahrscheinlichen und Wahrscheinlicheren, des Fraglichen und grundsätzlich immer Überholbaren. Das gilt einfach als Feststellung eines geistigen Klimas, auch für den Christen, zumal wenn er als heutiger Weltbürger die Repräsentanten aller Religionen zu Nachbarn hat und diesen grundsätzlich ebensoviel Intelligenz und Moral wie sich selber zubilligen muß. Dazu kommt, daß diese „weichere“, *als* dauernd im Werden und Veränderung begriffen erlebte Mentalität aus viel mehr Einzelmomenten (Einzelerkenntnissen, Einzelmotivationen usw.) disparatester Art als früher besteht, die der einzelne gar nicht mehr adäquat positiv synthetisieren kann. Die Mentalität von heute ist im Gegensatz zu früheren Zeiten charakterisiert durch Meinungen vorläufiger und bedingter Art, die gar nicht mehr gänzlich zu einem festen „System“ vereinigt werden können. Hier liegen die Voraussetzungen und Gründe, von denen aus die neue Grundfrage über das heute mögliche und richtige Verhältnis des einzelnen zur amtlichen Glaubenslehre der Kirche beantwortet werden muß.

Zunächst einmal ist es verständlich und legitim, daß die Kirche als ganze in ihren amtlichen Repräsentanten für sich selber die genannten Grundaxiome, aus denen sie lebt und wirkt, mit ihren Grunddogmen identifiziert. Man könnte zwar nachweisen, daß eine gewisse Differenzierung auch im amtlichen Glaubensbewußtsein zwischen den beiden Größen vorhanden und legitim ist. In der Lehre des II. Vatikanischen Konzils ließen sich diesbezügliche Beobachtungen machen. Aber die auch hier vielleicht mögliche Differenzierung wird doch kaum reflektiert. Die Amtskirche geht von der Existenz Gottes, von der Existenz seiner Offenbarung im Christentum aus, verkündet diese und die übrigen Grunddogmen des Christentums als das Erstgegebene, überläßt den Apologeten des Christentums die mühevolle und oft erfolglose Arbeit, diese christlichen Grunddogmen noch einmal fundamentaltheologisch als glaubwürdig zu erweisen (vor allem auch im Rückgriff auf jene existentialen Grundaxiome, die auch ein Mensch von heute als für sich gültig anerkennt). Dieser Standpunkt der amtlichen Kirche ist verständlich und durch eine Tradition von fast 2000 Jahren gedeckt. Man kann auch dann noch fragen, ob nicht doch auch die kirchenamtliche Verkündigung des Christentums ausdrücklich und eingehend sich der Grundaxiome als christlicher annehmen müßte, die einem Menschen von heute unmittelbar und sicher glaubwürdig sind, um von da aus erst das bisherige christliche Dogma sowohl ausdrücklich glaubwürdig vorzustellen, als auch neu zu formulieren, so daß der Rückverweis von diesem Dogma auf die heute unmittelbar erfahrbaren Grundaxiome wirklich greifbar ist. Ob, wenn eine solche Entwicklung doch langsam stattfinden und glücken würde, wir noch einmal zu einer einfacheren und selbstverständlicheren Identifikation zwischen dem amtlich formulierten Dogma der Kirche und den gleichzeitigen Grundüberzeugungen des Menschen kommen können oder eine gewisse Diastase zwischen beiden zu einem irreversiblen Schicksal der menschlichen Geistesgeschichte gehört, das wird eine Frage bleiben, die zunächst keine Antwort findet.

Was soll aber jetzt der einzelne tun bezüglich seines „Glaubens" im Verhältnis zur amtlichen Lehre der Kirche? Zunächst einmal ist es selbstverständlich, daß sein eigener „Glaube" in seiner Inhaltlichkeit nicht einfach die Reproduktion und Wiederholung des Glaubens der Amtskirche sein muß. So wie das geistige, wissenschaftliche und kulturelle Bewußtsein eines Volkes zu einer bestimmten Zeit nicht einfach als ganzes in seiner Fülle und Differenziertheit im Geiste eines einzelnen Menschen, der dieser Zeit angehört, Platz hat, und dieser dennoch legitim zu diesem Volk und seiner Geistesgeschichte gehört, so ist auch der nicht erst ein kirchentreuer Christ, der mehr oder weniger voll und differenziert alle Lehren, die im Denzinger zu finden sind, in seinem Kopf versammelt. Ein normaler Christ, von dem ein langes theologisches Studium gar nicht verlangt werden kann, darf, gemessen am Gesamtglaubensbewußtsein der Kirche, durchaus Akzente setzen und auswählen. Das ist ja möglich, ohne darum dasjenige dezidiert zu leugnen, was bei solcher Auswahl beiseite gelassen wird. Natürlich sollten eine solche „Auswahl" und individuelle Reduzierung sinnvoll gemacht werden, wobei diese Auswahl und Strukturierung des individuellen Glaubensbewußtseins natürlich größerenteils durch die konkreten Lebensumstände des einzelnen stillschweigend erzielt werden; aber ein Stück weit wird es durchaus legitim auch durch reflexe Entscheidungen erzielt, in denen man sich für dieses „interessiert", jenes auf sich beruhen läßt. Heute hat ein Christ in seiner Situation gewiß Pflicht und Recht, bei einer solchen Auswahl sich auf die fundamentalsten Fragen des christlichen Glaubens zu konzentrieren und vieles andere beiseite zu lassen, weil es bei ihm nicht auch noch Raum finden kann. Er soll wissen in einer Glaubensentscheidung, warum er an Gott glaubt, er soll den Mut haben, betend dieses Geheimnis seiner Existenz anzurufen und das ewige Leben zu erhoffen, er soll auf Jesus, den Gekreuzigten und Auferstandenen, blicken, und daraus die Hoffnung empfangen, daß alle tödlichen Absurditäten seiner Existenz und seiner Schuld sich im Licht und der Liebe Gottes auflösen werden, er soll den Willen haben, in einem nüchternen religiösen „Sozialismus" zu der Gemeinde derer zu gehören, die diesen selben Glauben in selber Hoffnung haben und die versuchen, einander zu lieben. Aber so er dies tut, braucht er sich z. B. nicht in die Frage zu vertiefen, was mit „Erbsünde" eigentlich genauer gemeint ist, was die unbefleckte Empfängnis der Heiligen Jungfrau genauer bedeutet und was nicht, ob und warum es gerade sieben Sakramente gibt, was die hypostatische Union in diesem Jesus von Nazareth bedeutet, was die Unfehlbarkeit des Papstes meint und was nicht. Niemanden ist es verwehrt, sich auch in solche Fragen zu vertiefen. Aber wenn es nicht möglich ist oder es nicht gelingt, dann läßt man eben solche Fragen auf sich beruhen, ist dennoch ein guter, gläubiger Katholik. Man kann nicht sagen, daß zur Grundsubstanz des christlichen Glaubens alles und jedes gehöre, was in einem kirchenamtlichen Katechismus ausdrücklich gesagt wird. Lob sei dem, der das alles weiß. Aber in vielen Fällen wäre es noch besser, wenn einer weniger wüßte, dies aber existentiell deutlicher und radikaler lebte. Wer so in „Auswahl" glaubt, ist kein Auswahlchrist, sondern ein ganz normales Glied der Kirche. Das ist an sich eine Binsenwahrheit, die ohne jedes Bedenken unreflex von unzähligen Christen praktiziert wird. Aber es gibt doch heute intellektuell differenziertere Menschen, die meinen, sie könnten nur dann ehrlich Glieder der Kirche sein, wenn sie mindestens einmal den Inhalt eines mittleren Katechismus deutlich und in seinen Einzelheiten reflex wissen und positiv sich zu eigen gemacht, existentiell angeeignet haben. Dann aber empfinden sie sich überfordert und meinen, nicht ehrlich kirchliche Christen sein zu können.

Solche auswählenden Christen, die keine Auswahlchristen sind, leugnen ja das, was sie für ihren eigenen spirituellen Haushalt beiseite lassen, gar nicht. Erst eine wirkliche Leugnung dezidierter Art mit dem ganzen Gewicht der Freiheit, die über Leben und Tod entscheidet, würde ein positives Verhältnis eines einzelnen Glaubenden zum Glaubensbewußtsein der Kirche als ganzer aufheben und würde einen solchen, wenn diese Leugnung in der Öffentlichkeit gegeben wäre, der Zugehörigkeit zur Kirche berauben. Aber eine solche ausdrückliche und entschiedene Leugnung ist in dem hier gemeinten Fall gar nicht gegeben. Gerade ein Mensch von heute müßte in einem solchen Fall die Mentalität wirksam werden lassen, von der oben die Rede war: ein Mensch von heute kennt auch außerhalb des religiösen Bereiches eine Unmenge disparater Ansichten und Meinungen, zwischen denen positiv, eindeutig und absolut zugunsten einer bestimmten zu entscheiden ihm einfach in seiner konkreten Situation nicht möglich ist. Er bleibt unentschieden und läßt die Sache auf sich beruhen. Das ist auch in unserem Falle möglich; die Koexistenz von Meinungen hat einen größeren Spielraum als die von dezidierten Urteilen. Das gilt auch in unserem Fall mindestens deshalb, weil ein solcher Christ im konkreten Fall, in dem er sein letztes Urteil zwischen zwei sich widerstreitenden Ansichten suspendiert, mindestens meistens, gar nicht sicher weiß, ob sein Verständnis einer theologischen Lehre der Kirche, das er im Widerspruch zu einer anderen seiner Meinungen empfindet, tatsächlich sowohl die kirchliche Lehre wirklich richtig wiedergibt wie auch wirklich dieser anderen Meinung widerspricht. In seinen konkreten Verhältnissen wird er sich nicht positiv aus dieser Unsicherheitssituation herausarbeiten können; er hat darum das Recht, das ganze Problem auf sich beruhen zu lassen.

Nun könnte man einwenden, ein katholischer Christ sei doch nur wirklich ein solcher, wenn er die Unfehlbarkeit der Kirche in ihrer Lehre (unter den bekannten Bedingungen) formal als solche mit einer absoluten Glaubenszustimmung festhalte, er könne und müsse also in der geschilderten Situation sagen: wegen dieser formalen Autorität der Kirche nehme ich eine Einzellehre der Kirche an, auch wenn ich sie in sich selbst als wahr nicht einsehe, bzw. ihre theologische Herleitung aus Schrift und Tradition nicht selber durchführen kann, und ich verwerfe darum wegen dieser formalen Autorität des Lehramtes eindeutig eine entgegenstehende Lehre. Man könnte also sagen, die Suspension eines Urteils in komplizierteren Fällen, die für das konkrete religiöse Leben eines normalen Christen nicht von existentieller Bedeutung sind, sei für einen katholischen Christen doch nicht erlaubt, weil er ja von der Glaubenszustimmung zur formalen Autorität des Lehramtes her in einer solchen Suspension des Urteils gar nicht verharren könne. Gegen diesen Einwand ist aber nun zu sagen, daß sowohl von der objektiven Bedeutung der Glaubenssätze und von ihrem Zusammenhang (von der Hierarchie der Wahrheiten) her wie auch von der praktischen Wirklichkeit des Lebens her, die formale Autorität des Lehramtes (im absoluten katholischen Sinn) gar nicht die fundamentalste und auch subjektiv am leichtesten zu erreichende Wahrheit ist; sie ist vielmehr trotz ihrer formalen Bedeutung für die ganze christliche Lehre eine relativ sekundäre und gar nicht leicht erreichbare Lehre. Man glaubt doch (grundsätzlich und praktisch) an Gott, an das ewige Leben, an Jesus Christus usw. und *darum* an die Kirche und ihre formale Lehrautorität und nicht umgekehrt, auch wenn diese fundamentaleren Wahrheiten uns faktisch (geschichtlich und didaktisch) von der Kirche herkommen. Das heißt aber noch längst nicht, daß diese erste Begegnung mit der Kirche schon eine Annahme ihrer unfehlbaren Lehrautorität sei. Es ist umgekehrt: im idealen Fall kann die religiöse Erfahrung, die sie über Gott usw. vermittelt, am Ende auch noch zur glaubenden Annahme ihrer unbedingten Lehrautorität (logisch und psychologisch gemeint) führen. Der Satz Augustins, er würde dem Evangelium nicht glauben, würde ihn dazu die Autorität der Kirche nicht bewegen, ist falsch, so fromm und kirchlich er auch klingen mag. Logisch und existentiell ist also der Glaube an die Autorität der Kirche eine jener vielen Wahrheiten, die, wenn überhaupt, nur in einem langsamen Prozeß der Glaubenserkenntnis erreicht wird, und es gilt auch von diesem Glaubenssatz, was wir von vielen andern feststellen konnten und mußten, auch wenn dieser Satz an sich eine zurückwirkende formale Bedeutung für andere Glaubenserkenntnisse hat. Tatsächlich wird ja in der Praxis der Kirche nie jemand als Häretiker belangt, wenn er die Unfehlbarkeit des kirchlichen Lehramtes nicht als seine absolute Glaubensüberzeugung ausdrücklich bekennt, vorausgesetzt nur, er leugne sie nicht dezidiert und öffentlich. Diese Praxis der Kirche hat ihre Berechtigung nicht bloß in der praktischen Unmöglichkeit, mit einer so zahlenmäßig großen Glaubensgemeinschaft anders vorzugehen, sondern eine innere theologische Legitimation, weil der endliche Mensch immer und mit Recht hinter der absoluten Universalität der ganzen Wahrheit zurückbleibt, sie nur erträgt, wenn er nicht ihre ganze Last tragen muß. Wenn es wahr ist, daß der subjektive Katechismus eines normalen Christen auch nicht einmal mit dem kleinen Katechismus positiv identisch sein muß (so wünschenswert so etwas wäre), dann wäre es freilich angebracht, daß die amtliche Verkündigung der Kirche genauer darüber nachdächte, was sie einem Menschen von heute zuerst und zuletzt mit Geist und Feuer verkünden müßte und was sie getrost ein wenig leiser und vielleicht sogar ungenauer sagen könnte.

Diese Auffassung von einem lockeren Verhältnis des einzelnen Christen zur Lehre der Amtskirche führt nicht aus der Kirche und marginalisiert einen nicht. Es bedeutet in keiner Weise, daß die entfaltete und differenzierte Lehre der Kirche, so wie sie sich in einem vielhundertjährigen geschichtlichen Prozeß ausgebildet hat, keine Bedeutung habe oder höchstens dem denkerischen Luxus der Theologen oder sogar ihrer Rabbis zu verdanken sei. Die große und entfaltete Wahrheit des Christentums im Gesamtbewußtsein der Menschheit durch alle Räume und Zeiten hindurch ehrt Gott, die ewige Wahrheit. Darüber hinaus können je nach Orten und Zeiten Klärungen und Präzisierungen theologischer Einzelfragen für bestimmte Menschen und Gruppen in der Kirche unerläßlich sein. An diesem Punkt könnte man dann natürlich fragen (was für eine ökumenische Theologie von großer Bedeutung wäre), ob die Kirche Wahrheiten, die sie in einer bestimmten geschichtlichen Stunde notwendig sehr detailliert artikulierte, auch wieder „vergessen" könne und dürfe oder ob im Jahre 2000 ein südamerikanischer und ein afrikanischer Christ, Verkünder des Evangeliums, Theologe, zur scholastischen Rechtfertigungslehre des Trienter Konzils ein ähnlich blasses, fast zu historischer Neugierde geschrumpftes Verhältnis haben werde und dürfe, wie wir es heute selber z. B. zum Konzil von Orange haben. Sicher stehen auch definierte Glaubenswahrheiten in einer Geschichte, die noch nicht abgeschlossen ist und die auch die weitere Geschichte dieser Dogmen selber ist. Möglich ist immer auch, daß scheinbar fast aus unserem existentiellen Bereich entrückte Glaubensdefinitionen plötzlich wieder eine ganz neue Gewichtigkeit und Sprengkraft erhalten können, und Theologen, wo sie ernsthaft arbeiten, nicht bloß negativ, sondern auch positiv die Bedeutsamkeit alter Dogmen zum Verständnis bringen können.

Wir haben uns bisher zu besinnen versucht über das Verhältnis des einzelnen „normalen Christen" zur definierten Glaubenssubstanz, wobei freilich die Frage der Grenzziehung zwischen eigentlichem Dogma und anderen authentischen Lehren des Lehramtes im

Dunkel blieb und hier nicht weiter behandelt werden kann. Es ist aber noch einiges zu sagen über das Verhältnis des einzelnen Christen zu Lehren, die das Lehramt vorträgt und verteidigt, ohne für sie die Verbindlichkeit eines Dogmas in Anspruch zu nehmen. Man denke z. B. an die Verwerfung des Polygenismus durch Pius XII., an die Lehre Pauls VI. in „Humanae vitae", um nur zwei Beispiele aus jüngster Zeit zu nennen. In den meisten Fällen wird es sich um solche Lehren handeln, die der normale Christ einfach auf sich beruhen lassen kann, weil sie ihn nicht wirklich berühren. Aber wie die beiden eben genannten Fälle zeigen, gibt es doch solche authentischen Lehren des Lehramtes, in denen er sich mit der bisher vorgetragenen Verhaltensregel allein nicht genügend helfen kann. In solchen Fällen wird man sagen können, was die deutsche Bischofskonferenz schon vor „Humanae vitae" erklärt hat und dann in der sogenannten Königsteiner Erklärung auf „Humanae vitae" angewendet hat: „Was einen Irrtum und eine Irrtumsmöglichkeit in nichtdefinierten Lehräußerungen der Kirche, die selbst wiederum von sehr verschiedenen Verpflichtungsgraden sein können, angeht, so ist zunächst einmal nüchtern und entschlossen zu sehen, daß das menschliche Leben schon ganz im allgemeinen immer auch ‚nach bestem Wissen und Gewissen' aus Erkenntnissen leben muß, die einerseits theoretisch als nicht absolut sicher erkannt werden und doch ‚hier und jetzt', weil vorläufig nicht überholbar, als gültige Normen des Denkens und Handelns zu respektieren sind. Jeder Mensch weiß das aus seinem konkreten Leben heraus; jeder Arzt in seiner Diagnose, jeder Staatsmann in seiner politischen Situationsbeurteilung und der darauf aufbauenden Entscheidung weiß um diese Tatsache. Auch die Kirche kann in ihrer Lehre und Praxis sich nicht immer und in jedem Fall vor das Dilemma stellen lassen, entweder eine letztverbindliche Lehrentscheidung zu fällen oder einfach zu schweigen und alles der beliebigen Meinung des einzelnen zu überlassen ... Wer glaubt, der privaten Meinung sein zu dürfen, die bessere künftige Entscheidung der Kirche schon jetzt zu haben, der muß sich vor Gott und seinem Gewissen in nüchtern selbstkritischer Einschätzung fragen, ob er die nötige Weite und Tiefe theologischer Fachkenntnis habe, um in seiner privaten Theorie und Praxis von der augenblicklichen Lehre des kirchlichen Lehramtes abweichen zu dürfen. Ein solcher

Fall ist grundsätzlich denkbar. Aber subjektive Überheblichkeit und voreilige Besserwisserei werden sich vor Gottes Gericht zu verantworten haben." Vorher hatte es bezüglich nichtdefinierter Lehren des kirchlichen Amtes noch ausdrücklich geheißen: „Wir (die Bischöfe) meinen die Tatsache, daß der kirchlichen Lehrautorität bei der Ausübung ihres Amtes Irrtümer unterlaufen können und unterlaufen sind. Daß so etwas möglich ist, hat die Kirche immer gewußt, in ihrer Theologie auch gesagt und Verhaltensregeln für eine solche Situation entwickelt." Wie schon gesagt, handelt es sich bei solchen authentischen, nicht definierten und dem Irrtum ausgesetzten Lehrentscheidungen nicht immer bloß um theologische Subtilitäten, die einen normalen Christen von vornherein nicht interessieren. Die sich auch lehramtlich und nicht nur praktisch äußernde Resistenz der Amtskirche gegen die freiheitlichen und demokratischen Tendenzen der bürgerlichen Gesellschaft im XIX. Jahrhundert, die reaktionäre Verurteilung vieler Auffassungen der modernen Exegese, nicht weniges an zu globaler Verdammung von Meinungen des Modernismus zu Beginn des XX. Jahrhunderts, die Beurteilung der „Pille" durch Paul VI., solche und ähnliche Erklärungen des kirchlichen Lehramtes, die bestreitbar sind, interessieren auch den Laien in der Kirche. Insofern wäre auch die Betonung der Fachkompetenz des Theologen, die unter Umständen den Normalchristen zu sehr in die Position des Unmündigen drängt, in den eben zitierten Sätzen der Deutschen Bischofskonferenz doch noch zu ergänzen. Auf jeden Fall aber räumen sie dem individuellen Wahrheitsgewissen einen so großen Spielraum ein, daß für den normalen Christen ein Konflikt auf Biegen und Brechen mit der Kirche bezüglich ihres Lehramtes doch eigentlich nur dann in Frage kommt, wenn es sich um die letzte Substanz des christlichen Glaubens handelt.

Natürlich lag es in der Eigentümlichkeit der bisherigen Fragestellung, daß die positive Funktion der amtlichen Glaubensverkündigung für den normalen Christen zu wenig betont wurde. Diese gibt es natürlich. Auch bei dem Christen, der bei seinem Bildungsniveau und seinem Kontakt mit nichtchristlicher Kultur Spannungen zwischen seinem individuellen Bewußtsein und der amtlichen Glaubensverkündigung deutlich empfindet, sollte das Bewußtsein lebendig sein, daß er die Grundsubstanz des christlichen Glaubens, aus der heraus er lebt, eben doch dieser Kirche, ihrem Amt und ihren Institutionen verdankt.

Ein großer Teil eines kritischen Verhältnisses des einzelnen zur Kirche in ihrem Amt und ihren Institutionen stammt freilich nicht so sehr aus der Lehre der Kirche, sondern aus ihrem praktischen Leben und der Eigenart, mit der sie in ihrem Handeln, ihrem Recht, ihrem praktischen Gemeindeleben usw. dem einzelnen gegenübertritt. Aber darüber wird wohl noch in der Beantwortung einer weiteren Anfrage zu sprechen sein.

IX.
Praktische Kirchlichkeit

Es gibt im Raum der christlichen Kirchen schon seit einiger Zeit eine „dritte Konfession“, d.h. eine bezeugte und gelebte Christlichkeit derer, die sich zwar den Glaubensinhalten und Lebensnormen der tradierten Konfessionen nicht sonderlich verpflichtet fühlen, die dennoch aber Christen sein wollen. Von der „Kerngemeinde“, von den kirchlich engagierten Christen, werden diese Menschen zwar abqualifiziert: Taufscheinchristen, Karteileichen, Feiertags- oder Fronleichnamschristen. Der Pastoraltheologe N. Mette fügt dem jedoch hinzu, „daß solche und ähnliche Bezeichnungen sich weniger einer theologischen Reflexion verdanken. Eher wird man sie auf sozial-psychologisch zu erhellende Ursachen zurückführen können: Sie dienen der Abwehr einer als bedrohlich erfahrenen Tendenz innerhalb der Kirche und damit der eigenen Selbstvergewisserung.“

Ich wundere mich, daß das kirchliche Lehramt noch keine rechte Einstellung zu diesen Christen gefunden hat und noch keine Stellungnahme vorliegt. Hat man Angst? Fürchtet man sich vor dem Bruch, vor dem nüchternen Eingeständnis, daß die streng christlichen Kirchen schon längst keine Volkskirche mehr sind? Auf den Tagungen christlicher Akademien und in den Veröffentlichungen von Pastoraltheologen ist man sich der Problemlage bewußt. Nicht von ungefähr wird dort das Thema oft unter der Überschrift: „Jugend ohne Normen“ abgehandelt, denn die Reibungsflächen zwischen der Kirche und der jungen Generation bilden statistischen Erhebungen zufolge nicht so sehr die dogmatischen Lehrsätze des Glaubens, sondern die von der Kirche geforderten Normen der Lebensführung. Kurz: Man lebt nicht mehr so, wie es die Kirche verlangt und vorschreibt. Das gilt in erster Linie für den Sakramentenempfang wie für die Ehe- und Sexualmoral.

Diesbezüglich meint H. Weber kurz und bündig: „Die faktische Situation ist, um es in aller Kürze zu sagen, ohne Zweifel dadurch charakterisiert, daß man in hohem Maße von dem in der Kirche tradierten und auch heute noch in ihr verkündeten Normengefüge abgeht.“ Erinnert man sich nun aber daran, daß dieses Abgehen auf die Dauer gar nicht möglich sein kann, ohne schwere Sünde und den Verlust der (heiligmachenden) Gnade Gottes – so jedenfalls die Lehre der Kirche – und daß es sich weiterhin hier auch gar nicht um Schuld aus momentaner Schwäche handelt, sondern um eine Grundsatzeinstellung (die zu beichten gar nicht in den Sinn kommt!), dann verwundert die Haltung der Kirche. Sollte die Kirche nicht von sich aus einen Trennungsstrich ziehen? Sollte sie nicht sagen – und dementsprechend handeln! –, daß man mit einer solchen Grundeinstellung eben kein Christ sein kann? Sollte man also nicht den „distanzierten Christen“ schlicht mitteilen, daß ihre Christlichkeit keine Anerkennung findet und sie aus der Kirche ausgeschlossen sind? Das wäre heute um so leichter, als die katholische Kirche doch selbst auf dem Zweiten Vatikanischen Konzil das Heil nicht mehr ausschließlich an die soziologische Kirchenzugehörigkeit knüpft, sondern das Heil auch denen zuspricht, die, auch außerhalb der Kirche, nach ihrem Gewissen leben. Natürlich könnte ein in den überlieferten Bahnen denkender Theologe sagen, es brauche gar keine ausdrückliche Exkommunikation der „Randchristen“. Sie seien dadurch, daß sie in schwerer Schuld leben, schon automatisch nicht mehr echte Glieder der Kirche. Aber ehrlich gesagt: das halte ich für Betrug. Dann sollte man sie dies auch wissen lassen. Man sollte den Nicht-mehr-Christen die Taufe ihrer Kinder, kirchliche Eheschließung und ein katholisches Begräbnis verweigern wie auch – last not least – auf den Kirchensteuerbeitrag verzichten. Das geschieht natürlich nicht.

Nun will ich gar nicht unterstellen, daß es die Kirchensteuern sind, die den Ausschlag geben. Im Gegenteil. Ich meine, daß die Amtskirche uneingestanden schon etwas vom hohen Roß ihrer Forderungen heruntergestiegen ist und nur nicht offen auszusprechen wagt, was sie toleriert. Was ist das im einzelnen?

Dem heutigen Menschen will nicht mehr einleuchten, daß kirchenamtliche Verlautbarungen, die das praktische Leben angehen, mehr sein sollten als eine Meinung unter vielen möglichen, die sich im Leben zu bewähren hat und deren Wert am Leben gemessen wird. Hier hat die Praxis die Theorie längst überholt. Denn theoretisch weiß der „einfache Gläubige“ kaum um jene differenzierten Unterscheidungen, die der Theologe den Äußerungen des Lehramts gegenüber kennt. Aber der „einfache Gläubige“ weiß, daß auch die Normen der Kirche nicht unbedingt Evangelium sind. Daß sie zahlreichen Bedingungen unterliegen, nicht frei sind von geschichtlichen Einflüssen usw. Und deshalb wählt er eben wieder aus. Er nimmt die Normen an, die ihm in seinem Leben und zur Lebensbewältigung helfen, und läßt liegen, was ihm nur Gesetz um des Gesetzes willen dünkt. Und ein Weiteres kommt hinzu. Im Zeitalter des Pluralismus, in einer Zeit, in der die Menschen nach verschiedenen Katechismen leben, sieht man ja erst, daß es auch anders geht. Besser vielleicht. Dadurch werden die eigenen Normen und Gebote in Frage gestellt. Sie werden auf ihre Einsichtigkeit befragt, was schließlich das Hauptargument zu sein scheint. Denn was nicht eingesehen wird, wird nicht eingehalten. Nun gehe ich freilich von der Voraussetzung aus, daß die Vorschriften, Normen, Gebote der Kirche nicht um der Verzichtesleistungen willen da sind, sondern daß die Handlungsvorschriften der Kirche auf die Dauer dem Wohl der Menschen dienen. Wenn mir gesagt wird, ich solle dies oder jenes tun, dies oder jenes nicht, dann genügt mir nicht der alleinige Verweis auf den Willen Gottes, den die Kirche zu kennen behauptet. Ich muß auch sehen und einsehen, daß das Tun oder Lassen einer Sache werthaft für mein Leben ist, daß es gut ist, so zu leben. Gerade da aber mangelt es weithin. Die Kirche kann ihre Wertvorstellungen nicht mehr vermitteln. Sie kann nicht sagen (aber im Gegensatz zu früher muß sie dies eben in der heutigen Situation), warum dies oder jenes Pflicht ist und anderes verboten wird. Dadurch entsteht dann der Eindruck, die Amtskirche sei der legitime Nachfolger jener Pharisäer und Schriftgelehrten, gegen deren Gesetzesfrömmigkeit Jesus so energisch protestierte. Sie bürdet Lasten auf, die sie selbst nicht zu tragen bereit ist. Worum geht es im einzelnen?

Ich will erst erwähnen, worum es nicht geht. Wo immer sich die katholische Kirche – und das hat sie getan und tut es bis auf den heutigen Tag – für eine gerechte Lösung sozialer Probleme einsetzt wie Hilfe für die Entwicklungsländer, Gleichberechtigung von Mann und Frau und Rassen, Eintreten für die menschlichen Grundwerte, caritative Betätigung und vieles mehr darf sie sich der Unterstützung aller ihrer Gläubigen gewiß sein. Auch im Lebensbereich des einzelnen läßt sich eine hohe Verbundenheit mit der Kirche feststellen, wenn es um die Heraushebung und Deutung besonderer Ereignisse im Leben geht wie Geburt, Kommunion, Eheschließung, Begräbnis. Ich bin nicht der Meinung, daß hier das Tun des Priesters und der Kirche *nur* der Hebung der Fest- und Feierlichkeit dient. Hier hat der heutige Mensch noch echte religiöse Bedürfnisse und Erwartungen. Hier wird Kirche gebraucht. Wo aber hapert es?

Da ist einmal jener weite Bereich all dessen, was mit Sexualität und Ehe zu tun hat. Ich weiß nicht: Sind denn die Menschen von heute, besonders die hier oft genannte „junge Generation", sind das alles Lustmolche, die einfach ihre sexuellen Wünsche nicht zügeln können und treiben, was zu ihrem Schaden und zum Schaden der Menschheit ist? Es müßte sich doch herumgesprochen haben, daß auch in unserer Zeit Regeln und Ordnungsvorstellungen herrschen und akzeptiert werden, die als Hervorhebung der partnerschaftlichen und personalen Beziehungen durchaus als Bereicherung empfunden werden. Wie begründet man eigentlich die Forderung, sexuelle Beziehungen erst und nur in einer rechtmäßigen Ehe stattfinden zu lassen? Sicher ist nicht alles richtig, was heute diesbezüglich propagiert wird. Aber trauen wir den Menschen von heute kein Gespür mehr für das Mögliche und Richtige zu? Vor allem dann, wenn die sozialen und – man darf schon sagen – biologischen Bedingungen anders geworden sind? Wenn es die medizinische Empfängnisverhütung gibt? Wie begründet man, daß eine kirchlich geschlossene Ehe auf jeden Fall durchgehalten werden muß, auch wenn das eigene Glück und das der Kinder daran scheitert? Wie begründet man, daß ein Schwangerschaftsabbruch *immer* verboten ist und sich doch jeder gleichzeitig Situationen vorstellen kann, an denen eine Frau physisch und seelisch zerbricht? Es mag hart und unfair klingen. Aber die Frage drängt sich auf, ob es nicht junggesellenhafte Verklemmung und zölibatäre „Rache" ist, die nur ein Alles oder Nichts gelten lassen kann. Sind es nicht gerade die sog. „distanzierten Christen", die vorleben, daß sich auch ohne die zum Teil geheuchelte und verlogene Mentalität einer überholten Ehemoral und Ehegesetzgebung christlicher Glaube im Alltag des Lebens leben läßt? Nur nebenbei sei erwähnt, daß der heutige Mensch – bei allen theologisch-sakramentalen Unterschieden – kaum Verständnis dafür aufbringen kann, wenn ein Priester trotz des Versprechens einer lebenslangen Ehelosigkeit verhältnismäßig leicht heiraten kann, eine Ehe aber nie geschieden werden darf. Die Geistlichkeit, so der Eindruck, weiß sich schon ein Hintertürchen offen zu halten, das es für die einfachen Gläubigen nicht gibt.

Des weiteren wehrt sich der heutige Mensch gegen das, was sich vereinfacht eine „Sakramentenroutine" nennen ließe. Natürlich wird es da eine Anzahl Christen geben, die eher aus Bequemlichkeit und nicht aufgrund fehlender Einsicht der Kirche fernbleiben. Aber für die Mehrzahl dürfte gelten, daß sie nicht einsieht – und wessen Schuld ist das? –, wozu die regelmäßige Beichte und der Besuch der Sonntagsmesse gut sein soll. Weil die „Kirche" dies vorschreibt: das genügt nicht mehr. Die Kirche hätte in Predigt und Religionsunterricht die Chance, den Sinn und die Notwendigkeit des Sakramentenempfangs zu verdeutlichen. Sie kann es nicht. Es gelingt ihr nicht. Ich weigere mich anzunehmen, daß die Gläubigen trotz vorhandener Einsicht keine Sakramente empfangen wollen. Die Einsicht fehlt, nicht der gute Wille und die Bereitschaft. So werden die Kirchen immer leerer. Die Pfarreien sind keine lebenden Zellen der Gemeinschaft mehr, sondern nur durch Wohnbezirke zufällig zusammengewürfelte Einheiten, in denen zudem der Laie nach wie vor nichts zu melden hat. Die „Kirche": das sind noch immer die Geistlichen, wenn es wirklich auf Entscheidungen ankommt. Kann man sich in der katholischen Kirche vorstellen, daß etwa katholische Ärzte und Psychologen ein Lehrschreiben über die Sexualmoral verfassen?

So geht einem vieles durch den Kopf. Es liegt mir wahrhaftig nicht an einem billigen Nachgeben. Ich will nicht den Glauben einem unchristlichen Zeitgeist opfern. Christsein wird auch immer bedeuten, gegen den Strom zu schwimmen, das Kreuz zu tragen. Aber die Kreuze des Lebens sind schon schwer genug. Sie müssen nicht durch die Gebote der Kirche vermehrt und schwerer werden. Der Gedanke, an einer Zeitwende zu stehen, kommt jedem Menschen wohl einmal. Und trotzdem meine ich, bei aller nötigen

Zurückhaltung, die Kirche wird sich entscheiden und Wege finden müssen. Sie wird sich vom Ballast und Staub der Geschichte befreien müssen, um des Evangeliums willen. Eine neue Reformation, quer durch die Konfessionen! Manchmal meine ich, das steht uns ins Haus. Und ich frage mich, ob nicht gerade die „distanzierten Christen" die Vorboten einer neuen Kirchlichkeit sind, die „dritte Konfession", jene, die heute schon das Wesentliche vom Unwesentlichen des Glaubens trennen und nur noch leben, was sie aus Überzeugung zu leben vermögen. Ich wünsche mir, die Kirche hätte mehr Vertrauen in ihre eigene Zukunft. Ich wünsche mir, die Kirche, und damit alle Christen, würden wieder zusehen, daß das Feuer nicht erlischt, sondern brennt.

Direkt auf diese neunte und letzte Anfrage bezogen würde dies heißen: Ich wünsche, die Lehrer und Verkünder des katholischen Glaubens würden sich ehrlich fragen, was sie an Normen, Geboten und Vorschriften für das Heil des Menschen fordern müssen. Nicht weil es schon immer so war. Sondern weil sie selbst nicht vor das Gericht Gottes treten wollen, wenn sie es nicht gefordert haben. Sie sollten sich ehrlich fragen, von welchen Geboten und Lebensnormen sie selbst nicht so recht überzeugt sind. Von welchen sie selbst urteilen, daß deren Erfüllung nicht über Heil oder Unheil eines Menschlebens entscheiden. Denn auch das ist Gericht: den Menschen unnötige Lasten aufgebürdet zu haben. Wird der Glaube einmal wieder sein, was er sein sollte: Frohbotschaft?

Es will mir scheinen, daß die neunte Anfrage die schwierigste von allen ist. Das konkrete Leben ist eben schwieriger als alle abstrakte Theorie, die mit Recht von vielem „abstrahiert" und sich dadurch die Sache einfacher macht. Dazu kommt, daß man wohl auf diese Anfrage einerseits bestimmte allgemeine Themen über die Zugehörigkeit zur Kirche nicht auslassen kann, andererseits aber doch über Einzelthemen (wie Sexualmoral usw.) sich nicht ausschweigen kann, auch wenn man über solche Einzelthemen hier keine allseitige Auskunft erwarten darf. Sie können nur insoweit berührt werden, als sie das Verhältnis des einzelnen Christen zur Kirche mitbestimmen.

Es mag kompliziert erscheinen und viele Einzelfragen hervorrufen, so ist es nun doch einmal so, daß das Verhältnis des einzelnen Menschen und Christen zur Kirche (in „Identifizierung" und/oder „Distanzierung") sehr vielschichtig und darum auch sehr verschiedenartig sein kann. Manche Tatbestände, die dieses Verhältnis mitbestimmen, sind leicht festzustellen: z.B. das Getauftsein oder Nichtgetauftsein, die Registrierung einer bestimmten Konfessionszugehörigkeit durch die staatlichen Behörden, vielleicht auch das Gegebensein oder Nichtgegebensein einer äußerlich feststellbaren kirchlichen Praxis. Aber zu den Wirklichkeiten, die für das Verhältnis eines Christen zur Kirche konstitutiv sind, gehören auch andere, die nicht so leicht feststellbar sind, leichter sich verändern und die selbst für die Reflexion des betreffenden Menschen gar nicht so leicht festlegbar sind. Erst recht natürlich dann auch nicht für die Gesellschaft, in der er lebt: Glaube, sittliche Haltung, persönliche innere Teilnahme am Leben der Kirche sind solche Wirklichkeiten, die mit der Zugehörigkeit eines Menschen zur Kirche etwas zu tun haben, aber schwer feststellbar sind; dazu kommt, daß sie sich in der Geschichte eines individuellen Lebens deutlich oder unbemerkt wandeln, vielleicht gar nicht genügend reflektiert werden und die merkwürdigsten Koexistenzen haben: sowohl mit den leicht greifbaren Momenten des Verhältnisses zur Kirche wie auch zu all den übrigen Momenten, die einen Menschen konstituieren (Charakter, Bildung, Lebensgeschichte, Umgebung usw., usw.). Man könnte ruhig sagen: Jeder Mensch hat sein einmaliges eigenes Verhältnis zur Kirche. Bedenkt man dies, so sollte es der Amtskirche nicht zum Vorwurf gemacht werden, daß sie, wenn schon nicht immer eindeutig und konsequent, im allgemeinen jedenfalls großzügig und tolerant ist bei der Grenzziehung zwischen denen, die sie als ihre Glieder betrachtet und behandelt, und solchen, die sie nicht mehr oder noch nicht zu ihren Gliedern rechnet. Theologisch und spekulativ wäre es wegen der Vielzahl der Momente, die das Verhältnis zur Kirche mitbestimmen, möglich, die verschiedensten Grenzziehungen ausdrücklich vorzunehmen. Es hat sie ja auch im Lauf der Geschichte in sehr verschiedener Weise gegeben. Heute geht die Praxis der Kirche dahin, alle die als ihre Glieder zu betrachten, die getauft, in irgendeinem Zusammenhang mit ihrer Pastoral aufgewachsen sind und sich nicht durch eine bürgerlichrechtliche Erklärung ausdrücklich von ihr losgesagt haben. (Ich weiß natürlich, daß auch das sehr ungenau gesagt ist.) Jedenfalls wird bei dieser pastoral-praktischen Grenzziehung die innere subjektive Gläubigkeit und die subjektive Moral des einzelnen nicht in Anschlag gebracht, einfach weil dies schwer feststellbar und auch einem dauernden Wandel unterworfen ist. Die Kirche fühlt sich in ihrer Heilssorge allen getauften Menschen gegenüber in besonderer Weise verpflichtet und will diese besondere Verpflichtung nicht von sich aus aufsagen. Sie empfindet sich nicht als der elitäre Club der besonders Orthodoxen und Heiligen. Diese oft scheinbar inkonsequente „Vereinnahmung“ vieler Getaufter durch die Kirche, obwohl diese selbst wenig Wert auf eine Kirchlichkeit zu legen scheinen, wird noch verständlicher, wenn man bei einer Distanzierung zur Kirche zwischen einer bloß „objektiven“ und einer personal zu verantwortenden unterscheidet, eine Unterscheidung, die auch die Kirche machen muß. Es ist für eine Ekklesiologie schwer zu sagen, ob und in welchem Sinne eine solche Distanzierung zur Kirche, die zwar einerseits eigentlich,

„objektiv“ eine Trennung von der Kirche im theologischen Sinn bedeutet, aber andererseits bei dem Betreffenden doch keine existentiell radikale Entscheidung und so keine schwere Schuld bedeutet, wirklich von der Kirche trenne, zumal wenn diese Distanzierung keine deutliche Präsenz in der Öffentlichkeit der Gesellschaft hat. Von da aus ist es verständlich, wenn die Kirche von sich aus nur in seltenen Fällen ein Trennungsurteil ausspricht oder eine geschehene Trennung amtlich ratifiziert.

Sehen wir uns das ganze Problem nicht so sehr von der Kirche her, sondern vom „einzelnen Randchristen“ her an. Meine Meinung geht dahin, daß auch heute ein Durchschnittschrist und -mensch nicht so leicht in einen *solchen* Konflikt mit der Kirche im eigentlich theologischen Sinne kommt, daß er sich von sich oder der Kirche her als von ihr getrennt empfinden müßte. Auch heute könnten viel mehr Menschen ein unbefangen positives, ja freudiges Verhältnis zur Kirche haben, was faktisch nicht der Fall ist. Was die glaubensmäßige, doktrinäre Seite dieses Problems angeht, ist bei der Antwort auf die vorige Frage das Nötige eigentlich schon gesagt worden: Wenn ein heutiger Christ sich nicht aufs hohe Roß einer eigenen Unfehlbarkeit schwingt, wenn er auch Meinungen, für die er eine gewisse Vorliebe hat, mit einer gewissen skeptischen Vorläufigkeit denkt und letztlich sein Urteil in Schwebe läßt, wenn die betreffende Meinung nicht oder nicht leicht mit einer kirchlichen Lehre in Einklang zu stehen scheint, wenn er andererseits die christliche Grundsubstanz des Glaubens festhält, lebendig zu entfalten sucht und sich dabei im dankbaren Einklang mit dem Glauben der Kirche weiß, dann ist er in seiner Situation ein glaubensmäßig kirchlicher Christ, auch wenn ihm im Augenblick eine positive und allseitige Homogenisierung zwischen der amtlichen Kirchenlehre in ihrer ganzen Breite und vielem, was sonst in seinem Bewußtsein gegeben ist, nicht gelingt. Dasselbe gilt hinsichtlich der „Moral“ eines Christen, sowohl was deren theoretische Formulierung als auch deren praktische Realisierung angeht. Die Prinzipien, die in der Antwort auf die vorige Frage bezüglich der kirchenamtlichen Glaubenslehre im Verhältnis zur eigenen Meinung formuliert wurden, gelten selbstverständlich auch von der moraltheologischen Lehre der Kirche und dem eigenen Verhältnis zu ihr. Was die von der Amtskirche gelehrte und verteidigte Sittenlehre angeht, wird man zunächst einmal feststellen müssen, daß der Umkreis dessen, was durch das ordentliche oder außerordentliche Lehramt verkündigtes *Dogma* ist, doch wohl kaum über das hinausgeht, was auch heute noch das sittliche Gewissen eines normalen Menschen, besonders in unseren Landen, als streng sittlich verpflichtend anerkennt. Mit anderen Worten: Von grundsätzlich möglichen, hier nicht weiter im einzelnen untersuchbaren Ausnahmen abgesehen, werden Differenzen zwischen der kirchenamtlichen Sittenlehre der Kirche, die diese ihrer Aufgabe gemäß mit Recht verkündet, und dem sittlichen Gewissensurteil eines Menschen von heute in schwierigeren Fragen im großen und ganzen eben doch Differenzen sein, die sich auf eine authentische Lehre des Lehramtes, nicht aber auf ein eigentliches Dogma in der Sittenlehre beziehen. Hier aber ist dann jener Spielraum gegeben, von dem in der Antwort auf die vorige Anfrage schon die Rede war. Wenn z.B. ein Arzt in einem extremen Fall einer medizinischen Indikation auf Schwangerschaftsabbruch erkennt, einen solchen vornimmt, sich vor seinem Gewissen dazu nicht nur legitimiert, sondern auch verpflichtet fühlt (all das ist durchaus denkbar), dann mag er zwar gegen die traditionelle Lehre des authentischen Lehramtes verstoßen, die jeden direkten Schwangerschaftsabbruch, aus welchen Gründen immer, verwirft, er hat aber nicht gegen das Dogma der Kirche verstoßen und kann eventuell nicht nur subjektive Gründe für sein Vorgehen geltend machen („unüberwindlicher Irrtum"), sondern eventuell objektive Argumente. Ein solcher Arzt kann der Meinung sein, er habe objektiv recht, und die entgegenstehende Lehre der Kirche sei zu undifferenziert und revisionsbedürftig und könne auch im Lauf der weiteren Entwicklung der Moral revidiert werden, weil sie grundsätzlich immer als reformabel anerkannt wurde oder anerkannt hätte werden können; er (der Arzt) brauche also sein wirkliches Verhältnis zur Kirche durch eine solche Handlungsweise nicht als getrübt zu empfinden. Solche Fälle kann es auch sonst nicht selten z.B. auf dem Gebiet der Sexualmoral geben. Ohne daß hier eine solche entwickelt werden kann, darf doch gesagt werden, daß noch längst nicht alles, was auf diesem Gebiet durch das kirchliche Lehramt gelehrt, verteidigt und für die Praxis eingeschärft wird, absolut verbindliche Lehre der Kirche sei, so daß ein Verstoß dagegen auch schon einen schlechthinnigen Bruch mit der Kirche bedeute. Gerade heute kann es bei der immer größer werdenden Geschwindigkeit der Differenzierung innerer und äußerer menschlicher Gegebenheiten zu partiellen Konflikten zwischen der moralischen Lehre der Amtskirche und dem subjektiven Gewissen des einzelnen kommen, Konflikte, die man nicht überbewerten und nicht für absolut halten sollte. Der einzelne darf sich nicht billig um den Ernst einer *Gewissensentscheidung,* um eine wirklich selbstkritische Überlegung und Prüfung seiner sittlichen Frage herummogeln, wie auch die Erklärung des Deutschen Episkopats einschärft, die oben zitiert wurde. Aber theoretische und dann auch praktische Abweichungen von einer authentischen Lehre der Kirche sind auch auf moralischem Gebiet denkbar und müssen, von allen Seiten richtig beurteilt, einen Christen noch nicht notwendig und immer zu einem Randchristen mit einer bloß „partiellen Identifikation" machen. Freilich kompliziert sich diese Frage noch dadurch, daß es doch zu Konflikten zwischen dem einzelnen Christen und der Institution der Kirche kommen kann, wenn die Kirche (mit Recht oder Unrecht) von der Richtigkeit der von ihr verkündigten Handlungsnormen überzeugt ist und in ihrem Bereich dementsprechend handelt: Sie versagt einen kirchlichen Eheabschluß auch in dem Fall, in dem einer selbst vom Nichtbestehen einer früheren Ehe überzeugt ist, dies aber vor dem Forum der Kirche nicht beweisen kann; sie duldet in ihrem eigenen Krankenhaus einen Arzt nicht, wenn dieser auch nur in einem extremen Fall einen Schwangerschaftsabbruch vornimmt; sie verhindert eine theologische Karriere u. U. auch in Fällen, in denen man nicht behaupten kann, die Gründe dafür lägen in eindeutigen Verstößen gegen das sichere Dogma usw. Solche Konflikte sind denkbar, kommen vor und lassen sich durch allgemeine Prinzipien und dem guten Willen zu gegenseitigem Verständnis und zu Toleranz allein nicht alle aus der Welt schaffen. Wenigstens nicht alle. Solche unlöslichen Konflikte sollte man nicht durch eine Theorie aus der Welt schaffen, nach der die Kirche in keinem Falle nach Überzeugungen handeln dürfe, die sie selbst für bloß authentische und nicht unfehlbare Überzeugungen einschätzt. Die Zahl solcher in gewissem Sinne nicht bereinigbarer Konflikte könnte sicher niedriger gehalten werden, als es faktisch zu sein scheint. Um nochmals das zu betonen, worauf es wirklich ankommt: es gibt viele Christen, die sich selber wegen ihrer Meinungen oder ihrer Lebenspraxis für kirchliche Randexistenzen halten, obwohl sie es nach wirklichen theologischen Prinzipien gar nicht sind; sie bewegen sich innerhalb der Variationsbreite, die einem durchaus kirchlichen Christen bezüglich seiner Identifikation mit der Amtskirche in ihrer Gesamtlehre und ihrer faktischen Praxis zusteht.

Mit all dem, was bisher zu dieser Anfrage gesagt wurde, sind nur sehr allgemeine Bemerkungen vorgetragen worden. Aber ein paar Bemerkungen seien noch versucht, die noch ein wenig mehr auf Einzelprobleme eingehen.

Da ist zunächst das Thema der Sexualmoral, in der eine tiefe und schmerzliche Diskrepanz besteht oder zu bestehen scheint zwischen der amtlich verkündeten Sexualmoral der Kirche und den Normen, die diesbezüglich in der heutigen Gesellschaft als gültig anerkannt werden. Bei diesem ganzen Problemkomplex ist von vornherein vieles dunkel und unsicher, ohne viel Hoffnung, daß diese Dunkelheiten sehr bald beseitigt werden könnten. Es ist schon gesagt worden, daß es nicht sicher sei, daß jedwede auf diesem Gebiet von der Kirche vertretene konkretere Norm jetzt und für alle Zeiten des menschlichen und gesellschaftlichen Wandels absolute Geltung habe, so wie sie von der Kirche vorgetragen wird. Das ist schon darum nicht sicher, weil auch diese kirchenamtliche Sexualmoral nach dem Zeugnis der Geschichte sehr erhebliche Wandlungen durchgemacht hat und nicht weniges, was früher als unsittlich oder als mehr oder weniger sündhaft verworfen wurde, heute keinen Einspruch der Kirche mehr erfährt. Damit soll zwar nicht gesagt werden, daß die eigentliche Grundsubstanz der kirchlichen Geschlechtsmoral nicht im ruhigen und selbstverständlichen Glaubensbewußtsein der Kirche gegeben sei, festgehalten werde und verpflichtende Norm für den kirchlichen Christen bedeute. Aber es gibt doch auf diesem Gebiet sehr viele Einzelprobleme, deren Lösung nicht einfach durch das unfehlbare Lehramt der Kirche garantiert ist, sondern eine authentische, aber reformable Lehre darstellt und darum die letzten Schwierigkeiten solcher Probleme weder theoretisch noch praktisch aufhebt. Man kann z. B. theoretisch und praktisch auch nicht die leiseste Sympathie für Homosexualität aufbringen und sich dennoch fragen, ob es absolut sicher sei, daß jedwede denkbare Form solcher Homosexualität bei jedem Menschen einen objektiv schweren Verstoß gegen die menschliche Natur und Würde sei. Es ist nicht so ganz sicher, daß das Neue Testament für jeden Fall, der denkbar ist, eine Ehescheidung mit Wiederverheiratung der Geschiedenen schlechthin verbiete; es ist nicht einfach ganz klar, was nun wirklich die Kirche im Trienter Konzil genau über die Unauflöslichkeit der Ehe definiert hat. Es ist bis zu einem gewissen Grade eben doch dunkel, wieweit allgemeine gesellschaftliche Bewußtseinsveränderungen nicht nur auf dem Gebiet der Moral faktisch gegeben sind (was niemand bezweifeln kann), sondern auch selber mitkonstitutiv sind für jene konkrete „Natur“, von der nach traditioneller kirchlicher Lehre die sittlichen Normen des „Naturgesetzes“ abzuleiten sind, so daß auch das Naturgesetz selbst eine zwar nicht schlechthin wandelbare Größe, aber doch eine Größe ist, die selbst noch einmal eine Geschichte hat, was ja im Ernst gar nicht bestritten werden kann. Es bleibt darum auch von diesem Gesichtspunkt her vieles in der Sexualmoral dunkel. Wenn das deutlicher gesehen und auch in der kirchlichen Verkündigung unbefangener anerkannt würde, nicht um die Härte des inneren Gesetzes des Menschen billig zu mindern, sondern um an die eigene sittliche Verantwortung und Entscheidung zu appellieren, die von keiner kirchenamtlichen Kasuistik ersetzt werden kann, dann könnte doch manche kirchliche Verdrossenheit vermieden oder abgebaut werden, die aus den Konflikten zwischen einer nicht sehr verständnisvoll vorgetragenen kirchenamtlichen Sexualmoral und dem wirklich nachvollziehbaren sittlichen Empfinden der Menschen von heute auf diesem Gebiet sich ergibt. Vieles ist weiter dunkel bezüglich sittlicher Normen der Sexualität vor der Ehe. Der Reifung des Menschen ist es nicht dienlich, wenn alle Sexualität vor der Ehe mehr oder weniger, wie es früher geschah, tabuisiert wird und sie als nichtexistent behandelt wird. Es ist ebenso töricht und unrealistisch, diese Sexualität vor der Ehe zu verharmlosen und zu reiner Physiologie herabzuwürdigen. Aber wo konkret der Weg zwischen diesen Extremen geht, das scheint doch die kirchliche Normalverkündigung auch nicht so ganz genau zu wissen. Aber ist es denn schlimm, das einzugestehen und dem einzelnen zu sagen, daß die Kirche da auch keine Patentrezepte habe, die absolut sicher seien und nur – möglichst wörtlich – zu exekutieren seien? Der „mündige Christ“ verlangt von der Kirche keine solchen eindeutigen Rezepte, nimmt ihre Lehre dennoch ernst und weiß, daß auch die Geschlechtlichkeit des Menschen von wahrer Liebe und Ehrfurcht zum ganzen Menschen umfangen bleiben muß und unter dem Willen und dem Gericht Gottes steht.

Es sei weiter noch etwas gesagt zur „Sakramentenroutine,“ wie die Anfrage das Gemeinte formuliert. Diesbezüglich kann hier nun nicht auf Sinn und Bedeutung der Sakramente überhaupt eingegangen werden. Wenn der Mensch ein leibhaftiges, gesellschaftliches Wesen ist und auch sein Verhältnis zu Gott nicht plötzlich in einer spiritualistischen Innerlichkeit allein verlaufen kann, ohne zu sterben, dann ist an dem grundsätzlichen Recht und dem Sinn von Sakramenten nicht zu zweifeln. Das bedeutet für den katholischen Normalchristen zunächst einmal, daß er seine Kinder taufen läßt. Dazu sei nur kurz bemerkt, daß es einen zeitlichen Abstand auch existentiell bedeutsamer Art zwischen Anruf und Antwort im menschlichen Leben auch sonst gibt, daß es also nicht verwunderlich ist, wenn zwischen der Verheißung Gottes an den Menschen in der Kindertaufe und der Annahme dieser Verheißung durch den Menschen in Glaube, Hoffnung und Liebe ein gewisser zeitlicher Abstand liegt. Ein solcher läßt sich ja gar nicht vermeiden, weil der Mensch erst durch sein ganzes Leben hindurch die Verheißung annehmen kann und muß, die ihm Gott in der Taufe gab. Die „Sakramentenroutine“ bedeutet für den katholischen Christen weiter die sogenannte „Sonntagspflicht“ und die Pflicht der jährlichen Beichte. Hier stellt sich sofort die noch gar nicht wirklich zu Ende diskutierte theologische Frage, ob die sogenannten „Kirchengebote“ nur die (vielleicht etwas konkretisierende) Aussage einer religiösen Forderung an das Gewissen des Christen sind, die von der Natur der christlichen Wirklichkeit her schon von selbst gegeben ist, *oder* ob hier ein Gebot der Kirche als solcher besteht, das genau als solches nicht mehr durch die sakramentale Wirklichkeit allein und unmittelbar gedeckt wird. Nehmen wir einmal unter Berufung auf die Freiheit der Kinder Gottes, die nicht mehr durch ritualistische Gebote wie im Alten Testament eingeschränkt werden darf, an, daß der erste Teil der Alternative richtig ist, dann ist es immer noch selbstverständlich, daß ein katholischer Christ oft zur Feier des Todes und der Auferstehung Jesu in der Liturgie verpflichtet ist, von denen sein Heil im Leben und im Tod getragen ist, weil, wenn es Eucharistie überhaupt als Stiftung Jesu gibt, der Christ ihr gegenüber nicht gleichgültig sein und gleichzeitig behaupten kann, daß das Kreuz Christi der tragende Grund seines Heiles sei. Aber unter dieser Voraussetzung ist eine gewisse Großzügigkeit in der Interpretation und Befolgung des Sonntagsgebotes doch ohne weiteres legitim. Der katholische Christ sollte durchaus in der Steuerung seiner eigenen religiösen Entwicklung dahin tendieren, daß eine häufige, also praktisch mindestens sonntägliche Mitfeier der Eucharistie auch von seiner eigenen religiösen Existenz her ein Bedürfnis und eine Selbstverständlichkeit ist, er bräuchte aber nicht in einer legalistischen Mentalität zu meinen, es käme auf Leben und Tod auf die formale Erfüllung eines Kirchengebotes als solches jeden Sonntag an. Wer theologisch der Meinung ist, die zweite Alternative von oben sei die richtige und sei zur Bekämpfung einer leider weitverbreiteten Gleichgültigkeit gegenüber der eucharistischen Sonntagsfeier unerläßlich, der muß eben dann auf seine Art doch auch wieder zum kirchlichen Sonntagsgebot jene Interpretationen, Ausnahmen usw. hinzufügen, die dieses Gebot vor einer legalistischen Sakramentenroutine bewahren. Niemand, der nicht einem magischen Verständnis der Sakramente huldigt, wird bestreiten können, daß *eine* echt religiöse Anteilnahme am Gedächtnis des Todes Jesu mehr bedeutet als zwei Erfüllungen der „Sonntagspflicht", die nicht viel mehr sind als zweimalige Anwesenheiten in einem Kirchenraum. (Natürlich ist nicht dadurch eine echte religiöse Anteilnahme an einem solchen kultischen Geschehen garantiert, daß sie nur einmal und nicht zweimal stattfindet.) Routine kann schaden, und diese kann auch (nicht nur) unter Umständen dadurch wirklich und verantwortungsvoll bekämpft werden, daß ein Mensch sich nicht zu oft in die Nähe dieses ungeheuerlichen Ereignisses des Todes Jesu wagt und so dafür sorgt, daß die Teilnahme an der Eucharistie nicht zur frommen Routine wird. Was die jährliche Beichtpflicht als Kirchengebot angeht, so ist zunächst einmal ehrlich und deutlich zu sagen, daß in jeder heute legitimen Interpretation mindestens seit Thomas von Aquin dieses Gebot zu einer Ohrenbeichte nur dann verpflichtet, wenn objektiv und subjektiv solche Verstöße gegen Gottes absoluten

Willen vorliegen, die den Menschen in einen radikalen Widerspruch zu Gott bringen und der ewigen Verdammnis verfallen lassen, wenn keine wirkliche Umkehr aus der Mitte der Existenz geschieht. Außerhalb dieses Falles mag eine „Ohrenbeicht" nicht nur als Sakrament möglich, sondern auch menschlich und christlich von höchstem Wert sein, ein eigentliches Kirchengebot ist sie aber nicht. Es kann eine Teilnahme an einem „Bußgottesdienst" unter Umständen dem vollen Frieden des Gewissens besser dienen als eine routinemäßige Einzelbeichte. Es bleibt natürlich die Frage, ob man in einem normal ernsthaften Menschen- und Christenleben damit rechnen müsse, es komme immer wieder innerhalb eines Jahres zu solchen „schweren Sünden", daß für den großen Durchschnitt der Christen die jährliche Beichte eine eigentliche Verpflichtung und nicht nur wünschenwert sei. Über diese Frage gibt es unter den Christen, den Religionspsychologen und -pädagogen, unter den Theologen keine einhellige Meinung und auch keine wirklich verpflichtenden Erklärungen des Lehramtes. Man könnte der Meinung sein, die pessimistischere Beurteilung des Lebens der normalen Christen sei sanktioniert durch die jahrhundertelange Praxis bis auf unsere Tage, in der faktisch alle Christen mindestens einmal jährlich beichteten; legitimiert auch durch die faktische Handhabung der religiösen Unterweisung, in der bei Verkündigung der jährlichen Beichtpflicht die Klausel über die Existenz von wirklich schwerer Schuld allermeist mit Schweigen übergangen wurde. Aber damit ist diese pessimistischere Interpretation des durchschnittlichen christlichen Lebens nicht bewiesen. Überdies wird heute ein Mensch, der die Frohbotschaft von der siegreichen Gnade Gottes und dem göttlichen Erbarmen hört und der ein wenig von moderner Psychologie versteht, sich schwer davon überzeugen lassen, daß ein normales menschliches Leben dauernd hin und her schwankt zwischen einem existentiell absoluten Ja und Nein Gott gegenüber. Der heutige Theologe wird überdies auf die Tatsache aufmerksam machen, daß die traditionelle Moraltheologie bis auf unsere Tage Tatbestände als objektiv schwer schuldhaft qualifiziert hat, von denen dies zu behaupten kein vernünftiger Mensch heute mehr wagen wird. Der außerordentlich große Rückgang der häufigen Beichte und auch der „Osterbeicht" mag von den verschiedensten Aspekten her höchst bedauerlich sein; es wird sich aber schwer beweisen lassen, daß heute die meisten der unter diesem Rückgang zu subsumierenden Fälle auch einen Verstoß gegen ein strenges Gebot Gottes oder der Kirche bedeuten. Über all dies wurde hier nur reflektiert, um deutlich zu machen, wie groß der Ermessensspielraum eines normalen Christen in der Kirche ist, wenn er sich durch eine Sakramentenroutine in der Kirche bedroht oder beengt empfindet. Objektiv ist diese Bedrohung und Beengung eigentlich nicht gegeben. Der Ermessensraum für die eigenverantwortliche Gestaltung des eigenen religiösen Lebens ist viel größer, als die meisten Katholiken denken. Er sollte ausgenützt werden. Nicht in einem kleinlichen Markten über die Frage, was man in der Kirche „muß" und was nicht (mehr), sondern durch eine wirklich schöpferische Initiative in der Entfaltung des eigenen religiösen Lebens, die die Freiheit des Christenmenschen mutig in Anspruch nimmt ohne das Empfinden, es werde einem amtlich mehr abverlangt, als man wirklich ehrlich und echt zu tun vermag.

Vielleicht hat ein ernsthafter Leser dieser Antwort den Eindruck, es handle sich hier auch um eine ängstliche und im letzten feige Nachgeberei gegenüber einem moralischen Laxismus, der in der Kirche überhandzunehmen scheint. Ein solcher Leser möge zunächst bedenken, daß das Christentum in seinem Anfang mit der Parole aufgestanden ist, die Christen seien diejenigen, die jene Lasten nicht tragen wollen und nicht müssen, die ihren Vätern auferlegt waren, obwohl sie sie nicht tragen konnten; ein solcher Leser müßte sich doch auch dafür verantwortlich fühlen, daß die Kirche sich nicht als das schlechte Gewissen der Menschheit präsentiert und in ihr der von ihr verkündigte und verteidigte heilige Wille Gottes nicht als Last und Einengung, sondern als lebenschaffende Kraft empfunden wird, die aus der innersten Mitte der menschlichen Existenz aufsteigt. Ein solcher Leser sollte mit dem Optimismus Gottes, der seine Welt verantwortet und mächtiger ist als das Böse (weil er es sonst gar nicht hätte zulassen dürfen) gegen seinen eigenen Pessimismus in die Welt hinausblicken und das empfinden lernen, daß sich die Weltgeschichte trotz aller entsetzlichen Abstürze und aller Bosheit unerbittlich auf Gott hin bewegt. Hier sollte der Leser auf die Kirche blicken. Sie wiederholt (wie sollte es auch anders sein?) nochmals in sich selbst die Welt mit ihrer Schuld, mit ihren Engen und Torheiten, mit der unvermeidlichen

Problematik alles Institutionellen, mit dem beständigen Antagonismus zwischen Bleibendem und Sichwandelndem und so fort. Wir müßten eigentlich aus der Welt auswandern, wenn wir aus der Kirche auszögen, weil ihre Ärmlichkeit und Sündigkeit unten und oben uns unerträglich vorkämen. Wir würden dadurch aber auch das noch verlieren, was diese Kirche eben doch immer auszeichnet. Sie ist, indem sie Jesus Christus den Gekreuzigten und Auferstandenen bekennt und bezeugt, immer auch die Zeugin der ewigen Hoffnung. Es ist aber besser zu hoffen, grenzenlos und unbedingt zu hoffen, gegen die eigene Hoffnungslosigkeit zu hoffen, als zu verzweifeln. Es hat doch noch niemand im Ernst zu behaupten gewagt, daß man absolut gegen Jesus, den Gekreuzigten und Auferstandenen, und von ihm her künftig gegen seine Kirche absolut sich entscheiden müsse, um so unbegrenzt und unbedingt hoffen zu können. Viele haben die Erfahrung gemacht, daß man innerhalb der Kirche diese Hoffnung des unendlichen Lebens haben könne. Es mag manchmal scheinen, daß man in der Kirche nicht selten im Protest gegen ihre Erscheinung sich auf ihr Wesen berufen müsse, gerade um so auch ihr eigenes Erscheinungsbild zu verbessern. Warum sollte so etwas nicht auch zur Aufgabe eines Christen gehören? Aber auch solches wie vieles andere ist sekundär gegenüber der einen Aufgabe, die allen in der Kirche gemeinsam ist: die Erwartung des ewigen Lebens. Jetzt scheint uns unser irdisches Leben bei aller Kürze, die wir auch erfahren, sehr lang und erfüllt von einer schier unendlichen Fülle von Aufgaben, Möglichkeiten, Untergängen und Triumphen, die wir die Weltgeschichte und unser eigenes Leben nennen, und diese unabsehbare Fülle der Möglichkeiten und Aufgaben muß ernst genommen werden, weil darin und nur so die Ewigkeit wird. Aber im allerletzten ist diese ganze Weltgeschichte und die eigene Geschichte nur der unsagbar kurze, blitzhafte Augenblick, der zwischen dem leeren Nichts und Gott liegt, in dem es Gott gelingt, die andere Freiheit zu setzen und ihr sich selber mitzuteilen.

„Ich glaube an Jesus Christus“

Es soll hier zum Schluß dieses kleinen Buches versucht werden, das Ganze, das zu sagen war, noch einmal zusammenzufassen. Das geschieht unabhängig von bestimmten Anfragen, die mit einer gewissen Willkür die Aufmerksamkeit schon in bestimmte Richtungen und auf bestimmte Einzelprobleme lenken. Eine solche Zusammenfassung scheint auch darum geboten zu sein, weil nicht nur die Anfragen in etwa schon eine nicht einfach von vornherein selbstverständliche Auswahl bedeuteten, sondern auch die Antworten auf diese Anfragen waren selbst wieder aus den verschiedensten Gründen nochmals eine in etwa willkürliche Auswahl. Da die Absicht nicht sein kann, die Lehre des kirchlichen Lehramtes einfach mit dessen Worten und in dessen traditionellem Stil zu wiederholen, sondern zu sagen versuchen, was man beim Hören dieser amtlichen Botschaft glaubt gehört und verstanden zu haben, ist freilich auch eine solche um eine gewisse Ausgeglichenheit bemühte Zusammenfassung immer noch einmal in etwa subjektiv und bleibt eine Anfrage an den Leser, ob und wie er das Gelesene in seine Verstehenshorizonte übersetzen und einigermaßen mit seinen sonstigen Bewußtseinsinhalten versöhnen könne.

Diese folgenden Bemerkungen sind nicht „neutral“, sondern „engagiert“ geschrieben, also von jemandem, der hofft, ein Christ zu sein, so gut er es fertigbringt. Damit ist natürlich eine gewisse Subjektivität gegeben, die gar nicht ausgeschaltet und übersprungen werden kann. Ich weiß, daß in diese Zeilen hinein die Tatsache sich auswirkt, daß ich mein Leben lang ein Christ war und fast 60 Jahre Theologie getrieben habe, daß ich mit diesen Zeilen meine eigene Existenz verteidige. Ich kann mich sogar fragen, ob ich, wenn ich diese Zeilen schreibe, in genügend deutlicher und unbefangener Weise alle die Probleme und Lebenserfahrungen vorlasse, die natürlich auch bei mir einen lebenslangen Glauben immer aufs neue bedrohten und immer wieder modifizierten. Aber das Wissen um eine solche unaufhebbare Subjektivität hebt Recht und Möglichkeit solchen Schreibens nicht auf, weil die letzten Lebensfragen gar nicht anders als so ausgesagt werden können, denn sie haben als alles in einem Ganzen umfassende Fragen keinen Standpunkt außerhalb ihrer selbst, von dem aus sie beurteilt und legitimiert werden könnten. Wo man das Gegenteil (z. B. in einer neutralen Religionswissenschaft) voraussetzt, ist der Gegenstand der Frage schon mißverstanden, oder es muß zugegeben werden, daß der eigentlich gemeinte Gegenstand, bei dem es auf Tod und Leben geht, bei dem ein letztes Ja oder Nein gefordert wird, gar nicht behandelt wird. Das Subjektive (was nicht das Subjektivistische ist, weil es von sich selber her zu einem Höchstmaß von Objektivität verpflichtet ist) ist hier die einzige Zugangsweise, dem Objektiven möglichst nahezukommen.

Ich will also zu berichten versuchen, was ich zu meinen und zu leben versuche, wenn ich sage: ich möchte ein Christ sein. Man muß dabei sagen: ich möchte. Denn für ein christliches Selbstverständnis muß man es ja im allerletzten Gott überlassen, ob man das – theoretisch und vor allem praktisch – wirklich ist, was man zu sein meint und natürlich gesellschaftlich und kirchlich auf der Oberfläche des Alltags auch ist.

Ich möchte ein Mensch sein, der frei ist und hoffen kann, der begreift und vollzieht, daß er selbst seiner Freiheit anvertraut ist, die durch ein Leben hindurch sich selbst vollzieht und endgültig das aus ihm macht, was als der Entwurf eines Menschen ihm vorgegeben ist: ein Mensch der Treue, der Liebe, der Verantwortung. Ich weiß nicht nur, daß solche Worte sehr rasch sehr hochtrabend und theoretisch klingen, daß sie das Empfinden hervorrufen, das wirkliche Leben in einem Dunst schöner Worte einzunebeln, sondern auch, daß sie in ihrem Sinn gar nicht „klar“ sind. Lassen wir die erste Schwierigkeit auf sich beruhen, weil kein Mensch, auch nicht der primitivste Materialist, darauf verzichten kann, sich „Ideale“ vorzusetzen, die als noch nicht erreichte ihn anziehen und sein Leben in Bewegung halten. Was die zweite Schwierigkeit angeht, daß nämlich die eben angedeuteten „Ideale“ sehr unbestimmt seien, so sei diese Schwierigkeit zugegeben: Alle die Worte, die das

Ganze der menschlichen Existenz aussagen oder anrufen, sind „unklar“, d.h. nicht festlegbar durch die Anweisung eines eindeutigen Platzes in einem von ihnen unterschiedenen und in sich selber klaren Koordinatensystem, sie sind „unklar“, denn sie verweisen auf das eine, realste, absolut eine Ganze, das wir „Gott“ nennen. Diese „Unklarheit“ hat für uns eine absolut positive und unersetzliche Funktion, und der Mensch, der diese Unklarheit nicht als Positivum und Verheißung annimmt, verfällt in die Banalität bloßen Stumpfsinns.

Ich bin davon überzeugt, daß eine solche Freiheitsgeschichte der wirklichen Selbstbestimmung sich mitten durch alle die undurchsichtigen Einzelheiten, Fragwürdigkeiten, Ratlosigkeiten, Unsachgemäßheiten, Anläufe, die ohne greifbares Ziel bleiben, inneren und äußeren Determinismen hindurch ereignet, die unser Leben anfüllen und es für uns selber zum fast sinnleeren Zufall machen. Ich bin davon überzeugt, daß das geschichtliche Leben des Menschen in Freiheit auf einen Entscheidungspunkt hinsteuert, eine solche Entscheidung in sich birgt, daß das Leben als eines und ganzes verantwortet werden muß und nicht einfach durch diese Einzelheiten hindurch zerrinnt ins Leere. Natürlich ist eine solche Grundkonzeption meines Lebens, die mir vorgegeben und gleichzeitig abverlangt wird, von atemberaubendem Optimismus, von einer Schrecklichkeit, die das Letzte in mir erzittern macht, von Kühnheit erfüllt. Aber ich kann diese Konzeption nicht aufgeben, sie nicht in der Banalität des Alltags oder in der Feigheit des Skeptizismus verkommen lassen. Natürlich können die Philosophen und andere Theoretiker des menschlichen Lebens über solche Begriffe wie Freiheit, Verantwortung, Liebe, Selbstlosigkeit und so fort endlos nachdenken. Und auch mir sind solche Begriffe nicht einfach klar und durchschaubar. Aber sie haben einen Sinn, geben eine Richtung der Entscheidung in den tausend Lappalien des Lebens an. Es kann den Anschein haben, als könne man solche Worte psychoanalytisch, biologisch, soziologisch auflösen und als vermeidbaren oder unvermeidbaren Überbau über viel primitiveren Dingen entlarven, die dann allein als die wahre Wirklichkeit zu gelten haben. Ich entdecke auch immer wieder Fälle, in denen im einzelnen zu meiner Beruhigung oder zu meinem Schrecken solche Auflösungen wirklich richtig sind. Aber da sonst und sogar in solchen Auflösungsversuchen nochmals dasselbe Subjekt mit seiner Verantwortung am Werke ist, auch für diese Destruktionen der eigenen Subjektivität, weil von dieser selbst vollzogen, die Verantwortung trägt, sind für mich letztlich und im ganzen solche Destruktionsversuche falsch.

Ich entrinne mir nicht und will nicht dieser meiner verantwortlichen Freiheit eines wahren Subjekts entrinnen. Soll diese Überantwortetheit an sich selbst bei mir in einem letzten Protest geschehen oder in einem letzten Ja? Da ich bin und mir und meiner Freiheit so schon ein Ja vorgegeben ist, scheint mir einerseits mein Ja so selbstverständlich vom Grund der Wirklichkeit her zu sein, daß mir oft scheinen mag, daß alle Proteste gegen die eigene Existenz in ihrer ganzen Konkretheit doch nur vorläufige Begleitphänomene eines im Grunde universalen Ja zu sich und dem Ganzen der eigenen Existenz sind. Andererseits kann ich der Einsicht nicht entrinnen, daß die Freiheit eines Subjekts nicht nur auf diese oder jene Partikularität als einzelne gehen kann, sondern auf die eine und ganze Existenz als solche, daß also die Versuchung zum schlechthinnigen Nein, zum umfassenden Protest (die das Wesen der eigentlichen Schuld ist), doch auch immer gegeben ist und sich durch die Banalität eines spießbürgerlichen Alltags hindurch vollziehen kann. Ich nehme mich an. Ich nehme mich an ohne Protest mit all den Bedingtheiten und Zufälligkeiten meiner biologischen und geschichtlichen Existenz, auch wenn ich das Recht und die Pflicht habe, daran zu ändern und zu verbessern, was mir daran belastend zu sein scheint. Gerade dieser kritische Wille zur Veränderung meiner Existenz in all ihren Dimensionen ist die Weise und der Beweis dafür, daß ich im letzten dieses Dasein wirklich annehme. Aber bei aller Erwartung, es lasse sich wirklich etwas ändern, bleibt dieses Dasein (meines und das der andern, für das ich mich ebenso verantwortlich weiß) undurchsichtig, lastend, nicht auflösbar in eine herrschaftgebende Durchsichtigkeit, kurz und voller Schmerzen und Ratlosigkeiten, untertan dem Tod, dem die Väter und die Enkel ausgeliefert bleiben. Dieses Dasein nehme ich an, nehme ich an in Hoffnung. In der einen Hoffnung, die alles umfaßt und trägt, von der man nie weiß, ob man sie wirklich hat (oder nur zu haben sich vormacht, weil es einem im Augenblick leidlich gut zu gehen scheint), in der Hoffnung, deren inneres Licht ihre einzige Legitimation ist, in der Hoffnung, daß die Unbegreiflichkeit des Daseins (bei allem nahen Schönen, das darin auch steckt) sich einmal enthüllen wird in ihrem letzten Sinn und dieser endgültig und selig sein wird. Es ist eine totale Hoffnung, die ich nicht ersetzen kann durch ein unentschiedenes Gemisch aus ein wenig Hoffnung und uneingestandener Verzweiflung, die aber in der innersten Mitte der Existenz immer auch dann noch vorhanden sein kann, wenn auf der vorderen Bühne meines Lebens nichts als Sinnlosigkeit und Verzweiflung zu agieren scheinen. Diese umfassende und bedingungslose Hoffnung will ich haben; ich bekenne mich zu ihr; sie ist meine höchste Möglichkeit und das, was ich als meine eigentliche Lebensaufgabe verantworten muß. Wer will mich davon überzeugen, daß solches Utopie ist; daß solche Hoffnung falsch und feige ist, schlechter, als wenn ich mich fallen ließe in einen radikalen Skeptizismus, der theoretisch möglich, aber in der Wirklichkeit des Lebens, wo Verantwortung getragen und wo geliebt wird, gar nicht durchgehalten wird? Dieses letzte Urvertrauen in den ganzen und umfassenden Sinn des Daseins ist nicht eine frei schwebende Ideologie, sie trägt nicht nur alles andere, sondern wird auch mitgetragen durch alles, was sonst im Leben begegnet. Denn darin ist auch (wenigstens partielle) Sinnerfahrung, Licht, Freude, erfahrene Liebe und Treue, die einen absoluten Anspruch erheben. Über diese konkreten Erfahrungen, die die letzte Hoffnung auch tragen, wie sie von ihr getragen sind, muß später noch gesprochen werden. Wir setzen freilich schon hier voraus, daß man erhaben ist über die stumpfe Naivität, zu meinen (wie es unter Umständen auch hochgescheite Wissenschaftler tun), das Materielle sei realer als das Geistige und dieses schwebe nur als eine Art Ausdünstung oder Nebeneffekt physikalischer Konstruktionen über diesem Materiellen. Solche „Materialisten“ übersehen, daß ihnen dieses Materielle nur durch den Geist gegeben ist, oder sie können gar nicht sagen, was das Materielle als solches eigentlich und ursprünglich sei.

Dieser freie Grundakt des Daseins, der eben nur in stammelnden Worten angedeutet wurde und natürlich nicht nur dort gegeben ist, wo nochmals reflex über ihn geredet wird, geht aber auf das oder besser den, den wir Gott nennen. Ich weiß, daß dieses Wort ein dunkles Wort ist, per definitionem das dunkelste Wort, das es überhaupt geben kann, das Wort, das eigentlich gar nicht in die übrigen Wörter der menschlichen Sprache als eines unter anderen eingeordnet werden kann. Ich weiß, daß das, was damit gemeint ist, im Leben eines Menschen auch vorkommen kann, wenn die Vokabel selbst bei ihm nicht vorkommt. (Es gibt nun einmal auch anonyme Theisten, weil Gott nun einmal im Gesamten der Wirklichkeit nicht eine Partikularität wie Australien oder eine Amsel ist, von denen man wirklich schlechterdings nichts zu wissen braucht, sondern alles trägt, allem Ursprung gibt, alles durchdringt und darum namenlos, aber wirklich als die unreflektierte Bedingung der Möglichkeit allen Erkennens und aller Freiheit west und waltet, wo immer Geist am Werk ist.) Ich weiß, daß das mit Gott Gemeinte heute nur schwer realisiert werden kann unter der Vorstellung eines großen Weltbaumeisters (wie noch in der Zeit der Aufklärung). Ich weiß, daß mit dem Wort „Gott“ Gräßliches und Törichtes genug getrieben wurde. Ich weiß, daß es sehr leicht ist, bei andern und bei sich selbst immer wieder törichte Mißverständnisse zu entdecken, die unter dem Wort „Gott“ ihr Unwesen treiben. Und doch sage ich: der letzte Grund meiner Hoffnung im Akt der bedingungslosen Annahme meiner Existenz als sinnvoll wird mir von Gott zugesagt. Er wird damit nicht die Projektion meiner Hoffnung ins Leere hinein. Denn einerseits wird im selben Augenblick, da ich Gott als *meine* Projektion denke, „Gott“ für mich sinnlos und unwirksam; und andererseits kann ich den Grund meiner Hoffnung ebensowenig wie diese selbst aufgeben oder mit mir, dem Ohnmächtigen, Endlichen und Hoffenmüssenden, identifizieren, mich selbst zu Gott machen, so wenig ich diesen Gott einfach außer mir als eine Sache neben einer anderen Sache denken darf. Gott muß der Wirklichste und alles tragend Umfassende sein, damit er Grund und Ziel in einem für die grenzenlose und bedingungslose Hoffnung sein kann, die in der vertrauenden Grundannahme des Daseins gesetzt wird.

Dieser Gott ist aber das unbegreifliche Geheimnis. Denn diese Hoffnung (in der Vernunft und Freiheit noch eines sind) geht über alles Angebbare hinaus, weil alles einzelne, das begriffen und als Einzelposten in das Kalkül des Lebens eingesetzt werden kann, immer durch anderes, das unberechnet ist, mitbestimmt und bedroht ist und bleibt. So erfährt man schon im Alltag die Unbegrenztheit seiner Transzendenz auf das, was ihr gleichzeitig nicht untertan ist. Darüber hinaus zeigt die Transzendentalität des Menschen in Erkenntnis und Freiheit, der weder ein bestimmter Halt geboten werden kann und die auch nicht von einem „Nichts" ermächtigt sein kann (weil „Nichts" nichts vermag), daß sie insofern auf das Geheimnis als solches hin sich bewegt, als sie von sich her den unendlichen Raum des Bewußtseins gar nicht auszufüllen vermag. Das Wunder des Daseins besteht nun aber nicht so sehr darin, daß es dieses Geheimnis gibt (wer kann dies eigentlich anders leugnen als dadurch, daß er sich hartnäckig weigert, sich damit zu beschäftigen?), sondern darin, daß man sich mit ihm einlassen kann und darf, ohne im selben Augenblick in seine eigene Nichtigkeit zurückgeschleudert zu werden (bis zu dem Grad, daß der Atheismus die Gott allein würdige Form seiner Anerkennung wird). Der Akt der Annahme des Daseins in Vertrauen und Hoffnung ist darum, wenn er sich selbst nicht mißverstehen soll, der Akt eines vertrauenden Sichloslassens in das unbegreifliche Geheimnis hinein. Mein Christentum ist darum, wenn es sich selbst nicht mißverstehen soll, der Akt eines sich Loslassens in das unbegreifliche Geheimnis hinein, ist darum alles andere als eine „Erklärung" der Welt und meiner Existenz, ist vielmehr das Verbot, irgendeine Erfahrung, irgendein Verstehen (so gut und aufklärend sie sein mögen) als endgültig, als in sich selbst ganz verständlich zu betrachten. Der Christ hat weniger als jeder andere „letzte" Antworten, die er mit einem „jetzt ist die Sache klar" quittieren dürfte. Seinen Gott kann er nicht als einen einzelnen und durchschauten Posten in die Rechnung seines Lebens einsetzen, sondern nur *als* das unbegreifliche Geheimnis annehmen, schweigend und anbetend, und dieses als Anfang und Ende seiner Hoffnung und so als sein einziges endgültiges und alles umfassendes Heil.

Die Bewegung des endlichen Geistes auf Gott hin so, daß Gott selber Inhalt und Ziel dieser Bewegung wird und nicht bloß der Beweger einer Bewegung, die letztlich doch ferne von ihm selbst im Endlichen steckenbleibt, muß von Gott selbst getragen sein. Insofern der Christ dieses sein Urvertrauen, weil es faktisch unbedingt ist und Gott selbst will, getragen weiß durch Gott selbst, nennt er diese ihm innerlichste Bewegung seiner Existenz auf Gott hin durch Gott „Gnade", „Heiliger Geist" und artikuliert diese eine Bewegung auf die Unmittelbarkeit Gottes hin als Glaube, Hoffnung und Liebe. Der Christ billigt jedem Menschen, der dem Spruch seines Gewissens treu ist, diese innerste Bewegung in Gott auf Gott hin zu, auch wenn er sie noch nicht als solche reflektiert und ihre geschichtliche Erscheinung in Jesus Christus als solche selbst in der Reflexion eines ausdrücklich christlichen Glaubens noch nicht zu ergreifen vermochte. Der Christ fürchtet für sich (und *darum* auch für die andern), daß er in ausdrücklichem oder verhohlenem Unglauben und Hoffnungslosigkeit durch sein Leben hindurch sich in Freiheit dieser innersten Bewegung seiner Existenz durch die Gnade versagen könnte; er hofft aber für alle anderen und *darum* auch für sich, daß diese Bewegung durch alle Finsternisse und Oberflächlichkeiten des Lebens hindurch ihr endgültiges, „ewiges" Ziel findet. Der Christ nimmt diese letzte Bedrohtheit seiner selbst durch sich selbst (der Freiheit durch die Freiheit, die sich Gott versagen kann) an und überwindet sie immer aufs neue in der Hoffnung, daß die Freiheitsgeschichte der Menschheit, die auch nochmals von der Freiheit des unbegreiflichen Geheimnisses und durch die Macht seiner Liebe umfaßt ist, durch Gott im ganzen einen seligen Ausgang haben wird, wenn dadurch auch keine theoretische Aussage über das Heil des einzelnen gemacht werden kann, also die bedingungslose Hoffnung jetzt das Letzte bleibt.

Alles bisher Gesagte hat nun aber für mich, den Christen, eine geheimnisvolle Synthese gefunden mit der Begegnung mit Jesus von Nazareth; eine Synthese, in der die Urhoffnung und die Erfahrung Jesu in einem letztlich nicht auflösbaren Zirkel sich gegenseitig tragen und rechtfertigen vor dem intellektuellen Gewissen eines Menschen, das redlich sein will – aber in einer intellektuellen Redlichkeit, die auch das realisiert, was wir Christen „Demut" nennen. Vermittelt durch die Botschaft des Christentums und der Kirche im Evangelium von Jesus *und* getragen durch jene letzte Hoffnung in der Gnade begegnet der Christ Jesus. Die Erfahrung dieser Synthese zwischen letztem Urvertrauen in der Gnade und der Begegnung mit Jesus ist natürlich im Leben der einzelnen Menschen in etwa verschieden, vor allem durch den Unterschied zwischen den Menschen, die immer in ihrem bewußten Leben Christen waren, und solchen, die erst in einem späteren Lebensabschnitt diesem

Jesus ausdrücklich zu ihrem Heil begegneten. Aber da die alle Menschen bewegende Gnade Gnade Jesu Christi ist, auch wenn der Begnadete dies nicht reflex weiß, und da alle Liebe, die den Nächsten getan wird, nach Jesu Wort ihm selber getan wird, auch wenn man es nicht reflex weiß, ist diese Synthese (mindestens als Angebot an die Freiheit) in jedem Menschen gegeben, und der Unterschied zwischen Christen und Nichtchristen (ein Unterschied, dessen Bedeutung weder unterschätzt noch überschätzt werden darf) bezüglich dieser Synthese bezieht sich nicht auf ihr Vorhandensein, sondern auf ihre reflexe Thematisierung im Glaubensbewußtsein. Als wen erkennt nun in dieser Synthese der Christ Jesus?

Immer ist diese Erfahrung, in der Jesus für einen bestimmten Menschen das Ereignis der einmaligen und qualitativ unüberbietbaren und irreversiblen Zuwendung Gottes wird, durch das Ganze ihrer Momente als eines bedingt, ohne daß im reflexen Bewußtsein jedes der Momente gleich ausdrücklich und deutlich gegeben sein müßte. Da ist Jesus, ein Mensch, der liebt, der getreu ist bis in den Tod, bei dem das ganze Menschsein, das Leben, das Reden, das Handeln offen ist auf das Geheimnis hin, das er seinen Vater nennt, dem er sich auch dann noch vertrauend übergibt, wenn alles scheitert. Für ihn ist der unauslotbare finstere Abgrund seines Lebens die bergende Hand des Vaters. Und so hält er an der Liebe zu den Menschen und auch an der einen Hoffnung schlechthin auch dann noch fest, wenn alles im Tod unterzugehen scheint, wo man nicht mehr Gott und die Menschen scheint lieben zu können. Aber dies alles war bei Jesus getragen und überhöht durch die Überzeugung, daß mit ihm, seinem Wort und seiner Person endgültig und unüberholbar die Nähe des „Reiches Gottes" gegeben sei; d.h., daß Gott selbst sich selber unmittelbar in Liebe und Vergebung siegreich dem Menschen zusage, Gott in Jesus von sich selber her seinen Sieg in der Freiheitsgeschichte der Menschen durchsetze und auch proklamiere und dadurch freilich auch eine neue und unüberholbar radikale Entscheidungssituation für den Menschen gegeben sei, der diese Botschaft hört.

Diese Erfahrung mit Jesus schließt bei der Christenheit in sich, daß hier der Mensch ist, in dem die Wirklichkeit nicht hinter dem Anspruch des Menschseins zurückbleibt; daß wir gegen unsere sonstige skeptisch machende Erfahrung mit den Menschen uns da wirklich auf einen Menschen verlassen können. Wir brauchen dabei Jesus nicht zu einem Übermenschen hochzustilisieren. Er hatte seine Endlichkeiten, auch in seiner Lehre und deren Eigentümlichkeit, weil solches notwendig zu einem wahren Menschen gehört. Aber er war der Mensch, der er schlechthin sein sollte, im Leben und im Tod. Seine Jünger, die seine Katastrophe am Karfreitag miterlebten ohne Illusionen, fanden in sich die Erfahrung als von ihm selbst her geschenkte, daß dieses Leben nicht untergegangen ist, daß der Tod in Wahrheit sein *Sieg* ist, daß er der vom Geheimnis Gottes bergend angenommene ist, daß er „auferstanden" ist, wobei natürlich Auferstehung nicht eine Rückkehr in diese unsere raumzeitlich und biologisch verfaßte Wirklichkeit, sondern das endgültige Gerettetsein des ganzen Menschen („mit Leib und Seele") in Gott ist. Weil diese Auferstehung das Aufgenommensein durch jenes Geheimnis ist, das unbegreiflich Gott genannt wird, darum ist sie in ihrem „Wie" nicht mehr vorstellbar. Aber wo sich unsere absolute Hoffnung und die Erfahrung dieses Lebens und Sterbens begegnen, können wir nicht mehr mit Jesu Untergang rechnen, ohne auch unsere eigene absolute Hoffnung zu verleugnen, ohne uns, eingestandenermaßen oder nicht, verzweifelt fallen zu lassen in den Abgrund der Leere und der letzten Nichtigkeit. Wenn wir in unserer eigenen Hoffnung für uns suchen, *wo* uns in der Geschichte der Menschen einer begegnet, bei dem wir darauf zu vertrauen wagen, daß hier unsere, uns in allen Dimensionen unserer Existenz umfassende Hoffnung erfüllt sei und diese Erfüllung sich bei uns selber melde, also auch geschichtlich erscheine, dann kann dieses Suchen keinen Benennbaren finden ohne das apostolische Zeugnis von Jesus. Mindestens zunächst ist, so erstaunlich das sein mag, keiner faktisch zu finden, der im Zeugnis seiner Jünger diesen Anspruch erhebt. (Nimmt man dann diesen Anspruch als die Garantie des eigenen Heiles an, wird er auch als grundsätzlich einmaliger erfahren.) Haben wir aber durch das apostolische Zeugnis die Erfahrung des Auferstandenen gemacht, dann gibt sie uns auch die Kraft und den Mut, auch von der Mitte unserer eigenen Existenz her zu sagen: Er ist auferstanden. Die wesentliche Hoffnungsstruktur des Menschen und seine geschichtliche Erfahrung schließen sich beim Christen zu einer Einheit zusammen: ER ist der von Gott angenommene; die Frage, die der Mensch in die Grenzenlosigkeit der Unbegreiflichkeit hinein ist, ist von Gott her beantwortet in Jesus; hier ist das Menschsein endgültig selig geglückt, in dem von beiden Seiten her erreichten Sieg, dem Sieg der Gnade und der Freiheit; hier ist die skeptische Frage nach dem Menschen in seiner Vergeblichkeit und seinem Schuldigsein überholt. Wenn Jesus sich verstand im Leben und Wort als die Unwiderruflichkeit des Gekommenseins des Reiches Gottes, des Sieges Gottes in der Freiheit des Menschen von Gott her, dann ist dieses Selbstverständnis, das aus der unlöslichen Einheit seiner bedingungslosen Solidarität mit Gott *und* der Welt entsprang, besiegelt durch das, was wir seine Auferstehung nennen. ER ist jetzt *die* Frage und Antwort in einem, die im Leben des Menschen gegeben ist. ER ist die letzte unüberholbare Antwort, weil jede sonstige denkbare Frage im Menschen durch den Tod überholt wird und auf diese alles verzehrende Frage in ihm die Antwort gegeben ist, wenn er der Auferstandene ist und als solcher uns unwiderruflich die unbegreifliche Grenzenlosigkeit Gottes selber zusagt, neben der es nichts mehr gibt, was Frage oder Antwort sein könnte. ER ist *das* Wort Gottes an uns, *die* Antwort auf die eine Frage, die wir selber sind, die nicht nach dem oder jenem mehr fragt, sondern nach allem in einem, nach Gott.

Von da aus lassen sich die Aussagen der traditionellen Kirchenlehre und Theologie über Jesus Christus einholen und gleichzeitig gegenüber Mißverständnissen absichern; es läßt sich sagen, was mit seiner „metaphysischen Gottessohnschaft“, mit der hypostatischen Union des ewigen Wortes Gottes, mit der vollen unangetasteten menschlichen Wirklichkeit in Jesus, mit der Idiomenkommunikation gemeint ist. Diese mehr als anderthalb tausend Jahre alte, allen christlichen Großkirchen auch heute noch mehr oder weniger gemeinsame Christologie ist auch heute gültig und soll es bleiben, weil in ihr doch unerbittlich und richtig das ausgesagt wird, was der christliche Glaube an Jesus erfährt, die unwiderrufliche und in ihrer Unwiderruflichkeit geschichtlich greifbare Selbstzusage Gottes an die Welt. Aber es ist auch nicht so, als ob diese kirchenamtlichen christologischen Formeln nicht auch mißverstanden und dann mit Recht abgelehnt werden könnten, als ob man sie nur wiederholen müsse und sie dann ohne weiteres verstehe, als ob nicht der Orthodoxe, der sie ja auch erklärt, dadurch nicht auch eingestände, daß das in ihnen Gemeinte auch anders gesagt werden könne. Wer rechtgläubig sagt: Jesus ist Gott, der hat die christliche Wahrheit gesagt, *vorausgesetzt,* daß er diesen Satz richtig versteht, was nicht einfach selbstverständlich ist. Damit ist auch umgekehrt gesagt, daß, wer Jesus als das unüberholbare Wort Gottes an sich selbst, als die letzte Besiegelung seiner eigenen Hoffnung annimmt, auch dann noch ein Christ ist, wenn er diese traditionellen Formulierungen der Christologie, die einem bestimmten, für uns nicht leicht einholbaren Denkhorizont entstammen, nicht oder nur schwer nachzuvollziehen vermag. Kreuz und Auferstehung gehören in jedem authentischen Glauben an Jesus zusammen. Kreuz besagt die nicht mehr verschleierte Forderung nach der unbedingten Kapitulation des Menschen vor dem Geheimnis des Daseins, das der Mensch nicht mehr in seine Gewalt zu bringen vermag, weil er endlich und schuldbeladen ist. Auferstehung bedeutet den Inhalt der unbedingten Hoffnung, daß in dieser Kapitulation die vergebende und selige und endgültige Annahme des Menschen durch dieses Geheimnis erfolgt, daß, wo man man ganz losläßt, kein Absturz mehr ist. Kreuz und Auferstehung Jesu bedeutet, daß eben dieses Loslassen und Nichtfallen durch Gottes Tat an Jesus exemplarisch geschehen ist und auch uns diese Möglichkeit (auch die des Loslassenkönnens, das die schwerste Aufgabe unseres Lebens ist) uns in Jesus unwiderruflich zugesagt ist.

Hier bei Jesus hat man das „absolutum concretum". Man braucht sich nur auf diesen konkreten Menschen liebend und unbedingt einlassen. (Letztlich hindert daran der Zwischenraum einer Zeit sowenig wie der eines Leibes. Man muß es nur wagen.) Dann hat man alles. Freilich muß man mit ihm zusammen sterben. Aber diesem Schicksal entrinnt keiner; man sollte sich nicht am Tod vorbeizumogeln versuchen, bis die andern – eben nicht man selbst – nicht mehr merken können, ob man sich auf seinen eigenen Tod einläßt. Warum also nicht mit Jesus sterben, indem man in einem mit ihm sagt: Mein Gott, warum hast du mich verlassen, und: In deine Hände befehle ich meinen Geist? Hier erst wird alle Metaphysik vom Menschen konkret. Und es ist nicht mehr so ganz wichtig, wie sie „an sich" ist oder wäre. Sie enthält, wenn sie bei Jesus angekommen ist, sehr wenig. Und so alles. Weil sie im Tod als dem Leben angekommen ist, und da die Frage beantwortet wird: Alles oder nichts! Nicht beim Reden über den Tod, sondern beim Tod, seinem und dem eigenen. Erst in diesem Augenblick, der für einen selbst noch aussteht, hat man das Christentum endgültig ergriffen. Aber man kann sich jetzt schon darauf vorbereiten, für dieses Ereignis offen zu sein. Die Herrlichkeit des Lebens, das wir jetzt führen, verschwindet durch diese ars moriendi nicht. Es genieße dieses herrliche Leben, wer es kann und mag. Vorausgesetzt, daß er auf den Tod hin genießt. Darin erhält erst alles sein letztes Gewicht und wird doch die „leichte Bürde". Das Christentum ist darum für mich das Einfachste, weil es das eine Ganze des Daseins meint, dieses Ganze mit dem sterbenden Jesus gelassen und hoffend in die Unbegreiflichkeit Gottes versenkt und alle Einzelheiten im Leben als solche uns überläßt, ohne auch dafür schon ein Rezept zu geben. Aber das Einfachste ist auch das Schwerste. Es ist Gnade, aber die allen angebotene Gnade, die auch dort noch angenommen werden kann und (so ist es christliche Hoffnung) auch dort noch angenommen wird, wo die unbedingte Hoffnung noch nicht ausdrücklich den als ihre Verwirklichung gefunden hat, den sie sucht: Jesus von Nazareth. Vielleicht ist es so verfügt, daß viele ihn besser „finden", wenn sie ihn nur in der namenlosen Hoffnung suchen, ohne ihn schon nennen zu können mit seinem geschichtlichen Namen. Wenn es eine Einheit der geistigpersonalen Geschichte der Menschheit gibt, ist jedes darin für alle bedeutsam, und darum ist das Ursakrament Jesus Christus schon immer aufgerichtet über alle Zeiten und Räume dieser einen Geschichte, aber eben als Geschichte, in der von vornherein gar nicht alles zu jedem den gleichen geschichtlichen Abstand und die gleiche ausdrückliche Nähe haben kann. Wer aber diesem Jesus genügend deutlich begegnet ist, der muß ihn bekennen, weil er sonst seine eigene Hoffnung verleugnen würde.

Wenn die Auferstehung Jesu die von Gott her siegreiche Selbstzusage des Geheimnisses als unseres endgültigen Lebens ist, dann ist damit gegeben und verständlich, daß seine Auferstehung nicht wäre, würde Jesus nicht *auch* in den Glauben an seine ewige Gültigkeit auferstehen. Darum gibt es die Gemeinde von Menschen, die an ihn als den Gekreuzigten und Auferstandenen glauben. Man nennt diese Gemeinde Kirche, zumal die an Jesus Christus Glaubenden schon wegen der gemeinsamen Bezogenheit auf den einen

Jesus gar nicht einfach religiöse Individualisten sein können. Dazu kommt, daß dieser Glaube an Jesus nur durch aktive Bezeugung weitergegeben werden kann, was wiederum letztlich eine gesellschaftliche Verfaßtheit der Glaubensgemeinde erfordert, die sich um Jesus schart. Christentum bedeutet darum und aus vielen anderen Gründen Kirche. Zumal der Mensch das gesellschaftliche Wesen ist, das auch die Geschichte seiner letzten Freiheit immer von einer gesellschaftlich verfaßten Gemeinschaft und auf sie hin treibt. Auch der radikalste Glaubensindividualist ist durch Sprache, Heilige Schrift, Überlieferung usw. immer noch in Bezogenheit auf die Kirche, selbst wenn er sich von ihr ganz unabhängig machen will. Auch die Wahrheit hat etwas mit einem offenen und zugleich kritischen Verhältnis zu Gesellschaft und somit auch zu Institutionen zu tun, ohne daß die „eigene" Wahrheit zu Beliebigkeit verdirbt. Die Wahrheit, die sich nicht dauernd in Einheit und Liebe andern mitteilen will und die einem nicht dauernd von einer Gemeinschaft geschenkt wird, ist keine Wahrheit, weil im religiösen Bereich die Wahrheit das Beisichsein des liebend sich wegschenkenden Menschen ist. Diese Wahrheit in Gemeinschaft kann auch der Härte nicht entraten, die mit der Gesellschaftlichkeit einer Gemeinschaft gegeben ist. Den genauen Stellenwert von Kirche mögen die einzelnen christlichen Kirchen und Konfessionen nicht einheitlich interpretieren; es gibt aber überall im Christentum Institution und somit grundsätzlich einen Willen zur Kirche. Wo individuelle Freiheit und Eigenart (die wesentlich zum Christen gehören) als je einzelne Unmittelbarkeit zu Gott gegeben sind und dennoch noch einmal von daher religiöse Gesellschaft und Kirche notwendig sind, wird es immer die bleibende, immer wieder anders sich präsentierende und immer neu zu bewältigende Spannung geben zwischen christlicher Freiheit und christlicher Kirchlichkeit, eine Spannung, die weder durch einen kirchlichen Totalitarismus (eine echte Gefahr, die von den Kirchenmännern leicht unterschätzt wird) noch durch einen christlichen Anarchismus bewältigt werden kann, eine Spannung, für deren Bewältigung im Einzelfall es nicht einmal so konkrete Regeln geben kann, daß diese Regelung nur noch eine administrative Fallanwendung wäre. Letztlich ist es dem Einzelchristen nur in der Hoffnung möglich, diese Spannung in Geduld zu ertragen, in der Hoffnung, daß es einmal das ewige Reich der Liebe und keine Kirche mehr gibt. Insofern die Taufe als Initiationsritus in die christliche Gemeinde hinein im Bekenntnis zum dreifaltigen Gott so gut wie überall in der Christenheit anerkannt ist, ist ein grundsätzliches Bekenntnis zu Kirchlichkeit als Wesensmerkmal des Christlichen doch überall gegeben.

Ich möchte hier nicht viel sagen zu der in der Christenheit bitteren Frage nach ihrer eigenen kirchlichen Gespaltenheit, zu dieser Frage, die die schrecklichsten Ereignisse in der Christenheit, Religionskriege unter den Christen genannt, hervorrief. Heute stellt sich diese Frage, die fast die ganze Geschichte des Christentums begleitet, wohl vor allem zunächst als die Frage, ob und wie das christliche Glaubensgewissen einen Unterschied von glaubensmäßiger Bedeutung unter den verschiedenen christlichen Konfessionen und Kirchen machen müsse. So war diese Frage früher nicht gestellt. Bisher waren (und an sich grundsätzlich mit Recht) alle christlichen Konfessionen davon überzeugt, daß die Verschiedenheit der konkreten Bekenntnisse und die sie tragenden kirchlichen Institutionen nicht einfach bloß zufällige und letztlich gleichgültige Variationen des einen Christlichen seien, sondern daß sie auch eine eigentliche Glaubensfrage an das Gewissen des einzelnen stellen. Man konnte das wahre, allein seligmachende Christentum nur in der einen *oder* anderen Konfession und Kirche finden. Heute ist, ob man will oder nicht, die Situation in dieser Sache für den Normalchristen zweifellos schwieriger geworden. Es ist mindestens in vielen Fragen nicht mehr so deutlich, ob die verschiedenen christlichen Bekenntnisse sich wirklich kontradiktorisch widersprechen oder alle (oder viele) nur unter verschiedenen Verstehenshorizonten und sprachlichen Instrumentarien und mit verschiedenen, geschichtlich bedingten Akzentsetzungen doch die eine und selbe christliche Wahrheit und Wirklichkeit aussagen und so an sich durchaus in der einen Kirche Platz hätten. Es ist für das Christentum in der ganzen Welt deutlicher geworden, daß die Verschiedenheit der Kirchengesetze, der Riten, Gebräuche und Spiritualitäten sehr viel größer sein kann, als es die europäische Christenheit bisher gewohnt war. Es ist wenigstens grundsätzlich deutlich geworden, daß eine Kirche noch nicht dasselbe Kirchenrecht in all seiner Differenziertheit bedeutet. Die historischen Zufälligkeiten, die an sich mit der Einheit des Glaubens und der Kirche nichts zu tun haben und doch sehr erheblich zu den Spaltungen beigetragen haben, sind bekannt. Überall regt sich heute das Verständnis für die ökumenische Aufgabe. In einer solchen Situation ist es gewiß nicht mehr so leicht, eine der christlichen Konfessionen und Kirchen unter Ausschluß aller andern für die einzig legitime und alleinseligmachende zu halten. Natürlich ist man in dieser schwierigen Situation auch dort schon weitergekommen, wo man (wie in der römisch-katholischen Kirche) auch jetzt noch nicht bereit ist, von vornherein alle Kirchen mit ihren verschiedenen Bekenntnissen und Institutionen als gleichberechtigt anzuerkennen: man gesteht sich gegenseitig den Namen Kirche zu, betont die Gültigkeit der Taufe überall, anerkennt die positive Heilsbedeutung vieler Lehren, Institutionen, Spiritualitäten in den verschiedenen Kirchen, freut sich an der Selbigkeit der Heiligen Schrift in der ganzen Christenheit und so fort. Aber gerade durch alle diese ökumenischen Annäherungen ist es mindestens dem katholischen Christen konkret viel schwerer, seiner Kirche noch jene Einzigartigkeit und Einmaligkeit zuzuerkennen, die sie auch im II. Vatikanischen Konzil für sich im Unterschied zu allen anderen christlichen Kirchen in Anspruch nimmt. Dazu kommen heute alle die Schwierigkeiten der historischen Erkenntnis bezüglich des *genaueren* Zusammenhangs schon der frühesten Kirche mit dem historischen Jesus und weiter die Unmöglichkeit (mindestens für den Normalchristen), die weitere Kirchengeschichte rational genau auf legitime und illegitime (oder wenigstens glaubensmäßig nicht verpflichtende) Entwicklungen zu befragen (beide gab es ja sicher) und zu unterscheiden. In dieser Situation wird auch der katholische Christ unterscheiden müssen zwischen Inhalt und Absolutheit seines Glaubensassenses seiner Kirche gegenüber, wenn er einen solchen Assens leisten kann, was grundsätzlich möglich und geboten ist, und den diesem Assens an sich äußeren fundamentaltheologischen Begründungen. Beides ist, wie jede traditionelle Fundamentaltheologie weiß, nicht dasselbe. Der eigentliche Glaubensassens bejaht die konkrete Kirche, so wie sie sich selber versteht. Was aber die fundamentaltheologische und äußere Legitimation dieses Assenses angeht, wird der normale Katholik auf eine doppelte Frage mit Ja antworten und dadurch sein glaubendes Verhältnis zur römisch-katholischen Kirche legitimieren. Er wird sich fragen, ob er in dieser Kirche, ohne darin von ihr selbst durch ihre Lehre oder durch eine absolut verbindliche Praxis gehindert zu werden, den befreienden Geist Jesu, seine Wahrheit finde; und ob er in ihr eine möglichst deutliche und feste Rückverbindung in geschichtlicher Kontinuität mit den Anfängen der Kirche und damit mit Jesus trotz und in allem geschichtlichen und gar nicht vermeidbaren Wandel entdecken könne. Die bejahende Antwort auf diese doppelte Frage scheint mir für mich, den geborenen Katholiken, Recht und Pflicht eines unbedingten Verhältnisses zu meiner Kirche zu geben, in das natürlich von ihrem Wesen her auch ein kritisches Verhältnis zu ihr als dem Ort der evangelischen Freiheit einbeschlossen ist. Wie ein Nicht-Katholik einen Weg zur katholischen Kirche finden kann, was grundsätzlich möglich ist, ist noch einmal eine andere Frage, der hier nicht mehr nachgegangen werden kann.

Selbstverständlich leidet jeder wahre Christ an der gesellschaftlichen und geschichtlichen Gestalt der Kirche. Sie bleibt immer in ihrer greifbaren Realität hinter ihrem Wesen zurück. Sie verkündigt eine Botschaft, durch die ihre empirische Wirklichkeit immer selbst in Frage gestellt wird. Sie ist immer auch die Kirche der Sünder, deren Glieder in ihren Taten auch verleugnen, was sie bekennen. Eigentlich kann sie dabei sich nicht einmal ganz darauf berufen, daß sie aus Menschen gebildet werde und darum wie jede andere geschichtliche Gemeinschaft und Gesellschaft offenbare, was im Menschen steckt. Denn sie soll ja gerade der Ort sein, an dem die Macht der Gnade ihren Sieg über die Abgründe an Bosheit und Enge im Menschen offenbart. Sie kann zwar Menschen vorweisen, in denen diese Macht der Gnade wirklich offenbar wird. Aber gibt es solche in ihr eindeutig greifbar mehr als außerhalb ihrer? Wie sollte man das nachweisen, ohne pharisäisch überheblich zu werden, wenn man „außerhalb“ der Kirche wirklich ehrlich nach solchen Menschen sucht? Dunkle Frage. Jedenfalls aber ist Schreckliches und Erbärmliches in ihrer Geschichte geschehen. Solches Schreckliche und Erbärmliche ist so viel, daß darüber nur eines hinweghilft: Wohin sollten wir sonst gehen, wenn wir aus der Kirche auszögen? Wären wir dann dem befreienden Geist Jesu treuer, wenn wir, die wir selbst egoistische Sünder sind, als die „Reinen“ uns von dieser armen Kirche distanzieren würden? Man kann ihrer Erbärmlichkeit für seinen Teil nur abhelfen, wenn man die Last dieser Armseligkeit mitträgt, an der ja jeder auch selbst schuldig ist; wenn man in ihr als Christ zu leben versucht, wenn man die Verantwortung mitträgt, sie von innen immer wieder zu ändern, sie, die in allen Konfessionen immer die Kirche der „Reformation" sein muß. Wenn wir in uns selbst etwas Christliches im wahren Sinn zu entdecken meinen und verstehen, was es wirklich bedeutet, wie könnten wir uns dann weigern, es selbstlos einzustiften in diese Gemeinde der Sünder, die durch die Macht des Geistes Jesu sich durch alle armselige Geschichte hindurch eben doch hinbewegen auf jene Vollendung hin, die der Tod und die Auferstehung Jesu verheißen, uns allen und nicht nur einer kleinen Elite der Menschheit?

Die Christen haben immer, grundsätzlich wenigstens, gewußt, daß sie ihr hoffendes und liebendes Verhältnis zum unbegreiflichen Mysterium ihres Lebens, das sie Gott nennen, nur wissen, nur realisieren und als glaubwürdig erweisen können in der unbedingten Liebe zum Nächsten, durch die allein man die Hölle seines Egoismus wirklich aufbrechen kann. Diese Liebe zum anderen in den verschiedensten Gestalten, die sie haben kann, ist gar nicht so selbstverständlich, wo sie nicht nochmals depraviert ist zu einer Methode eines verhohlenen Egoismus, sie ist die befreiende Gnade Gottes. Wo diese Liebe wirklich ist, ist der Geist Jesu am Werk, auch wenn er dabei nicht genannt wird, wie uns Mt. 25 deutlich belehrt. Man kann nur zitternd sagen: Hoffentlich wirkt in einem selbst irgendwo die Gnade Gottes dieses Wunder. Es hängt davon alles ab. Wirklich alles. Nun muß aber in einer Epoche wie der unseren gesehen werden, daß solche Nächstenliebe gar nicht mehr sie selber sein kann, wenn sie nur den privaten Beziehungen des einzelnen zum einzelnen Gestalt und Würde verleihen würde. Sie muß heute auch vor allem (wenn auch nicht allein) realisiert werden in der Verantwortung jedes Menschen und Christen für die gesellschaftlichen Bereiche als solche, muß sich als Gerechtigkeit und Friede zeigen, weil Gerechtigkeit letztlich doch nicht durch ein ausgleichendes Kalkül bloßer Vernunft erzielt werden kann, sondern nur dadurch, daß in der Gesellschaft und Geschichte sich oft genug das absurde Wunder selbstloser Liebe ereignet. Und umgekehrt: dieses Wunder versteckt sich in dem nüchternen Kalkül der

Gerechtigkeit. Die gesellschaftspolitische Aufgabe kommt je in eigener Weise dem einzelnen Christen, den einzelnen christlichen Gruppen und der Kirche als solcher zu. Die Kirche muß ihre Nächstenliebe glaubwürdig machen durch ihr gesellschaftspolitisches und -kritisches Engagement. Weil es entsetzlich viel Ungerechtigkeit, Gewalt, Entfremdung und Krieg in der Welt gibt, und alle diese Ungerechtigkeit sich tarnt als Unvermeidlichkeit, nüchterne Vernunft und berechtigtes Interesse, weil auch die sündigen Christen einer sündigen Kirche Nutznießer dieser Ungerechtigkeit sind, ob sie es wissen und zugeben oder nicht, darum kann die gesellschaftskritische Funktion der Kirche ihre wahre und entscheidende Hauptaufgabe nicht in der Verteidigung eines gesellschaftspolitischen Status quo sein. Wenn sie auf den normalen Menschen den Eindruck einer konservativen Ordnungsmacht macht, wenn sie es allen gleich recht machen will, anstatt mit Jesus die Armen und Deklassierten zu bevorzugen, wenn sie mehr Wohlwollen findet bei den gesellschaftlich Etablierten und Reichen als bei den Armen und Unterdrückten, dann stimmt irgend etwas bei dieser Kirche nicht. Die Kirche muß ihr gesellschaftskritisches Engagement aus ihrem ihr eigenen Geist heraus tun, vom Geiste Jesu aus und in der Hoffnung des ewigen Lebens. Vom Gedächtnis des Todes und der Auferstehung Jesu her gewinnt die Kirche eine kritische Distanz zur Gesellschaft, die ihr gestattet, weder die erreichte Gegenwart noch eine nächste planbare Zukunft (ausdrücklich oder insgeheim) absolut zu setzen. Würde die Kirche bloß in einem „humanitären Betrieb" aufgehen, würde sie ihre Aufgabe verraten, weil sie ja gerade den Menschen den letzten Ernst und die unbegreifliche Würde dieser Liebe zum Menschen bezeugen muß. Aber die Gefahr scheint auch heute noch größer zu sein, daß die Liebe zum Nächsten, der heute vor allem die profane Gesellschaft ist, von den Christen nicht ernst genug genommen wird. Und doch kann darin allein der Gott gefunden werden, den die Christen suchen, mit Jesus, der das unbegreifliche Geheimnis auch nicht auflöste, sondern glaubend und hoffend annahm, indem er sich weigerte, zwischen der Liebe zu Gott und der zum Menschen zu wählen.

Das Christentum und die Kirchen gewinnen langsam ein neues und erheblich differenzierteres Verhältnis zu den nichtchristlichen

Weltreligionen als sie es früher hatten, als diese Religionen außerhalb des christlichen Kulturkreises lagen. Das Christentum kann zwar den Anspruch nicht aufheben, das umfassende und nicht überholbare Wort der Gnade in Jesus, dem Gekreuzigten und Auferstandenen, gehört zu haben und zu verkündigen. Aber das Christentum leugnet darum nicht, daß der Geist Gottes inmitten der menschlichen Endlichkeit und schuldigen Verirrung überall in der Geschichte befreiend am Werke ist, der Geist, in dem Jesus sich im Tod an Gott übergab. Von diesem Geist und nicht nur von der menschlichen Begrenztheit geben auch je in ihrer Weise und Art die nichtchristlichen Weltreligionen Zeugnis. Viele von ihren vorläufigen und großen Erfahrungen können auch als Teilantwort in die umfassende Antwort, die Jesus ist, eingetragen werden, weil die Geschichte der christlichen Botschaft ja noch gar nicht zu Ende ist. Der Atheismus aber, der heute zu einem weltweiten Massenphänomen geworden ist, kann vom Christentum nicht allein als Offenbarung des Neins des Menschen verstanden werden, indem er sich weigert, sich auf das unbegreifliche Geheimnis Gottes einzulassen, sondern auch als ein Moment in der Geschichte der Erfahrung Gottes, in der Gott immer radikaler als das anzubetende Geheimnis erscheint, dem wir uns in Hoffnung überlassen.

Immer komme ich im Leben und Denken in Ratlosigkeiten hinein, mit denen man nicht „fertig werden“ kann. Zunächst mag es auch mir scheinen, als ob man eben einfach weiterzumachen habe, auch wenn man nicht weiß, wohin alles schließlich zielt, als ob man bloß schweigen müsse, wenn man nicht klar sprechen könne, als ob das Weitermachen in der Redlichkeit des Alltags das einzige sei, was dem Menschen gezieme und zugemutet werden dürfe. Aber ich kann mir dann doch die Frage nicht versagen und mich der Frage nicht verweigern, was denn auf dem Grund dieses Weitermachens verborgen sei. Und dann finde ich eben doch die Hoffnung, die sich keine Grenzen endgültig befehlen läßt. Diese Hoffnung verdichtet die Lebenserfahrung in zwei Worte: Geheimnis und Tod. „Geheimnis“ sagt Ratlosigkeit in Hoffnung. „Tod“ aber gebietet, diese Ratlosigkeit sich nicht zu verschleiern, sondern auszuhalten. Ich schaue auf Jesus, den Gekreuzigten, und weiß, es wird mir nichts erspart. Ich gebe mich (ich hoffe es) in seinen Tod und hoffe so, daß der gemeinsame Tod der Aufgang des seligen

Geheimnisses ist, weil ich den Tod interpretieren muß und er als endgültige Leere und Finsternis sich nicht besser legitimiert. In dieser Hoffnung aber tritt auch in aller Finsternis und Enttäuschung das Leben schon jetzt in seiner Schönheit hervor, und alles wird Verheißung. Ich finde, Christ sein ist die einfachste Aufgabe, die ganz einfache und darum so schwere leichte Last, wie im Evangelium steht. Wenn man sie trägt, trägt sie einen. Je länger man lebt, um so schwerer und leichter wird sie. Am Ende bleibt das Geheimnis. Es ist aber das Geheimnis Jesu. Man kann verzweifelt, ungeduldig, müde, skeptisch oder bitter werden, weil das Geheimnis so lange nicht als Seligkeit aufgeht. Aber es ist besser, in Geduld zu warten auf den Tag, der keinen Abend mehr kennt.